国立西洋美術館本館

国立西洋美術館 19 世紀ホール

理工系の基礎

建築学

建築学 編集委員会 編

丸善出版

刊行にあたって

　科学における発見は我々の知的好奇心の高揚に寄与し，また新たな技術開発は日々の生活の向上や目の前に山積するさまざまな課題解決への道筋を照らし出す．その活動の中心にいる科学者や技術者は，実験や分析，シミュレーションを重ね，仮説を組み立てては壊し，適切なモデルを構築しようと，日々研鑽を繰り返しながら，新たな課題に取り組んでいる．

　彼らの研究や技術開発の支えとなっている武器の一つが，若いときに身に着けた基礎学力であることは間違いない．科学の世界に限らず，他の学問やスポーツの世界でも同様である．基礎なくして応用なし，である．

　本シリーズでは，理工系の学生が，特に大学入学後1，2年の間に，身に着けておくべき基礎的な事項をまとめた．シリーズの編集方針は大きく三つあげられる．第一に掲げた方針は，「一生使える教科書」を目指したことである．この本の内容を習得していればさまざまな場面に応用が効くだけではなく，行き詰ったときの備忘録としても役立つような内容を随所にちりばめたことである．

　第二の方針は，通常の教科書では複数冊の書籍に分かれてしまう分野においても，1冊にまとめたところにある．教科書として使えるだけではなく，ハンドブックや便覧のような網羅性を併せ持つことを目指した．

　また，高校の授業内容や入試科目によっては，前提とする基礎学力が習得されていない場合もある．そのため，第三の方針として，講義における学生の感想やアンケート，また既存の教科書の内容などと照らし合わせながら，高校との接続教育という視点にも十分に配慮した点にある．

　本シリーズの編集・執筆は，東京理科大学の各学科において，該当の講義を受け持つ教員が行った．ただし，学内の学生のためだけの教科書ではなく，広く理工系の学生に資する教科書とは何かを常に念頭に置き，上記編集方針を達成するため，議論を重ねてきた．本シリーズが国内の理工系の教育現場にて活用され，多くの優秀な人材の育成・養成につながることを願う．

2015 年 4 月

東京理科大学　学長

藤　嶋　　昭

はじめに

　本書は，大学の初年次の建築学生が建築学の基礎を，興味をもちながら学ぶことができる教科書として執筆されたものである．執筆にあたっては，建築は広い視野に立って理念を確立し，諸科学や産業のもたらす知識・素材・技術などを積極的に生かし統合していくべきものだという考えに立っている．

　ゆえに，意匠・歴史・計画，構造，材料，環境，防災といった専門分野に関して，各々の特色が学べるだけではなく，実例として国立西洋美術館を取り上げて，構想・計画・設計から施工・管理・修繕・解体に至る一つの建築のライフサイクルに，各専門分野がどう関与するかを学べるように，本書を構成している．これにより，建築学に含まれる幅広い内容と，各々の専門分野の果たす役割とそのつながりが理解できるはずである．

　国立西洋美術館は，実際に学生が見て，かつ体験できること，また，歴史的意義をもちつつ十分な現代性と社会性を備えていることなどの観点から選んだ．国立西洋美術館（本館）は，これらの条件を兼ね備え，本年7月には，世界7カ国に現存するル・コルビュジエの設計による17建築作品の一つとして世界遺産に登録された．読者の皆さんが，本書をガイドブックにも使って，何度も体験に訪れることを期待したい．

　さて，読者の皆さんは建築を，めまぐるしくスタイルを変えるファッショナブルなものとか，日進月歩する技術の集合体のように捉えているかもしれないが，実は，自然や社会や歴史といったものに深く根差して，かなり長い時間をかけて変化している．

　本書は，近現代の市民社会における建築について考えようとしている．その歴史は，ヨーロッパの18世紀後半に始まる．当時はまだヨーロッパ中で，理想とする古代ギリシャやローマの建築がさかんに模倣されていた．模倣がキーワードである．というのも，当時主流だった複雑で表層的で装飾過剰なバロック様式やロココ様式から脱却して，単純で静謐で崇高でもある造形の世界を早く確立したいとの思いが，理想とする建築を模倣するという手段を選ばせたのだった．模倣が，教育の大方針にもなっていた．

　18世紀後半から19世紀にかけては，産業革命が進行し，市民社会と近代国家の形成期にあたるが，19世紀前半には西ヨーロッパ全域に産業革命が広がり，米国やロシアが，そして明治時代の日本が，その後を猛烈な勢いで追いかける．日本の場合は，先行

するヨーロッパと米国を目標に,「追いつき,追い越せ」と模倣に励んだのである.

しかし,すでに 1820 年代から 60 年頃にかけて,古典古代の模倣に反旗を翻す動きが,ヨーロッパ各地の芸術アカデミーや大学で起きていた.才能ある学生が,異国に建てられた建築を模写して持ち帰り,それを使って建築を設計する方法を厳しく批判する.彼らは,まったく別の,身近にある,何気ない建築や風景に美や個性を見出すようになっていた.それほどに,価値観の多様化が進んでいたのである.その反面で,彼らは,なぜ選ぶのか,また,何がその美や個性を生み出しているのかを真剣に考えるようになっていた.単純な模倣論に代わる,思考と議論の新しい形式の誕生である.

この思考と議論の新形式の場合,大切なのは,どれでも選べる状況にあって,どれかを正しく選ぶための理念の確立である.それによって,選ぶべき内容・方向性が,言葉によって明確に,かつ厳密に規定される.このような思考と議論を通して,理念に対応する最初の形態(form)やタイプ(type)が浮上してくる.それは,設計におけるファースト・スケッチ(最初の素描)のようなものである.それまでは言葉だけだったが,ここに初めて形態が現れ,眼にも見えるものになる.いったん形態を帯びた後は,敷地,素材,技術,施主,予算,気候などのさまざまな「条件」を受けて,単純で曖昧でもあった形態の細部が徐々に具体化して,最終的に今・ここにしかない,きわめて独自性の高い建築作品が現象してくる.

米国はヨーロッパからの移民が建築を,そして都市をつくっていった.そのため,この 19 世紀半ばに形成されたヨーロッパでの思考と議論の新形式を母国から取り入れて,遅くとも 19 世紀末までに受容を終えていた.それによって米国では,ヨーロッパと同様に,具体的な設計作業を始める前に,まず十分に議論を尽くし理念を確立すること,また,19 世紀の間に進んだ諸科学の知識あるいは産業革命の成果となる素材や技術などを積極的に生かした計画を進めることが,建築教育の段階から徹底的に教えられることになった.

では,日本はどうだったのか.この国では,単純な模倣論は克服されたか.公共施設を建設するにあたって,理念を確立し,あらゆる条件を満たしていくことのできる国になったのだろうか.これは本書の執筆者が共有する問いだが,読者の皆さんにも考えてもらいたい.

明治維新後,日本人建築家の手によるものとしては,片山東熊の設計による帝国奈良博物館(1894)と帝国京都博物館(1895),伊東忠太の設計による大倉集古館(1927),渡辺仁の案が設計競技(1931)の当選案となった東京帝室博物館(1937,実施設計は伊東忠太を顧問とする宮内省臨時帝室博物館造営課による),そして,坂倉準三の設計に

よる神奈川県立鎌倉近代美術館（1951）などのミュージアム建築が誕生している．

　この後，国立西洋美術館の建設が1950年代に進行するが，第二次世界大戦後に松方コレクションを日本に返還する条件としてフランス政府が日本政府に提示した，同コレクションを中心とした「フランス美術館」の創設という要求に端を発している．設計者にはル・コルビュジエが選ばれ，彼の案に基づき，坂倉準三，前川國男，吉阪隆正の3人の弟子の協働（コラボレーション）で実施設計を進めるという，実に現代的な体制が築かれた．

　ル・コルビュジエが日本政府の招聘に応じて最初で最後の来日を果たしたのは1955年のことだった．当時の彼は，ロンシャンの礼拝堂（1955）を完成させ，ラ・トゥーレットの修道院（1959）の設計を始め，1950年に始めたチャンディーガルの都市計画では高等裁判所の竣工が間近だった．国立西洋美術館も含めてどの建築も共通して，彼自身の20世紀前半の近代建築とは印象をがらりと変え，明らかに「現代」という新時代の幕開けを感じさせるものだった．

　さあ，それでは国立西洋美術館を入口にして，これから建築の広い時空間に踏み込んでいこう．

平成28年8月

執筆者を代表して

川　向　正　人

目　次

1.　建築にいたるまで　　1

1.1　国立西洋美術館建設のきっかけ —— 2
- 1.1.1　建築のきっかけ　5
- 1.1.2　建築の変化　5
- 1.1.3　建築と社会　5

1.2　松方コレクション —— 6
- 1.2.1　芸術としての建築　7
- 1.2.2　美術史　7
- 1.2.3　近代美術　8
- 1.2.4　美術と建築，近代と現代　9

1.3　ル・コルビュジエと3人の弟子： 建築家と技術者 —— 10
- 1.3.1　建築家とは　11
- 1.3.2　ル・コルビュジエ　12
- 1.3.3　思想と技術の導入　14
- 1.3.4　世代とメルクマール：近代化のプロセス　15
- 1.3.5　近代的体制：分担と連携　17
- 1.3.6　近代建築と建築技術　17

1.4　企画・プログラム —— 18
- 1.4.1　設計の前提条件　19
- 1.4.2　新しいプログラムの創造　19
- 1.4.3　対話を通じた設計　19

1.5　建築史における国立西洋美術館 —— 20
- 1.5.1　近現代建築史とル・コルビュジエ　22
- 1.5.2　西洋建築史とル・コルビュジエ　23
- 1.5.3　日本建築史　24

1.6　都市史における上野恩賜公園 —— 26
- 1.6.1　都市空間の歴史的積層性　28
- 1.6.2　都市史と都市計画　28
- 1.6.3　日本における伝統都市の2類型：「都城」と「城下町」　28
- 1.6.4　城下町都市と近代化　28
- 1.6.5　江戸・東京の都市史　29

2.　建物を構想する　　31

2.1　ル・コルビュジエの描いた図面 —— 32
- 2.1.1　設計図書の種類　34
- 2.1.2　建築図面の種類　34
- 2.1.3　建築図面の描き方　34
- 2.1.4　図学について　35

2.2　国立西洋美術館の立地 —— 36
- 2.2.1　都市計画とは　37
- 2.2.2　都市計画区域とマスタープラン　37
- 2.2.3　土地利用　37
- 2.2.4　地区計画　38
- 2.2.5　都市施設　39
- 2.2.6　市街地開発事業　39

2.3　プロトタイプ「無限成長美術館」 —— 40
- 2.3.1　美術館・博物館　41
- 2.3.2　美術館建築　41
- 2.3.3　美術館の拡張性　41
- 2.3.4　都市遺産の転用，再生　42
- 2.3.5　変容する美術館　42
- 2.3.6　施設の建築計画　42

2.4　配置計画 ————— 44
- 2.4.1　アプローチ　45
- 2.4.2　法的制限　45
- 2.4.3　光・風　46
- 2.4.4　既存物　46
- 2.4.5　群造形　47
- 2.4.6　コンテクスト　47

2.5　外構計画：前庭とピロティ ————— 48
- 2.5.1　外構計画　49
- 2.5.2　建物の顔　49
- 2.5.3　建物の間　50
- 2.5.4　中庭　50
- 2.5.5　ランドスケープのつくり方　51

2.6　動線計画「建築的プロムナード」————— 52
- 2.6.1　室内空間のプランニング　53
- 2.6.2　動線計画　53
- 2.6.3　ゾーニング　54
- 2.6.4　室の配置と動線　54
- 2.6.5　シークエンス　55
- 2.6.6　内部と外部のつながり　55

2.7　回遊式の展示空間 ————— 56
- 2.7.1　鑑賞空間　58
- 2.7.2　展示空間と展示方法　58
- 2.7.3　体験・活動空間へ　59

2.8　光と色彩 ————— 60
- 2.8.1　自然光の利用　61
- 2.8.2　自然光の特性　62
- 2.8.3　光量の確保　62
- 2.8.4　色彩の基礎　63

2.9　モデュロール ————— 64
- 2.9.1　モデュールについて　67
- 2.9.2　一般的な寸法単位　67
- 2.9.3　建築設計における一般的な寸法体系　67

2.10　館長室周りの空間構成と家具 ————— 68
- 2.10.1　建築家と家具　69
- 2.10.2　ル・コルビュジエの家具　69

2.11　建築構造 ————— 70
- 2.11.1　建築構造とは　71

2.12　国立西洋美術館の構造形式 ————— 72
- 2.12.1　直線材による構造形式　73
- 2.12.2　平面材による構造形式　74
- 2.12.3　三角形構成による構造形式　74
- 2.12.4　湾曲構成による構造形式　74
- 2.12.5　ケーブルによる構造形式　75

3.　建築のエンジニアリング　77

3.1　構造計画 ————— 78
- 3.1.1　鉄筋コンクリート造（RC造）　79
- 3.1.2　鉄骨造（S造）　80
- 3.1.3　木造と木質構造　80
- 3.1.4　その他の構造　82
- 3.1.5　コンクリートの材料特性　83
- 3.1.6　鋼の材料特性　84

3.2　耐震・免震・制震構造 ————— 86
- 3.2.1　各構造の特徴と適用の考え方　87
- 3.2.2　耐震構造　87
- 3.2.3　免震構造　87
- 3.2.4　制震構造　88
- 3.2.5　免震効果と制震効果　89

3.3　荷重 ————— 90
- 3.3.1　固定荷重，積載荷重　91
- 3.3.2　地震力　91
- 3.3.3　時刻歴応答解析に用いられる入力地震動　92
- 3.3.4　積雪荷重・風圧力　93

3.4　外皮の熱性能 ————— 94
- 3.4.1　外皮の熱性能の重要性　95
- 3.4.2　建築外皮における熱・光のコントロール事例　97

3.5　昼光照明計画 ————— 98
- 3.5.1　自然光の指標　99
- 3.5.2　自然光の色　99
- 3.5.3　昼光利用制御　99

3.6 音響設計 — 100
- 3.6.1 音環境計画総論　101
- 3.6.2 室内音響計画　101
- 3.6.3 騒音防止計画　101

3.7 避難計画と設計 — 102
- 3.7.1 避難行動特性　103
- 3.7.2 避難経路　103
- 3.7.3 避難設計　104
- 3.7.4 在館者密度　104
- 3.7.5 避難計算　104

3.8 火災性状 — 106
- 3.8.1 火災性状の評価　107

3.9 煙制御 — 108
- 3.9.1 区画化　109
- 3.9.2 排煙　109
- 3.9.3 遮煙　109
- 3.9.4 蓄煙　109

3.10 防火区画 — 110
- 3.10.1 層間区画　111
- 3.10.2 竪穴区画　111
- 3.10.3 面積区画　111
- 3.10.4 異種用途区画　111

4. 建物を設計する　113

4.1 実施設計 — 114
- 4.1.1 実施設計　115
- 4.1.2 入札　115
- 4.1.3 さまざまな発注方式　115

4.2 構造解析と時刻歴応答解析 — 116
- 4.2.1 建築構造力学　117
- 4.2.2 構造解析　118
- 4.2.3 特殊構造の力学と応力　119
- 4.2.4 時刻歴応答解析　120
- 4.2.5 建物の振動特性　120

4.3 構造設計 — 122
- 4.3.1 構造設計の基本方針　123
- 4.3.2 構造設計法と構造設計ルート　123
- 4.3.3 構造設計者　125

4.4 基礎構造と地盤 — 126
- 4.4.1 地盤調査　127
- 4.4.2 基礎構造の種類と設計　127

4.5 耐火性能と耐火構造 — 128
- 4.5.1 耐火性能　129
- 4.5.2 耐火構造　129
- 4.5.3 耐火設計　129

4.6 室内空気環境の維持 — 130
- 4.6.1 換気の目的　131
- 4.6.2 濃度の表し方と許容濃度　131
- 4.6.3 必要換気量　131
- 4.6.4 人体からの発生汚染物質と必要換気量　132

4.7 換気効率 — 134
- 4.7.1 空気齢とは　135
- 4.7.2 空気齢の測定法　135
- 4.7.3 空気齢の意味と換気の効率　135
- 4.7.4 高効率換気システムの適用事例　137

4.8 空調設備 — 138
- 4.8.1 空調システムの構成要素　139
- 4.8.2 熱をつくる機器　139
- 4.8.3 熱を受動的に伝える機器　140
- 4.8.4 空調システム全体の構成　140
- 4.8.5 空調設備における省エネ手法の例　141

4.9 衛生設備 — 142
- 4.9.1 給水方式　143
- 4.9.2 給水設備における衛生確保　144
- 4.9.3 排水通気設備　144
- 4.9.4 衛生設備における環境配慮手法の例　145

4.10 消火設備 —— 146
- 4.10.1 消火設備とは　147
- 4.10.2 消火の原理　147
- 4.10.3 設置基準　147

4.11 防火設備と特定防火設備 —— 148
- 4.11.1 延焼のおそれのある部分　149
- 4.11.2 遮炎性　149
- 4.11.3 防火設備および特定防火設備の種類　149
- 4.11.4 維持管理　149

5. 建物をつくる　151

5.1 施工管理 —— 152
- 5.1.1 現在の施工管理　153

5.2 コンクリートとコンクリート工事 —— 154
- 5.2.1 現在のコンクリート工事　155

5.3 鉄筋と鉄筋工事 —— 156
- 5.3.1 現在の鉄筋工事　157

5.4 型枠工事 —— 158
- 5.4.1 型枠工事　159

5.5 ガラス —— 160
- 5.5.1 ガラスの製造方法　161

5.6 タイル —— 162
- 5.6.1 タイルの張付け工法　163
- 5.6.2 ALC　163
- 5.6.3 GRC　163
- 5.6.4 窯業系サイディング　163

5.7 パネル・カーテンウォール —— 164
- 5.7.1 現在のパネル・カーテンウォール　165

5.8 防水材料・シーリング材料 —— 166
- 5.8.1 防水工法　167
- 5.8.2 シーリング材料　167

6. 建築をつかう　169

6.1 国立西洋美術館の運営 —— 170
- 6.1.1 公立美術館等の運営　171
- 6.1.2 新しい公共　171

6.2 要求性能の変化 —— 172
- 6.2.1 建築の使われ方調査　173
- 6.2.2 POEと空間の改善　173

6.3 強震観測と地震動および建物被害 —— 174
- 6.3.1 建物の強震観測　175
- 6.3.2 過去の大地震　176
- 6.3.3 地震動と地盤震動　176
- 6.3.4 将来への備え　177
- 6.3.5 建物被害　178

6.4 昼光遮断 —— 180
- 6.4.1 美術館の照明基準　181
- 6.4.2 建築や対象物の見え方を決める要因　181

6.5 湿気環境の維持 —— 182
- 6.5.1 室内の湿度を決定づける要因　184
- 6.5.2 結露の防止　184
- 6.5.3 空調装置による加湿・除湿　185
- 6.5.4 湿度制御の実例　185

6.6 コンクリートの劣化とひび割れ —— 186
- 6.6.1 コンクリートの各種ひび割れ　187

6.7	消防活動支援 —— 188		6.7.3	消防隊の進入　189
	6.7.1　消防活動支援とは　189		6.7.4	消防水利と放水　189
	6.7.2　消防活動の現場指揮本部　189		6.7.5	救助・消火活動　189

7. 時間とともに生きる建築　191

- 7.1 国立西洋美術館の増改築 —— 192
  - 7.1.1　増改築　194
  - 7.1.2　成長する建築　194
  - 7.1.3　時間，建築，都市　195
- 7.2 国立西洋美術館の改修 —— 196
  - 7.2.1　建築の改修と長寿命化　197
  - 7.2.2　住宅の改修　197
  - 7.2.3　バリアフリーとユニバーサルデザイン　197
- 7.3 人工照明の改修 —— 198
  - 7.3.1　人工照明の歴史　199
  - 7.3.2　LED 照明　199
- 7.4 躯体の補修 —— 200
  - 7.4.1　補修とは　201
  - 7.4.2　解体・リサイクル　202
- 7.5 免震レトロフィット —— 204
  - 7.5.1　耐震診断と耐震改修　205
- 7.6 建築の保存と活用 —— 206
  - 7.6.1　建築の保存と活用の考え方　207
  - 7.6.2　文化財の種類　207
  - 7.6.3　保存と継承の考え方　208
  - 7.6.4　保存と活用の手法　208
- 7.7 世界遺産「ル・コルビュジエの建築作品 ―近代建築運動への顕著な貢献―」 —— 210
  - 7.7.1　ユネスコ　213
  - 7.7.2　世界遺産条約　213
  - 7.7.3　世界遺産　213
  - 7.7.4　世界遺産一覧表への記載の基準　213
  - 7.7.5　世界遺産の審査とイコモス　215
  - 7.7.6　世界遺産としての近代建築　215

参考資料（図面） —— 216

参考文献一覧 —— 220

出典一覧 —— 223

索引 —— 225

1. 建築にいたるまで

　すべての建築には，その建築を誕生させたいという人々の思いがある．そして建築には，建物が必要となるきっかけ＝目的があり，建設を依頼する発注者（建築主，クライアント，施主）がいる．

　日本の若者に真の西洋美術を観賞させたいという思いをもってコレクション収集をしたのは，第一次世界大戦（1914〜18年）に参戦しなかった日本の好景気を機に利益を得た松方幸次郎である．しかし，世界金融恐慌（1927年），そして，第二次世界大戦へと状況は変化し，せっかく集めた貴重な美術品を含む膨大な松方コレクションは散逸し，その一部は敵国人財産としてフランス政府を含む連合国の管理下に置かれたのであった．

　具体的に国立西洋美術館の建築に至るきっかけは，サンフランシスコ講和条約（1951年）の際の申し入れから始まる松方コレクションの返還交渉，そして1953年の日仏文化協定に明記された寄贈返還である．返還にあたり美術館の設立とその建物が必要となり，第二次世界大戦後の復興のままならない日本において，政府が発注者となり建設されることになったのである．

　美術館を神戸市，京都市などに建設することなども提案されたが，最終的に1954年に東京の上野恩賜公園を敷地とすることなどが，返還のキーマンであったルーヴル美術館のサール館長と日本政府の間で協議され始め，また，設計者をル・コルビュジエにすることが決められていった．

　そして国立西洋美術館が1959年6月10日に開館するが，多くの人の思いや献身的な努力によって，この美術館が建築に至ったことを忘れるわけにはいかない．戦後に松方コレクションの返還に奔走した松方三郎や松本重治と彼らの熱意に理解を示した吉田茂，貧しい政府予算だけでは十分ではなかった建設費の募金活動に貢献した藤山愛一郎や安井曾太郎など，多くの人々が文化でもって戦後復興をなそうと思い，この美術館の誕生に尽力したのであった．

ル・コルビュジエと国立西洋美術館模型
（©FLC/ADAGP, Paris & JASPAR, Tokyo, 2016
C1111）

1.1 国立西洋美術館建設のきっかけ

国立西洋美術館はなぜ建てられることになったのか

　国立西洋美術館の本館は，1959（昭和 34）年 4 月，フランス政府から寄贈返還された松方コレクションを展示・収蔵する美術館として建設された．そのため，本館の別名は「フランス美術松方コレクション」という．

　松方コレクションを築いた松方幸次郎（1865-1950，図 1）は，明治の元勲で総理大臣も務めた松方正義の三男で，旧制一高の前身である大学予備門から米国に留学して，イェール大学で法律の博士号を取得している．ヨーロッパ遊学を経て帰国後，父親の秘書官などを務めた後，神戸の川崎造船所の創業者である川崎正蔵に見込まれ，1896（明治 29）年，同社の初代社長に就任し，一時は神戸新聞，神戸瓦斯などの社長も兼任し，神戸商業会議所の会頭や衆議院議員にもなった．

　第一次世界大戦中，日本は参戦国ではなかったため，松方は経営する川崎造船所にて，大戦下の世界的な船舶不足を背景に，同一船型の船舶を見込み生産したストックボートにて莫大な利益を得た．この利益をもとに 1916（大正 5）年から約 10 年の間にたびたびヨーロッパを訪れては画廊に足を運び，絵画，彫刻から家具やタペストリーまで，後に松方コレクションとよばれる膨大な数の美術品を買い集めた．松方は当初，日本の若い画家たちに本物の西洋美術をみせてやろうという気概をもって作品の収集にあたっており，「共楽美術館」という美術館を構想していた（図 2）．1927（昭和 2）年，金融恐慌により主要取引銀行の十五銀行が臨時休業し，川崎重工も経営危機に陥った．川崎正蔵が築いた川崎財閥も崩壊することとなった．松方は社長の座を降りて自らの財産を会社の財務整理にあて，日本に運ばれていた美術品コレクションは数度にわたる展覧会オークションで売り立てられ，散逸してしまった．

　松方が収集した美術品のうち，かなりの数がヨーロッパに残されたが，ロンドンの倉庫にあった作品群は 1939（昭和 14）年の火災で焼失した．一方，パリに残された約 400 点の作品は，リュクサンブール美術館（当時のフランス現代美術

図 1　株式会社川崎造船所（現 川崎重工業株式会社）初代社長 松方幸次郎（写真提供：川崎重工業株式会社）

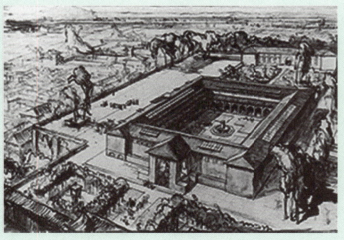

図 2　共楽美術館（東京都麻布仙台坂（予定），設計：フランク・ブラングィン）

館）の館長レオンス・ベネディットに預けられ，彼が館長を兼任したロダン美術館の一角に保管された．

第二次世界大戦中，日本を含む枢軸国側の財産は，連合国側の国においては敵国人財産として，管理，処理された．松方コレクションのうちフランスにあった作品群は，ナチスの押収を免れたものの，第二次世界大戦の末期に敵国人財産としてフランス政府の管理下に置かれた．敗戦により，連合国の戦勝国であったフランスにあった日本人所有の財産も，敵国人財産として多くのものが連合国の管理下に置かれた．その中の一つが松方コレクションである．

敗戦後の連合国による占領から，サンフランシスコ講和条約により日本は主権を回復した．連合国の管理下にある財産として，松方コレクションはフランス政府の所有となるのが原則であったが，条約調印の際，日本国全権吉田首相はフランス国全権シューマン外相に対し，同コレクションの返還を考慮されたい旨申し入れ，以後この交渉は日仏両国政府間の交渉に移される．

この政府間の交渉に至るまでに，すでに水面下では個人のレベルで話し合いが続けられていた．松方幸次郎の末弟である松方三郎は松方コレクション返還の始まりをこう記している．

"話の始まりはフランス側からであった．（中略）ただこの話が始まったころ，もう当の松方幸次郎は亡くなっていたので，自然，話の相手方は故人の遺族ということになったが，フランス側はいよいよ話がまとまった場合，日本にこれを持ち込んでも，遺族たちが面食らわないようにと，いろいろ日本政府に掛け合ってくれる程，親身になって心配してくれた．"

フランス側から特別の美術館を要望する話が出たのは，幸次郎の遺族とフランス政府の間で始まったコレクションの返還交渉においてであった．これは講和条約が発令される以前の話で，当時フランス政府は私有財産差し押さえを解除して，松方コレクションを幸次郎の遺族に戻すつもりだったのである．遺族側からは松方三郎と幸次郎の女婿松本重治が代表して交渉にあたっていた．在日大使館の書記官 J. シャゼルから松本に宛てた 1950 年 11 月 10 日付の手紙には，返還されるコレクションを特別に展示するフランス近代美術館を東京に設置することをフランス政府が望んでいることが書かれている．しかし，松本による事前のコレクションの目録調査や，フランス側が要望する松方コレクションの中からフランスに残す作品の検討に時間を費やすうちに状況が変わり，講和条約の締結によって松方コレクションはフランス政府の所有するところになったのである．

フランスと日本の両国政府間で交渉が行われ，1953（昭和 28）年 5 月に結ばれた日仏文化協定に基づき，日仏間の国交回復および関係改善の象徴として寄贈返還という形で日本に引き渡すことが決定された．その条件の一つとしてフランス政府から示されたのが，当該美術品受入れのための美術館の新設であり，これを満たすために建設されたのが国立西洋美術館本館である．

国立西洋美術館の設立

日仏文化協定の中でフランス政府は，日仏友好のためにその大部分を「松方コレクション」として日本に寄贈返還することを，① 返還される松方コレクションはフランス文化財を展覧するための特別な美術館に展示されること，② ロダンの「カレーの市民」の鋳造費を日本側が負担すること，③ 作品の輸送費を日本側が負担すること，を条件に決定する．同年 7 月には東京芸術大学より同大学に付属してフランス美術館を設置する要望があり，また，9 月には兵庫県等から美術館を神戸市内に設置するように要望があった．

そして，国立西洋美術館の建設準備にあたり，文部省（当時）では，1953年12月に「仮称『フランス美術館』設置準備協議会」が発足する．翌月の1954（昭和29）年1月に協議会は新美術館を東京都内に新築するよう決議し，2月に来日したルーヴル美術館館長ジョルジュ・サールと文部大臣との懇談の際，サールより「敷地は上野にすべきこと」等の意見が出され，翌月（3月）の協議会において，建築設計の委嘱に関してル・コルビュジエが提案されるのである．

建設計画は立てたものの，1954年度に計上された当初予算は既存建物の改修費500万円のみで財政的に困難な状況にあった．この窮状を救ったのが，文化人や各界の有識者30名ほどからなるサロン的な団体「文化懇話会」であった．この会は日本商工会議所会頭の藤山愛一郎を会長に据え，丸善社長の司忠副会長が社屋の一室を提供して，文化人を招いて講演会を催すなどの文化活動を行っていた．

1954年2月16日，文化懇話会の理事会で松方コレクションの返還が話題にされた．そして3月10日，文部大臣は松方コレクションに関する懇談会を開催して，正式に民間への協力をよびかけた．これを受けるような形で5月17日に，文化懇話会が中心となって「松方氏旧蔵コレクション国立美術館建設連盟」が発足し，財界等から1億円の寄付金収集を目標に募金を募り，美術家に協力を求めるなどの活動を行った．それまで，日本における西洋美術館は大原孫三郎による大原美術館など私設のものであり，初めての西洋美術を専門とする国立美術館の誕生を願ってのことであった．

「松方氏旧蔵コレクション国立美術館建設連盟」は商工会議所を中心に募金活動を行い，全国各地で募金を兼ねた展覧会（ヴァン・ゴッホ複製展，松方コレクション写真展），講演会，映画会等を開催し，さらに学校の児童・生徒に絵葉書を頒布した．募金達成の一助として全国の美術家から寄贈された作品550点を東京国立近代美術館の協力のもとに「松方コレクション国立美術館建設協賛展」として展覧し，その後に大口寄付者に感謝の印として寄贈したりもした．こうして集められた募金の多くは，美術館建設予定地となっていた寛永寺凌雲院の移転補償費に充てられたのであった．

翌年の1955（昭和30）年の3月には東京都より建設予定地（寛永寺凌雲院跡）を東京都の財産として編入し，国に対して無償貸与する旨の通達があり，また，建築設計者としてル・コルビュジエを，日本側の協力者として，彼の弟子である坂倉準三，前川國男，吉阪隆正が「国立西洋美術館設計事務所」を組織して設計補助を行うことが決定される．

このように，ル・コルビュジエによって設計された国立西洋美術館は，官と民が協力してつくりあげた美術館であるとともに，戦後の日仏文化交流の起点となる美術館であるという意味ももつのである．

1.1.1 建築のきっかけ

すべての建築には，その建築が必要となるきっかけ＝目的があり，建設を依頼する発注者（建築主，クライアント，施主）がいる．国立西洋美術館本館が建設に至るには，貴重な西洋美術品のコレクション寄贈返還とそのための美術館設立という目的と，フランス政府からの条件があり，日本政府が発注者となった．

生活の場であり自然の猛威や外敵から身を守るシェルターとしての住宅や，物資を蓄える場所としての蔵など，人々が暮らしていくために必要な空間を確保するという建築の目的は，さまざまなビルディングタイプを生んだ．歴史をたどれば，権力者の城や屋敷，祈るための宗教施設，ものを売る店舗，大規模生産のための工場，オフィスワークが主体となってからのオフィスビルなど，その時代ごとの文明の進歩と社会的背景に影響され，建築の目的と建てられるビルディングタイプは随分と多様化・細分化してきた．美術館建築も，貴重な宝物を所蔵すること，それを公開，展覧に供することと，合わせて研究，教育を進めることなど，目的が進化・多様化しながら誕生したビルディングタイプであるといえる．その建築をなすプロセスについて，本書で述べていく．

1.1.2 建築の変化

かつて建築とは，材料を身近な場所で調達し，身近な人々と力を合わせて建てるものであった．どのような材料を用い，どのような構法で空間がつくられるかというのは，建てられる場所の風土や資源，そこでの生活に左右される，その土地固有の特徴があった．

蓄積された技術や知恵が伝播し，より安全に，より快適に進化した結果，世界の多くの場所で同じような建築が可能となったのは，少し大袈裟にいえばここ100年余りの間のことである．その100年の間に，効率性を重視し，工場による大量生産のような形での建築が目指された時代を経て，現在の都市における建築はまた，その土地の歴史，地形と地質，気候などの自然環境や，都市計画や国策，各自治体の考え，交通といった社会背景やインフラストラクチャー，日影や風害など建築が周囲に与える影響，安全性，コストなど，さまざまな事象に対応した提案であることが求められている．その実現に要する技術も高度化・細分化し，建築に携わる専門分野の幅はとても広くなった．

図3　防御や集団生活を意図した独特の住居形式（福建省の土楼，中国）

現在の街や建築，都市空間とは，長年にわたり蓄積された技術と知恵の集合である．

建築を志すならば，まず現在の建築活動を広く見渡す視点をもち，そこでどのように建築がなされるのか学ぶ必要があるだろう．

1.1.3 建築と社会

2050年には世界人口の約70％が都市に住むといわれており，世界規模で都市化が進む現在，日本においても，高齢化，インフラの老朽化，災害に対する脆弱性，自然や歴史・文化の喪失など，都市空間を取り巻く課題は複雑化している．その中で目指されているのが，**サスティナビリティ**（sustainability，**持続可能性**）をもった都市像であり，次の世代へ受け継いでいくためのまちづくりや都市の再生である．ゼロから新たな開発を行うのではなく，今あるものを生かし，引き継いでいく考え方や技術が進歩している．

単体の建築についても同様である．その建築の寿命を人になぞらえれば，建てられてからが，その人生の始まりであり，いかに健康に長生きすることができるか，多くの人に愛され，気持ちよく働けるかどうかは，その人生を評する指標となるだろう．建築が建てられるまでの技術と知恵とともに，竣工後の使われ方，環境への負荷，災害への防御，維持管理のコストなど，建築の長寿命化のためにも多くの計画と技術が必要である．同時に，都市の街並みの中で，長く土地に定着し，シンボルとなったり，その土地の文化を伝え，多くの人の思い出に残ったりするという社会的・文化的な価値までももつことになる建築のあり方について，考えていくことが重要である．

1.2 松方コレクション

　松方コレクションは1916（大正5）年から約10年の間に，英国，フランス，ドイツ等で収集した近代のものを中心とする西洋の絵画，彫刻，家具，タペストリー，また日本の浮世絵などで構成される．国立西洋美術館に収蔵されている近代フランスの絵画，彫刻等370点は，松方コレクションの全体からみればごく一部であり，パリの宝石商アンリ・ヴェヴェールから買い受けた浮世絵コレクション約8000点を含め，彼が手に入れた作品の総数は1万点におよぶといわれる．しかし，ロンドンで保管していた約400点ほどのコレクションは焼失し，日本にあったコレクションは1927（昭和2）年の金融恐慌によって担保となり，売立てにより散逸してしまった．それらの一部は所有者が変わり現在ブリヂストン美術館，大原美術館に収蔵されている．また，喜多川歌麿，東洲斎写楽らの名品を含む浮世絵のコレクション約8000点は，1938（昭和13）年に皇室へ献上され，1943（昭和18）年帝室博物館（現 東京国立博物館）に移管されている．

　前述の日仏間の返還交渉の中で，コレクションのうち重要なゴーギャンやゴッホなどいくつかの作品について，フランス側は最終的に返還に応じず，結局，まとまったモネの絵画，ロダンの彫刻を含む，絵画196点，素描80点，版画26点，彫刻63点，書籍5点の合計370点の作品が，美術館を建設して展示するという条件付きで寄贈返還された（図1，図2）．返還交渉の際，特に「ファンゴッホの寝室」（図3）と「アルジェリア風のパリの女たち」（図4）を要求したが，前者の返還は認められず，現在はパリのオルセー美術館の所蔵となっているものもある．松方はコレクションについてのまとまったインベントリー（目録）を残しておらず，コレクション全体が一堂に集められたこともなく，「幻のコレクション」ともよばれてきた．

図1　クロード・モネ《睡蓮》1916年　国立西洋美術館 松方コレクション

図2　カミーユ・ピサロ《収穫》1882年　国立西洋美術館

図3　フィンセント・ファン・ゴッホ《ファンゴッホの寝室》1889年　オルセー美術館

図4　ピエール=オーギュスト・ルノワール《アルジェリア風のパリの女たち（ハーレム）》1872年　国立西洋美術館 松方コレクション

1.2.1 芸術としての建築

建築は「architecture」の訳語であるが，明治初期には「造家」（ぞうか）という訳語があてられ，明治初期に設置された工部大学校においても造船学科と並んで「家を建造する」という意で造家学科とされた．また，それを反映して1886（明治19）年に設立された日本建築学会の前身も造家学会と称した．しかし，工学ではなく総合芸術を表す語として「建築」という訳語がふさわしいと主張した伊東忠太の提案により，造家学会は建築学会と改称（1897年）された．

設立の経緯から日本の多くの建築学科が工学系にあるが，「建築」という語には，科学的，工学的見地だけでなく総合芸術的見地が反映されていることがわかる．これについては，ローマ時代の建築家，マルクス・ウィトルウィウス・ポリオ（Marcus Vitruvius Pollio）が著した，現存する最古の建築理論書とされる『建築について』[1]（*De Architectura*，建築十書）にも，「建築は用（utilitas）・強（firmitas）・美（venustas）を兼ね備え，これを実現する為に，芸術的かつ科学的見地に立たねばならない」と著されている．ウィトルウィウスの理論は中世においても知られていたが，ルネサンス期の建築家に特に注目され，新古典主義建築に至るまで古典建築の規範として影響を与えたものである．この流れから特にフランス語圏，ラテン文化圏における建築学科の多くはパリのエコール・デ・ボザール（美術学校）などに代表されるように美術系に所属し，その影響下にあった米国の建築学科もファイン・アート（美術）に近い学問分野として位置づけられてきた．この17世紀に設立されたエコール・デ・ボザールは350年間以上にわたって美術教育を行ってきたが，そこで，建築は純粋芸術である絵画，彫刻を統合する総合芸術と位置づけられてきた．

1.2.2 美術史

美術史は一般的に絵画，建築，彫刻，工芸品など造形芸術の歴史とされ，建築の歴史は，長く美術史の一つとして位置づけられてきた．歴史的意識，科学的根拠に基づき「書かれた歴史」を「○○史」とよぶことができるが，その意味において「書かれた美術史」の始まりは，ミケランジェロを中心にルネサンス期の芸術家133人の作品と生涯を書いたヴァザーリの『芸術家列伝（画家・彫刻家・建築家列伝）』[2]（1550，図5）とされる．ここでは「再生」（rinascita）という用語を用いており，ヴァザーリが中世とは異なるルネサンスの時代を強く意識して美術史を描き出そうとして

図5 『画家・彫刻家・建築家列伝』第2版表紙（1568年）

図6 アンリ・フォシヨン

いたことが読み取れる．

20世紀の美術史学はアロイス・リーグルによる『末期ローマの美術工芸』[3]（1901）から始まる．ここでは，広範な地域と時代におよぶ装飾モチーフの分類法と発展の法則による様式論が示された．この様式論はヴェルフリンによって理論化され『美術史の基礎概念』[4]（1915）としてまとめられる．これらで示された方法論はソルボンヌ美術史研究所，イェール大学等で教鞭を執ったアンリ・フォシヨン（1881-1943，図6）による『形の生命』[5]（1934）において，ロマネスク様式からゴシック様式へと造形上の形式自体の展開として具体的に示されることとなる．

このように工学技術が発達する19世紀まで建築の歴史は，彫刻，絵画，装飾芸術と一体となった様式史として理解されてきた．しかし，西洋建築を様式から捉えるアプローチは，近代建築が様式を否定したこと，建築分野の工学技術が高度に発展したこと，建築を都市的課題とともに扱うことなどにより見直しをせ

図7 ポール・セザンヌ《リンゴとオレンジのある静物》1899年 オルセー美術館

図8 パブロ・ピカソ《アビニヨンの娘たち》1907年 ニューヨーク近代美術館（©2016-Succession Pablo Picasso-SPDA（JAPAN））

まられ，近代建築以降の歴史の捉え方はそれ以前のものとは異なるものとなっていった．

1.2.3 近代美術

建築において様式を否定する運動は，19世紀末から欧米の各都市で起こった．しかし，権威的な様式教育を20世紀中頃まで行い，建築を取り巻く社会構造をアカデミズムが強力に支配していたパリにおいては，様式を否定したル・コルビュジエらの近代建築家とアカデミーの対立は激しいものであった．

古典様式からの脱却は美術，絵画の分野でも起こり，近代絵画が成立していく．20世紀最初の絵画革命といわれているフォービスムは，1905年，パリのサロン・ドートンヌに出品された原色を多用した強烈な色彩と激しいタッチの一連の作品を生み出した画家たちが興した運動である．明るく強烈な印象の色彩を使用するゴーギャンやゴッホ，点描のスーラや新印象派の画家たち，またポール・セザンヌ等がフォービスムに影響を与えたとされる．特にセザンヌはモネやルノワールらとともに印象派として活動していたが，1880年代にグループを離れ，伝統的な絵画の約束事，様式にとらわれない独自の絵画を，つまり，平面上に色彩とボリュームからなる独自の秩序をもった絵画を追求するようになる．セザンヌは彼の絵画（図7）の構成に関して，晩年，書簡で下記のように述べている．

"自然を円筒，球，円錐によって扱い，全てを遠近法の中に入れ，物やプラン（平面）の各側面が一つの中心点に向かって集中するようにすることです．水平線に平行な線は広がり，すなわち自然の一断面を与えます．（中略）この水平線に対して垂直の線は深さを与えます．ところで私たち人間にとって，自然は平面においてよりも深さにおいて存在します．そのために，赤と黄で示される光の振動の中に，空気を感じさせるのに十分なだけの青系統の色彩を入れねばなりません．"[6]

この新たな絵画の考え方はキュビスムをはじめとする20世紀美術に多大な影響を与えた．このことから，セザンヌは「近代絵画の父」とされることが多い．ル・コルビュジエとオザンファンとの共著『近代絵画』（1924）においても"アングル，セザンヌ，スーラは，新しい絵画にいたる道程を示す標識をなす人である．（中略）絵画は彼らとともに，しだいに主題の制約と模倣の制約から解放されたのである．近代絵画家マティスは，アングル，セザンヌ，スーラの獲得したところに，さらに新しいいくつかの概念を付け加えた．彼のもたらした概念を機縁としてピカソやブラックは絵画の真実の復興の発端を記した重要な作品を生みだすことができたのである．"として，絵画の革命的偉業をなしたキュビスムの画家であるピカソやブラックを高く評価する．

建築設計の活動とともに，ル・コルビュジエは多くの絵画，彫刻などの制作を行った．キュビスムの出発点は，ピカソが「アビニヨンの娘たち」（図8）を描き上げた1907年秋である．スイス生まれのル・コルビュジエがパリに住み始めるようになる1910年代後半にはキュビスムは変容し，ルネサンス以来の「単一焦点による遠近法」の放棄，形態上の解体・単純化・抽象化といったキュビスム本来の考えがみえにくくなっていた．

この状況に対しル・コルビュジエとオザンファンは1918年に『キュビスム以降』（図9）を著し，「ピュリ

図9 『キュビスム以降』表紙（1918年）

図10 ル・コルビュジエ《赤いバイオリンのある静物》1920年（©FLC/ADAGP, Paris & JASPAR, Tokyo, 2016 C1131）

スム」を宣言する絵画展を開催する．著作『キュビスム以降』，『近代絵画』[7]において，この2人はフランスの近代絵画がなしえた古典様式からの脱却の流れを明らかにしたうえで，その「正当な」流れにのった絵画であるピュリスムのあり方を示したのである．

この頃からル・コルビュジエは，午前中は絵画制作，午後は建築設計，夜は著作活動をする生活リズムとなる．建築を総合芸術としていたル・コルビュジエにとって純粋芸術である絵画制作の中で，具体的な3次元の建築空間に対して想像をめぐらしていたに違いない．

この近代絵画の成立の過程を考察しながら，自らもこの時期に「赤いバイオリンにおける静物」（図10）といった抽象度の高い絵画を制作しながら，近代絵画の正統な流れに続く，次の時代の絵画，建築を模索していたのであろう．そして，近代絵画の成立の流れを確認しながら，新しい建築の成立する基盤を，ル・コルビュジエは近代建築のあり方として自著『建築へ』(1923)[8]において社会に問うことになる．

1.2.4 美術と建築，近代と現代

「近代」という意味を示す「modern」という言葉は多義的である．それぞれの歴史観によるところがあり，日本と西洋といった文化的規範の違いからも，その意味するところが異なることがある．近代，現代の建築や美術を概観してみると，それぞれの歴史的な枠組みの設定により，それらの意味するところが浮かび上がる．境界を設けずに近現代美術，近現代建築と総括して表すこともしばしばである．

また，近現代の変遷を美術と建築を並行して概観してみると，そこに同時代的に共通した表象文化が形成されていることを読み取ることができる．これは冒頭に述べたように，建築に総合芸術の側面があることによることなのかもしれない．

ル・コルビュジエも総合芸術としての建築を追求した建築家であり，前述したように新しい建築のあり方を近代美術の流れと並行させ構想したル・コルビュジエの1920年代は，今日を捉えるうえで重要な考察であったといえよう．このほかに，建築とデザイン，美術の流れを並行して，その発展を概観してみて興味深いのは，ほぼ同時代のオランダのデ・ステイル，イタリアの未来派，ロシアの構成主義などがあり，また，19世紀末から20世紀初頭にかけてはアール・ヌーヴォー，ユーゲント・シュティールなどがある．

具体的な現代美術の定義に関しては，① 20世紀初頭のフォービスム：ドイツ表現主義以降を現代美術とする考え方，② 20世紀初頭のキュビスム以降を現代美術とする考え方，③ 20世紀前半のシュルレアリスム：抽象絵画（抽象美術）以降を現代美術とする考え方，④ 第二次世界大戦後（1945年以後）の美術を現代美術とする考え方などさまざまである．美術の分野において「現代」はいつからかということになるが，いずれにしても，美術の流れを並行して歴史観を涵養することは，各種の芸術の要素が協調・調和した形式で表出される総合芸術としての建築の現在のあり方を構想するうえで重要なことであろう．

1.3　ル・コルビュジエと3人の弟子：建築家と技術者

　国立西洋美術館は，主にフランスほかヨーロッパのルネサンスから近代にかけての絵画と彫刻のコレクションを収蔵するために建設された近代美術館である．フランスのパリを拠点に設計活動を展開していたフランス系スイス人建築家ル・コルビュジエの設計による日本の20世紀を代表する建築であり，ル・コルビュジエは，敷地の上野恩賜公園（元 寛永寺）を見学し日本政府と打合せをするために一度だけ来日し，フランスに帰国，基本設計図書を作成して日本に送付した．その基本設計図書をもとに，パリのル・コルビュジエ設計事務所（アトリエ）で設計スタッフとして働いた経験のある日本人建築家3人（図1〜3）が，当時の日本の技術水準に合わせた検討を加えて実施設計図書をまとめた．基本設計図書から建築家の設計意図を汲み取り，技術的に解釈して，施工のための図面作成と書類作成を行ったのである．国の施設なので，制度的に正式にいうならば，官庁営繕が担う設計監理をサポートしたことになる．設計者であるル・コルビュジエの設計意図を実現するために3人が参加，細部に至るまで意匠および技術の検討を加えて設計を練って美術館は建設された．時代を画する歴史的なこの美術館建築が，どのように設計され工事監理されて完工したのか．それを理解するには，1950年代当時のヨーロッパと日本の都市文化，建築文化，技術の発展の違いについて知見が必要である．国際電話，ファクシミリ，電子メールやインターネットなどのない時代，頼りになるのは送られてきた基本設計図書だけだったことも考慮する必要がある．

　第二次世界大戦で，連合国の一員であったフランスは勝利し，枢軸国の一員であった日本は敗戦した．フランス政府は，戦後，敵国（日本）人所有のヨーロッパ美術コレクションを押収したが，1952（昭和27）年サンフランシスコ講和条約での日本の主権回復に際し，それらを日本に返還する政策がとられ，国立西洋美術館が計画造営されることとなる．返還の条件として，日本政府の資金によって，日本に美術館を建造することが求められた．フランスを中心とするヨーロッパの美術品を収蔵保管して公開展示，西洋美術文化を日本に広く伝えること，すなわち日本社会に近代的欧州文化を伝播することが目的であった．こうして国立西洋美術館の建築主（施主）は日本政府となったのであった．

　日本政府は，元 東京美術学校（現 東京芸術大学美術学部）が至近の上野の国有地を，美術館建造の敷地として用意し，建築主としては新生日本の文部省（現 文部科学省）が担当，資金も日本が拠出することとなった．一方，押収した美術品を日本に返還したときの収蔵施設の造営が事業目的であったため，実質的に計画を主導したのはフランス政府であった．そしてフランス政府はパリ在住の建築家ル・コルビュジエにその計画および設計を委託（本人の代理として専門家に委ね託すこと）した．ル・コルビュジエは，当時，新しい建築技術であった鉄筋コンクリート造による近代建築を提唱し，国際的に先進的な建築活動を行っていた．戦後の日本では，そうした新しい建築の材料となるコンクリート，鉄筋，ガラスなどの資材は十分にはなく，また設計技術的にも施工技術的にも経験が不足していたこともあり，建築技術が進んでいたパリのル・コルビュジエのアトリエで設計スタッフとして働いた経験のある3人の日本人建築家が，実施設計と工事監理を担当することになったのであった．

図1　坂倉準三（提供：坂倉建築研究所）

図2　前川國男（撮影：廣田治雄，提供：前川建築設計事務所）

図3　吉阪隆正（提供：アルキテクト）

1.3.1 建築家とは

建築家のマルクス・ウィトルウィウス・ポリオ（BC 80年/70年-BC 25年）は，現代から2000年以上前ローマ帝国初期の人物である．彼の著作である『建築について』（De Architectura，『建築十書』と邦訳，図4）は現存する最古の建築理論書とされ，紀元前30年から紀元前23年頃に著されたといわれている．その書物の冒頭，ウィトルウィウスは，"建築家には，技能と学識の双方が必要であり，絵筆の技術，幾何学の知識，歴史への造詣が求められ，哲学に従って音楽，薬学，法律，天文学，神学にも通じていることが望まれる"と説いている．この書物が定義した建築の造営にかかる専門技術者のことを「建築家」（architect）とよび，このウィトルウィウスの記述をもって建築家が誕生したとされている．

図4 『建築について』フランス語版表紙（1673年）

一方，数千年前から人の手による計画的な構造物が存在していたことは，考古学他の調査から実証的にわかっている．したがって，ウィトルウィウスの時代以前にも建築を造営する専門技術者がいたことは，書物によってその存在が示されて今日に伝えられているかどうかにかかわらず，明らかである．しかしながら，体系的な技術を身につけた専門技術者が文書によって定義されて記述されることで，初めて，建築家が，物理的社会資産を構築する専門家として公式に認知されて社会化されたというのも事実である．実際のところ，こうした建築専門の職能である建築家についての議論が，広く体系的に論じられたのは，15世紀から16世紀にかけて，近現代に連なるイタリアのルネサンス時代であった．「建築家」が誕生したのはルネサンス時代であると説明されるゆえんである．

図5 フィリッポ・ブルネッレスキ

ルネサンス時代は，近代科学の源流ともいえる科学技術の知見が湧き出た時代であり，その発展が自然および人に関わる認識や人の行動および生活に多大な影響を与えた時代であった．人間を軸に改めて世界を認識し直した時代だったのである．建築もまた，その前後で大きく変化している．ルネサンス最初期の建築家フィリッポ・ブルネッレスキ（Filippo Brunelleschi, 1377-1446，図5）は，フィレンツェのサンタ・マリア・デル・フィオーレ大聖堂（図6）の設計者であり，巨大な平面の聖堂にドームを架ける技術的なアイデアを出し，その実施のために石工職人と鍛冶職人を指揮して統合した建築家として世界史にその名を残している．建設技術において新しい技術開発を行い，新しい建造物をつくりあげた．

レオン・バッティスタ・アルベルティ（Leon Bat-

図6 サンタ・マリア・デル・フィオーレ大聖堂

tista Alberti, 1404-1472，図7）は，後期ルネサンスの建築家であり，ルネサンス時代に語られつくられた建築の体系化を図った建築理論家でもあった．その建築論に図版は収められず，建築の体系はすべて言語で記述された．当時，印刷技術が十分に発達していなかったためとされているが，技術が体系化して記述されたことで，同様の建設が異なる場所でも可能となり，後期ルネサンス時代には，いわゆるルネサンス様式の建築がヨーロッパ各地で建造されることになった．

さらに，後期ルネサンスの代表的な建築家であるア

図7 レオン・バッティスタ・アルベルティ

図8 アンドレア・パラディオ

図9 『建築四書』初版表紙（1570年）

ンドレア・パラディオ（Andrea Palladio, 1508-1580, 図8）は，建築技術をもとにした素材と比例に重きを置いて建築技術を説明したうえで，複数の様式の意匠を体系的に紹介し一種のカタログ的な建築の体系化を試みており，その全体は『建築四書』（図9）とよばれる建築書にまとめられている．アルベルティは言語で，そしてパラディオは，発達した印刷技術の追い風を受けて，図版も含めた建築の建設工程を正確に再現できる設計図書の形式を整えることになり，建築の建設技術のうち計画と意匠に特化して，設計作業を専門化することが可能となった．技術面の知識は，建設を担う建設技術者が実学として蓄えて体系化されていく．15世紀から16世紀にかけて，建設技術と印制技術に展開があり，設計技術と建設技術の体系化が行われたと理解することができる．

ブルネッレスキは，設計と建設を分離せず一体に実行するプラグマティックな建築家であり，アルベルティは，ギリシャ，ローマ時代の遺構から建築をひもとき，言語を用いて意匠の様式を体系化して論じ，そしてパラディオは，ルネサンス期を経て現れた数々の建築様式と建築技術を類型化してカタログ化した．ここに，建築家は，建設技術者から独立して，主に形式，様式，解釈によって理論を語る建築の設計者としての立場を確立していくことになるのである．なお，西欧に生まれた建築家像と職能のあり方は，キリスト教社会と密接な関係がある．聖俗の交感交信する空間として厳かな聖堂を構築する技術を独占的に有したプロフェッション（職能）として社会に位置づけられていたからであり，それは，後の近代建築家像にも少なからぬ影響を与えることになった．

1.3.2　ル・コルビュジエ

国立西洋美術館を設計したル・コルビュジエ（本名：シャルル＝エドゥアール・ジャンヌレ）はフランク・ロイド・ライト，ミース・ファン・デル・ローエとともに「近代建築の3大巨匠」の一人とされる．20世紀初頭の新しい建設材料である鉄筋コンクリートによる構造に20歳頃から興味をもち，その新しい可能性を建築形態に求め，サヴォア邸（1931，図10），マルセイユのユニテ・ダビタシオン（1952，図11），ロンシャンの礼拝堂（1955，図12），ラ・トゥーレットの修道院（1959）などの建築を実現した．彼は『建築へ』をはじめ多くの建築，都市計画に関する理論書を著し，インドのパンジャブ州の州都チャンディーガルの都市計画の設計を行った．彼の理論と建築作品に日本をはじめ多くの国の建築家が影響を受けた．

時計産業で知られるスイスのラ・ショー＝ド＝フォンに，時計文字盤職人の子として生まれたジャンヌレは地元の美術学校に学んだ．校長のシャルル・レプラトゥニエは，アーツ・アンド・クラフツ運動（英国の詩人，思想家，デザイナーであるウィリアム・モリスを中心としたデザイン運動．大量生産による粗悪な商品があふれていた状況を批判して，中世の手仕事に帰り，生活と芸術を統一することを主張し，アー

図10 サヴォア邸

図11 マルセイユのユニテ・ダビタシオン

図12 ロンシャンの礼拝堂

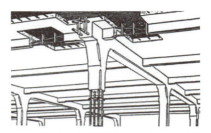

図13 エンヌビックによる鉄筋コンクリートに関する特許

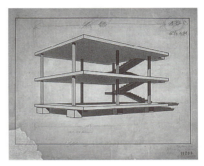

図14 ル・コルビュジエ《メゾン・ドミノ》1914年
(©FLC/ADAGP, Paris & JASPAR, Tokyo, 2016 C1111)

ル・ヌーヴォー，ウィーン分離派，ユーゲント・シュティールなど各国の美術運動に影響を与えた）に傾倒しジョン・ラスキンの思想を崇拝しており，彼は生徒たちに，自然を観察し形態的構造を発見し，それを抽象化して表現することを教えていた．「諸芸術の総合としての芸術作品としての建築」を目指していたレプラトゥニエは，ジャンヌレの才能を見出し建築の道へ進むよう，また，イタリア，パリなどを旅するように勧める．

20歳（1908年）のときにパリへ出て，鉄筋コンクリート建築の先駆者であるオーギュスト・ペレの事務所に，1910年にはベルリンでドイツ工作連盟の中心人物であったペーター・ベーレンスの事務所において実務助手として勤め，当時の新しい建築を学んだ．1911年にベルリンから，東欧，トルコ，ギリシャ，イタリアを訪ねるスケッチ旅行「東方旅行」を行う．このスケッチ旅行がいかに自身の人生を決定づけたかを紀行文のかたちで『東方への旅』[1]として晩年にまとめている．

第一次世界大戦初期，戦禍で荒廃したフランドル地方を田園都市で復興する試みとして，ペレが使用していたフランソワ・エンヌビックによる特許（図13）をもとにした鉄筋コンクリートの構法モデル「メゾン・ドミノ」を考案する（図14）．1917年にパリに再度，住み始め，師ペレの紹介でキュビスムの批評などをしていたアメデ・オザンファンと出会い，2人はキュビスムに至る近代絵画に関する議論を繰り返し『キュビスム以降』をまとめ，絵画制作をともにし共同展を開催しピュリスムを宣言する（図15）．2人はこれらの絵画の議論をはじめ，新しい機械時代における建築や都市に関する論考を発表する会員制雑誌「エスプリ・ヌーヴォー」を発刊する．シャルル=エドゥアール・ジャンヌレはこの雑誌発表のペンネームとしてル・コルビュジエと名乗る．

T型フォードが1908年から製造を始め，大量生産時代の自動車製造方式の幕開けとなる（図16）．自動車が量産体制に入る第一機械時代（マシーン・エイジ），つまり，機械を新時代の象徴として称揚していた時期にル・コルビュジエは創作活動を開始する．これに呼応する建築を探求し，ル・コルビュジエは雑誌

14   1. 建築にいたるまで

図15 ル・コルビュジエ《垂直のギター（第1作）》1920年（©FLC/ADAGP, Paris & JASPAR, Tokyo, 2016 C1131）

図16 T型フォード（1910年）

図17 『建築へ』表紙（1923年）

「エスプリ・ヌーヴォー」に多くの論考を寄稿する．「住宅は住む機械である．」とする有名なマニフェストを含むそれらの論考を著作『建築へ』[2]にまとめた（図17）．この本は「エンジニアの美学，建築」の章から始まるが，ル・コルビュジエはそれらを"二つは依存しあい，関連し合うもの．一方は満開の発展にあり，他方は惨めな後退にある．"と記した．その冒頭で"エンジニアは，経済の法則に活力を受け，計算に導かれて，われわれを宇宙の法則に一致させる．建築家は，形の秩序立てによって精神の純粋な創造である秩序を実現する．……"と書き出し，著作全体を通して，機械時代においても古典的な様式教育を続けるアカデミー教育制度を批判し，工業化社会に呼応した芸術と科学・工学の融合を説いた．19世紀を通して建築家とエンジニアの間にギャップが生じたことに自覚的になることを訴え，一方で，エンジニアによる合理性以上のもの，つまり，建築は実用一点張りだけでは決定されないような諸要求をも満たさなければいけな

いとし，リリスム（lyrisme），つまり叙情的な世界の大切さを唱えた．

　ル・コルビュジエは，午前に自宅アトリエで絵画の制作，午後は従兄弟のピエール・ジャンヌレと主宰するパリ中心部の事務所に出かけ設計，夜は自宅書斎で執筆といったリズムで生活していた．偉大な業績は毎日の生活リズムの集積に過ぎない．この朝，昼，晩のそれぞれの作業は連関しながら，それぞれが創造的なものになっていった．

1.3.3 思想と技術の導入

a. 非西洋の近代化：日本・フランス・美術

　「国立西洋美術館」という名称に，この美術館建築の本質がよく表れている．そこには，日本が（先進的な）西洋美術を収蔵・保管・展示する美術館，ということが含意されている．いうまでもなく日本は西洋ではない．そういう意味では，異文化である西洋の美術品を収集・収蔵・保管・展示する施設として国立西洋美術館は設立されていて，今日的な言い方をすれば，エスニックな（異文化の）アートを紹介するミュージアム，ということになろうか．しかしながら実際のところは，異文化というよりは，優れた西洋ないしフランス中心の近代美術のコレクションを公開することで日本の近代化西洋化の促進が目指されたともいえる．

　松方コレクションを返還する受け皿として事業は企画されたが，その建築が，世界的巨匠建築家の設計とその弟子にあたる3人の日本人建築家の支援によって「国立西洋美術館」として建造されたことの意味はきわめて大きなものであった．「国立」は，新生日本国政府直轄の施設であることを示し，「西洋」はフランスを代表とする西ヨーロッパの文化を，そして「美

術」はフランスおよび欧州文化の基底を形づくった作品を，そして「館」はそれを収蔵展示する建築であることを示している．高水準の先進的なヨーロッパの美術（芸術文化）の公開を通じて，日本の国民を解放し，近代の文化を広く認知させるための施設とすることに，日仏両国が合意し認めたという構図である．戦後の日本が，自由と民主を理念とする近代性を獲得するように，つまり日本が近代化するようにという啓蒙主義的な性格の合意だったと考えられる．

b. 先進性の導入：都市と建築の近代化

敷地は，江戸時代には寛永寺の境内地であった上野の山の一隅，国有鉄道の終着駅である上野駅に近接した国有地があてられた．ル・コルビュジエは現地を訪れている．当時，彼は，第二次世界大戦後に生まれ変わった，あるいは独立した新生国家の都市計画を世界各国から次々に依頼され世界旅行を行っていた．彼が提唱した近代建築および近代都市の思想と設計提案および建築技術が，拡張しつつあった20世紀の近代都市生活に適合しており，第二次世界大戦後の新しい国民国家の理念と相性がよかったからであろう．インド，ソ連（ロシア），アルゼンチンなどの構想と計画がよく知られている．近代社会における人間の諸活動を分析して，それぞれの営為に適した空間を科学的に分析計画し，それらを要素とする最適の構成を設計，構築することで合理的かつ機能的な建築と都市空間を実現できるとする新しい近代主義の思想が，ル・コルビュジエの建築には体現されていた．

フランスに帰国したル・コルビュジエが日本に送付してきた基本設計図書には，依頼された美術品を収蔵する美術館の基本設計のみならず，周辺も含めた文化センターの構想と計画が記載されていた．美術館へのアプローチ，提案された文化施設群の配置，建築の正面性の構成などから，ル・コルビュジエが上野恩賜公園周辺の都市構造と都市景観を読み取って建築の基本設計をしたことがみてとれる．戦後日本の近代化の文脈でいえば，1955（昭和30）年は，戦災復興を果たし高度成長を迎える前夜であり，文化と技術と近代思想についての先進都市であったパリから最新の建築と都市環境の設計計画が導入されたということができ，最先端の国立西洋美術館は，美術館であると同時に，現代都市東京を形づくってきた建築と都市の近代化の第一歩を記すベンチマークとなった．建設に携わった3人の日本人建築家は，その後，それぞれの近代建築の設計活動を通じて，日本の都市計画の近代化に大きく関わることになった．

1.3.4 世代とメルクマール：近代化のプロセス

a. 美術館も近代建築も初めて

ル・コルビュジエによる設計とその3人の弟子によって実現した最新の近代建築は，その後の日本建築近代化のモデルとなり，新しい建築と新しい文化のレファレンスとなった．そもそも戦前の日本社会には，本来的な意味で美術館とよびうる建築は存在していなかった．美術展が催されることはあったが，仮設の展示場や百貨店で開催されることが多く，体系的に宝物文物を収集，保管，展覧する施設は博物館とよばれ，美術館とは区別されていた（英語では，いずれもmuseum）．国立博物館はあったが，それは過ぎた時代の宝物を展示して日本固有の文化文明を内外に示すための施設で，その建築は西洋古典の形式と様式を導入したものであった．国立の近代建築が美術館として本格的に建造されるのも，国立西洋美術館が初めてであった．それゆえ，設計の統括，意匠・構造・設備の設計において，また施工の監理において，あらゆることが未経験であり，日本社会にとって初めてのことばかりであった．したがって，完成した建築のみならず，その建設過程そのものが，その後の日本の近代建築のモデルとなり，戦後日本社会の近代化のメルクマール（指標）となったのである．

b. 時代と世代

国立西洋美術館の設計が始まった1955年は，第二次世界大戦後10年目にあたり，前川國男は50歳，坂倉準三は54歳，吉阪隆正は38歳であった．前川，坂倉は，すでに日本建築界のオーソリティ（正統な権威）となっていて，吉阪もまた洋行帰りの新進気鋭のプロフェッサー・アーキテクトで，若いながらも社会において指導的立場にあった．ところで，前川，坂倉が渡欧して過ごした1920年代から1950年代のパリは，第一次世界大戦と第二次世界大戦をはさむ大激動期にあり，社会状況は年代によって大きな変動があり，その違いは若い彼らに重大な影響を与えたと考えられる．前川，坂倉，吉阪の3人は，それぞれ，20世紀後期の日本の近代建築を開拓した指導的建築家であったが，いずれも弟子を数多く育てていて，そうした建築家たちもまた近代建築のリーダーとなっていった．3人の建築家，その弟子たち，それぞれの方向性には特徴があり異なっていた．前川國男は，理想主義的な立場をとり日本に近代建築を導入，発展，定着させたオーソリティとして位置づいている．その後輩，弟子

図18　日本相互銀行本店（現存せず．設計：前川國男，1952年，提供：DOCOMOMO Japan，撮影：桐原武志）

図21　神奈川県立近代美術館（設計：坂倉準三，1951年，提供：DOCOMOMO Japan，撮影：大川三雄）

図19　神奈川県立図書館・音楽堂（設計：前川國男，1954年，提供：DOCOMOMO Japan，撮影：大川三雄）

図22　羽島市庁舎（設計：坂倉準三，1958年，提供：DOCOMOMO Japan，撮影：鯵坂徹）

図20　東京文化会館（設計：前川國男，1961年，提供：DOCOMOMO Japan，撮影：桐原武志）

図23　大学セミナー・ハウス（設計：吉阪隆正，1965年，提供：DOCOMOMO Japan，撮影：桐原武志）

筋にあたる丹下健三は，日本文化とヨーロッパ近代の先進的思想技術を融合させて，独自の建築表現，国家としての日本を象徴する建築表現を追求し日本建築界のオーソリティとなっていった．坂倉準三は，戦時下においては海軍の仕事として戦争建築を，戦後は鉄道と建築の融合した交通建築を手がけている．いずれも近代技術を駆使した建築プロジェクトであり，これらの仕事を通じて，坂倉は近代性を体現する先進的近代日本建築の先駆者となった．坂倉建築事務所は，戦後の建築界をリードする多数の建築家を輩出し，彼らは高度成長を迎えた日本の都市部に時代を体現する先進的な近代建築を次々とつくり上げていった．一方，世代がひと回りほど若い吉阪隆正は，後期のル・コルビュジエの影響もあり，合理的に生産性を追求するモデュロールに関心を示すとともに，鉄筋コンクリート造のもつ可塑的造形の可能性に魅了され，プリミティブ（原始的）な形態やバナキュラー（土着）な表現へと関心を広げていった．大学で育てた弟子たちは，プリミティブな造形やバナキュラーな構法，地域性を色濃く表出する建築へと活動の幅を広げ，都市と文明，芸術と自然といったテーマの議論と活動を建築界に巻き起こした．

　3人の建築家の活動や弟子たちの活躍から，それぞれの建築家には，すでに国立西洋美術館の設計時に，独自の特徴があったことを推し量ることができ，その設計においては，それぞれの特徴を生かした分担と連

図 24 浦邸（設計：吉阪隆正，1956年，提供：DOCOMOMO Japan，撮影：渡邊研司）

携によって，それぞれの力を発揮したものと考えられる．すでに多くの実績があった前川は，全体の統括を行い，意匠は坂倉が主導したのではないか．フランス文学を専攻し，最も長くパリに滞在して文化に親しんでいた坂倉は，1937年のパリ万博日本館や1951年の神奈川県立近代美術館（図 21）の設計を担当しており，ル・コルビュジエは，坂倉の設計能力を信頼していたものと思われる．コンクリート・ワークや造形的な扱い，抽象的形態表現については，若い吉阪が主に担ったと考えられる．

1.3.5 近代的体制：分担と連携

建築が計画されるとき，そこには建築の目的がある．その目的のもとに，敷地（その建築を建造する土地），建築主（その建築を建造する主体），資金（その建築を建造する資金），資材と技術（その建築を建造するための材料と技術）があり，これらが揃って初めて計画は実現へと導かれる．そのいずれを欠いても建築は実現しない．

近代建築は，近代社会と近代技術が生み出したものであり，近代生活のためにつくられる合理性と計画性に重きが置かれた建築である．建設のプロセスは大きく二つの段階に区分けすることができる．計画設計の段階と建設の段階である．前者は，どのような建築をつくるかを検討し設計する段階，後者は，その設計のもとに実際に現地で建設工事を行う段階である．近代建築については，近代技術に基づく性能が要求されて，それゆえ，それらの要素技術についての専門性が強くなっている．現代においては，建築家の職能は，プロジェクトの統括，意匠設計，構造設計，設備設計を専門とする建築家，技術者，施工の指揮と運営を専門とする建設技術者へと分離している．

より詳しくいえば，建築家とは，その建築の計画を立案統括し，建築各部の構成と詳細を設計する設計者のこと，構造技術者は，その建築の工学技術的な点から構造体を設計する技術者，設備技術者は，その建築の工学技術的な点から設備機器およびそのシステムを設計する技術者という役割を担っている．施工技術者は，その建築を建設する技術を駆使して工事組織を指揮運営する技術者である．

1.3.6 近代建築と建築技術

3人の日本の建築家は実施設計，施工監理を官庁営繕とともに担当した．構造および設備技術は，当時の日本においては，未分化な状況もあり，建築家と施工会社の技術者が，その役を担っている．ところで，フランスで進歩し日本も取り入れた建築技術に工業化がある．すなわち，建築の部品（パーツ）を工場で工業製品として製作し，建築の現場でアセンブル（組立て）して建築を建造するアプローチである．価格を合理化するとともに，性能のよい部品によって建築の質を高めることを目したアプローチで，国立西洋美術館では当時の日本では，まだ使われていなかったような建築部品がさまざま用いられた．実際，国立西洋美術館に採用された，外装パネル，窓サッシ，金物，建具，洗面器，配管などには，近代工業製品が多用されている．

この建設に携わったことによって，前川，坂倉，吉阪は，近代建築の部品の製造，開発までを手がけることとなり，その結果，高度成長期における近代建築の指導者として活動をさらに展開していくことになるのである．テクニカル・アプローチと前川がよんだ建築構法の探求は，こうした経験から積み上げられていったものだということができるし，坂倉は，人間のための建築を標榜しつつ，家具から住宅，庁舎などの公共施設，劇場を含む大型商業施設，駅舎を含む複合公共建築，都市計画に至るまで，近代技術に支えられた近代建築と近代都市の発展を目指して，日本の風土，気候，文化に調和するように検討を重ねつつ先導していった．吉阪は，建築と都市の近代化が爆発的に進展する中，地域の生活文化に根差した伝統的建築技術が損なわれていくことに警鐘を鳴らし，地域主義や中間技術の重要性に光を当てて，次の時代への道を切り拓いていった．

1.4 企画・プログラム

与条件

建築が計画される際，具体的な設計に先立って，プログラムや予算，規模などが企画される．建築の「プログラム」という言葉の定義は明確ではないが，ごく簡単にいうとその建築の形（shape）ではなく中身（content）だと考えればよい．それは単に美術館という用途のみを指すものではない．展示する作品（彫刻なのか日本画なのか，あるいは現代美術なのか）によって目指すべき建築空間はまったく異なるし，展示室以外の，例えばレストランや図書室などの付帯機能の設定も，プログラムの一環である．国立西洋美術館の場合，「松方コレクションを展示する」という具体的な目的からスタートしているので，プログラムの中核に関しては企画の初期段階から決定されていたといってよい．敷地に関してはさまざまな候補地が挙がったが，1955年3月に，寛永寺凌雲院跡地に建設することが決定した．規模や予算に関しては，発注者である文部省から設計者であるル・コルビュジエに対して，具体的に提示された条件は資料として残っていない．まずは建築家に自由に提案してもらうという姿勢で依頼したのであろう．

具体案を通じたやりとり

1955年に設計を依頼されたル・コルビュジエは翌1956年6〜7月に，模型写真と基本設計図3枚を日本側に提示する．そこには，計画敷地を大きく越境した文化センターの提案が描かれていた．これは発注者の依頼を超えた提案であり，実際に建設されることはなかった．また，美術館本体に関しても，当初の構想には講堂や貴賓室が盛り込まれていたが，その後発注者側の依頼で削除された．基本設計の提案を受けた日本側は，1956年12月にさまざまな変更要請をル・コルビュジエ側に送付し，その後の設計期間中も，両者の間で同様のやりとりが繰り返された．そのプロセスは，建築のプログラムや規模が，発注者と設計者との間で具体的な建築案のやりとりを通じて，徐々に決定されていくプロセスでもある．建築の「形」と「中身」は互いに影響し合いながら，最終的に建築が立ち上がったときに両者が同時に完成するのであって，あらかじめ完全な企画があり，それを実現する容れ物として建築が設計されるという単純な図式に収まるケースは稀である．

建築家の構想力

国立西洋美術館開館から2年を経た1961年には，対面する敷地に東京文化会館（設計：前川國男）が竣工，国立西洋美術館自体も1979年に前川によって増築されるなど，上野恩賜公園は東京を代表する文化芸術ゾーンとなっていく．これは，ル・コルビュジエの文化センター構想が形を変えて実現したものともいえる．ル・コルビュジエはその生涯で多くの建築を実現したが，一方で実現されるあてのない都市計画や建築の提案を数多く残している．それらは実現した建築と同様，もしくはそれ以上に，後世の建築界に大きな影響を与えている．

1.4.1　設計の前提条件

建築学科では,「設計課題」を通じて設計のトレーニングを受ける.初期の課題は敷地や建物の用途,規模が決められた同一の条件の下で各自が建築を設計する.高学年になるにつれ,課題の自由度は上がっていき,最終学年で取り組む卒業設計においてはすべての条件を学生自身が自由に設定し,それに答える形で設計を行うのが慣例である.実社会において,プロジェクトの前提条件を設計者が決められるケースは多くないが,では常に与えられた前提条件に従って設計業務を行うのかというと,そうではない.

戦後,高度成長期においては,圧倒的な量の需要に応えるために住宅,オフィス,学校,美術館といったさまざまな建築が,日本各地に猛烈な勢いで企画,建設された.それらの多くは,同一形式の繰り返しとしてつくられ,やがて「箱モノ」と揶揄されるようになる.しかしながら現代の日本社会においては,そうした旧来のビルディングタイプは制度疲労を起こしている.求められる建築のあり方は時代や地域によって変わっていく.それに対応する新しい空間を提示することが,建築の専門家の果たすべき役割である.

図1　せんだいメディアテーク（設計：伊東豊雄,2000年）

1.4.2　新しいプログラムの創造

せんだいメディアテーク（図1）は,それまで存在しなかったまったく新しいプログラムの要請に対し,設計者が新しい空間で応えた事例である.メディアテークとは,本,音楽,美術,映像といった多種多様なメディアを提供する施設である.まだ見ぬビルディングタイプの具体像を求める設計コンペに対し,設計者は林立する鉄骨のチューブが7枚のスラブを支えるというそれまで誰も見たことがない空間を提示した.コンペの準備段階において,建築計画学者が施設の面積配分,ダイアグラムなどを創造的に整理したプロセスも重要である.

図2　公立はこだて未来大学（設計：山本理顕,2000年,提供：山本理顕設計工場,撮影：藤塚光政）

公立はこだて未来大学（図2）は,情報系の学問に特化した大学である.コンピュータの利用を中心とした新しい教育空間の要請に対し設計者は,学生や教員が生身のコミュニケーションを取り合える,巨大な一室空間を構想した.設計の過程で設計者と教員が対話を繰り返し,空間と教育理念をすり合わせた結果,設計案は大きく変化していった.

1.4.3　対話を通じた設計

さらに新しい潮流として,設計のプロセスに地域住民や施設利用者との対話を積極的に取り入れるケース

図3　高田東中学校学校づくりワークショップ（設計：SAL-HAUS,2016年竣工予定）

が増加している.東日本大震災の被災地に計画されている**陸前高田市立高田東中学校**（図3）の設計過程においては,生徒,教員,地域住民が参加する学校づくりワークショップが繰り返された.少子化や高齢化が進む地方都市においては,地域によって学校の役割も,求められる機能も異なる.建築を対話のツールとして利用し,その地域に真に必要とされる空間や機能を議論し,共有することが,今後の建築づくりにとってはより重要になってくるであろう.

1.5 建築史における国立西洋美術館

ル・コルビュジエと近代建築

　ル・コルビュジエ（1887-1965）という建築家は，アカデミーや工科大学といった大学での正規の建築教育を受けておらず，生まれはスイスのラ・ショー＝ド＝フォン，つまりフランスは彼にとって第2の故郷（1930年国籍取得）であって，芸術文化の中心パリに腰を落ち着けるのも1917年，彼が30歳のときであった．

　彼は「近代建築」のために生まれてきたかのように，20歳の頃から当時のヨーロッパで目覚ましい活動をしていたヨーゼフ・ホフマン，トニー・ガルニエ，オーギュスト・ペレ，ペーター・ベーレンスなどの建築家たちを訪ね歩き，興味が湧けばそこで仕事をし，25歳の頃には，ドイツ工作連盟という建築・工芸の近代化の歴史を考えるうえで必ず名前が挙がってくる団体で，建築の工業化・規格化という大きな課題に取り組んだ．

　一方で彼は，ベーレンス事務所のあったベルリンを出発点にして，ヨーロッパを東に進む旅に出る．ドレスデン，プラハ，ウィーンからブダペストに入り，東欧の諸都市を訪ね歩いてコンスタンティノープルまで行き，ギリシャのアトス，アテネ，デルフィを回る．そして最後は，ギリシャからイタリア南端へと船で渡り，ナポリ，ポンペイ，ローマ，フィレンツェと北上して帰途についた．

　『東方への旅』と題されたその旅行記によれば，当時の近代都市の混乱・喧噪・不衛生に憤りつつ，例えばハンガリー平原の小さな町や村で出合う素朴な民衆芸術に歓喜の輝きや健康なたくましさを見出している．民衆芸術に関して，"フォルムは活力にみなぎり，豊かにふくらむ．線はつねに自然な様相を現わしながら，同じ作品に幾何学のすばらしい境地をつくり出す．始原的本能と高度の抽象的考察を受容し得る天性との驚くべき結合"[1]と著し，その後，近代建築の基礎概念として使う「フォルム」「幾何学」「始原的本能」「抽象」などの意味が，実によく理解できる．

　30歳になった彼は，パリに拠点を置いて，20代で得たさまざまな経験と記憶を編集して独自の理論を構築していく．このル・コルビュジエの生き方は，若い学生にとっては特に参考になるだろう．

　ル・コルビュジエが近代建築の歴史でひときわ輝き続けているのも，彼が，単に作品を残すことよりも，常に原理を探究しプロトタイプをつくり出して，近代建築の進むべき方向を明確に示し続けたからである．

新しい建築の五つの要点

　ここで取り上げる新しい建築の五つの要点（1926年頃，図1）も，1910年代からの彼自身の探究の成果に基づいて，新しい建築を構成する五つの原理を明確に示したものである．

ピロティ

　建築を空中に浮かばせるための柱，または，それによって地上に生まれた開放的な空間を指す．それまでの建築は地中に埋没し，暗く湿っぽい地下室があった．ところが鉄筋コンクリートや鉄骨構造がピロティをもたらした．建築を空中に浮かばせ地面を開放することによって，そこが通行・風通し・眺望に使われ，人々が集える覆いのある外部空間にもなる．結果として，外部空間（庭，小径）が建築によって分断されず連続して，どこまでも続く．国立西洋美術館の場合は，創建時はこのピロティ空間に奥行きがあって，広々とした庇の下の空間のようであった．椅子に腰掛けて来館者が憩う空間にも使われ，彫刻作品も置かれて

いた．非常に重要な空間であって，寸法にもモデュロール（2.9節参照）が使われている．前庭とこのピロティ空間の床を連続させて流動感・開放感を生み出し，同時に，目地割にも同じくモデュロールを採用して統一した秩序感を生み出している[2]．

屋上庭園

鉄筋コンクリートは，均一で平坦な屋根をつくることを可能にした．地上の庭園はパブリックなもので，そこに住む個人や共同体のための，よりプライベートな庭は屋上に設けられる．鉄筋コンクリートの面は温度や湿度によって伸長・収縮するので，砂利や芝で覆ってそれを抑えるが，花・高低木・芝などの屋上庭園は，この保護法の最も贅沢な部類に属する．"やがてパリ中の屋根が，庭園風に建設されるだろう"とル・コルビュジエは書き，さらに"詩情と合理性が屋上で邂逅（かいこう）し，都市はそこに庭園をもつことになるだろう．都市の屋根は征服された"とも続けている．そして，ある住宅の屋上庭園のスケッチを描き，その説明に，"居間から屋根に上がると，そこには粘土瓦もスレート瓦もない．プール付きの日光浴室があり，敷石が施され，その目地には芝が植えられている．空が上にある．周囲を壁が巡り，あなたは誰からも見られない．夕べには星を仰ぐ"[3]と書いている．

自由な平面

これまでは構造壁が絶対的な存在だった．地下室から屋根裏まで，各階の床・天井を支える壁が積み重なっていた．平面構成は，いわばこの壁という存在の奴隷だった．ところが，鉄筋コンクリートや鉄骨構造が壁の形状も配置も自由にし，細い柱に代えることも可能にして，平面構成が自由になった．

水平連続窓

窓は建築の最も重要な特徴だが，ここでも鉄筋コンクリートが窓の歴史に革命をもたらした．公共建築，独立住宅，賃貸住宅などから，一見してそれとわかる窓の形や配列が消えて，ファサードの端から反対側の端まで連続的に開けられるようになった．

自由なファサード

柱はファサード，すなわち街路や広場から見える壁面から後退して建築の内部に自立する．国立西洋美術館の場合がまさにそうであるように，ファサードは，壁体あるいはその窓で構成される軽い皮膜にほかならない．ファサードもまた，自由になった．

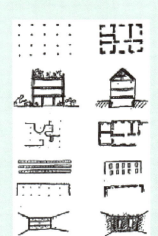

図1 ル・コルビュジエ《新しい建築の五つの要点》1926年
（©FLC/ADAGP, Paris & JASPAR, Tokyo, 2016 C1111）
旧来の建築（右列）と新しい建築（左列）が比較されている．上から「ピロティ」，「屋上庭園」，「自由な平面」，その下2段は「水平連続窓」，そして最下段は「自由なファサード」を表している．

1.5.1 近現代建築史とル・コルビュジエ

　建築は，どんなに小規模でも，いろいろな人々の協働によって生まれる．例えば国立西洋美術館のような記念碑的な建築になると，その誕生には，多様な要因が複雑に働いている．そして，いろいろな流れを歴史的に分析してみると，一つの建築の誕生にも，時代によって世界の異なる地域から影響が及んでいることがわかってくる．日本の場合，古くは中国や朝鮮などの近隣諸国，そして近代になってからは西洋との広範な影響関係を抜きにして，建築の成立と発展を理解することは不可能に近い．

　近現代建築史で考える時代は近代以降であって，西洋との関係が重要になる．その歴史の出発点を，西洋に関しては，啓蒙主義の影響によって人々が「眠り」から覚めて産業革命と市民革命を力強く押し進める18世紀後半に置いている．他方，日本に関しては先行する西洋列強の外圧によって長い鎖国の「眠り」から覚める19世紀半ばの開国あたりに置く．

　日本は西洋と比較すると1世紀ほど遅れるが，日本の近代は，西洋に追いつき，追い越せと駆け足で家族・社会制度や産業構造の近代化を図りながら，その時代の西洋で主流となっている様式を模倣し続けた．

　ただし，模倣は単純なコピーとは違う．いずれにせよ，西洋の模倣を脱したときに日本建築における近代の時代が終わり，現代の歩みが始まったといってよいであろう．

　ここで注意すべきは，西洋でも18世紀後半から1830年頃までは，理想とする古典古代を模倣する新古典主義，その後は，模倣の対象を中世や近世にまで広げた歴史主義と続き（一方で歴史主義時代に，歴史様式の単純な模倣から脱するための思想・手法を準備して），19世紀末に新様式であるアール・ヌーヴォーやセセッションへと移行することである．

　西洋では日本と異なり，すでに18世紀後半から，「眠り」から覚めた建築家・芸術家たちが国家の枠を超えて自由に行き来し，同じ主義主張を掲げて協働するようになっていた．20世紀に入ると，CIAM（シアム，近代建築国際会議）のような国際的なモダニズム運動体が生まれてくる．そのCIAMのモダニズムを批判しながらチームX（テン）が生まれてくるのが1950年代で，それはCIAMの主導者だったル・コルビュジエと彼の弟子である3人の日本人建築家によって国立西洋美術館が建設される時期と重なっている．

　1950年代は，第二次世界大戦における近代テクノロジーによる大量破壊と殺戮に対して強い反省が湧き起こった時代で，この意味で「近代」から「現代」への決定的な転換期となった．戦中は人類がそれまでに体験したことがないほど都市が徹底的に破壊され，さらに問題なのは，戦後になって都市の核となる歴史的街区を画一的なモダニズム建築に建て替える戦災復興が各地で進められたことだった．CIAMの第9回会議（1953）で，なおモダニズムに固執する旧世代に対して，チームXとよばれる若手建築家たちのグループが反旗を翻したのも，このような事情からだった．建築の成立基盤が，近代テクノロジーから民族・地域のもつ歴史文化・伝統性といったものにシフトし，それぞれの民族・地域が，西洋から自立し始める．

　1950年代に，日本が西洋と同じ地平に立ち，肩を並べることについては，近現代建築史で詳しく学べるが，そこでもル・コルビュジエという建築家の足跡を詳しく追う．それは，日本の建築界が西洋を模倣する近代のみならず西洋から自立する現代への移行期にも生きていて，結果として，日本建築の西洋からの自立に，彼が大きな役割を果たしたからである．

　彼がスイスに建てた初期住宅は歴史主義とアール・ヌーヴォーを示し，ヨーロッパ中を渡り歩いて19世紀末の新しい様式運動を体験し，1917年にパリに腰を落ち着ける頃にはキュビスムと交流して絵画に取り組み，建築の中での諸芸術の統合が彼の終生の目標となった．独自の理論を構築し，1920～25年には「エスプリ・ヌーヴォー」誌に掲載して，さらに発展させた．そこでの彼は，古代ギリシャの古典建築の明澄さを参照するピュリスム（純粋主義）的な形態言語を採用して，美は装飾にはなく，造形要素の抑制，繊細な比例，厳格な幾何学的秩序の中に求められると主張した．そして1920年代の彼は，独立住宅・集合住宅のプロトタイプづくりに取り組み，「住む機械」というスローガンを掲げた．

　数々の住宅建築の名作を生み出し，サヴォア邸（1931，図2），そしてマルセイユのユニテ・ダビタシオン（1952，図3）に至るが，後者では，例えば屋上の造形にしても地上階のピロティにしても，自由奔放にしてダイナミックでありコンクリートの彫刻作品のようにみえ，その全体が意識的に粗野で力強く，1950年代の英国に新ブルータリズムという運動を引き起こしたほどだった（ブルータリズムは，本来隠すべき建築の構造材や設備配管などを意図的に剥き出しに使って，荒々しく粗野な感じを強調する手法・傾向）．この変化は，1920年代に求めた静的な古典的秩序，純粋主義とは対極に立つもので，50年代になると，ル・コルビュジエ自身が「近代」を離れて，「現代」の扉

1.5 建築史における国立西洋美術館

図2 サヴォア邸

図3 マルセイユのユニテ・ダビタシオン

図6 アテネのアクロポリスとパルテノン神殿

図4 ロンシャンの礼拝堂

図5 ラ・トゥーレットの修道院

を開けようとしていたことを物語っている.

1950年代の彼の作品には，このほかにロンシャンの礼拝堂（1955，図4），ラ・トゥーレットの修道院（1959，図5）などがあり，国立西洋美術館もこの時代に属する.

1.5.2 西洋建築史とル・コルビュジエ

ル・コルビュジエは，西洋の文化文明が古代ギリシャ・ローマ，さらにはその東方すなわち地中海の東の地域（オリエント）に起源をもつことを，よく理解していた.

ル・コルビュジエたち西洋人が，自分たちの建築の歴史をオリエントからたどろうとする姿勢と，明治維新以降たくさんのことを西洋に学んできた私たち日本人が，自分たちの歴史の一部として西洋建築の歴史をたどろうとする姿勢は，本質的に同じである．この西洋建築のすばらしい成果を時代・民族・地域ごとに分類しながら学んでいくのが，西洋建築史である．先史時代から始まり，古代のエジプト，ギリシャ，ローマ，中世のロマネスク，ゴシック，近世のルネサンス，マニエリスム，バロック，ロココまでが，主たるテーマとなる.

しかし，教科書を読み，講義を受けるだけでは，残念ながら真に西洋建築を理解したことにならない．実際に現地に行って，その建築がどのような地形・風景の中にあり，全体がどのような姿となっているかを自分の眼で確かめ，それから接近して間近でじっくりと観察してみる必要がある．内部に入っては，空間，動きに伴って変化する壁や天井，窓の外にみえる風景，射し込んでくる自然光，さらには次第にみえてくる細部意匠，材料・技術の特徴などを，五感をフルに使って理解しなければならない．一つ感動すれば，建築の理解が一歩深まる．だから感動を積み重ねながら，建築を学んでほしい.

その意味で，ル・コルビュジエの建築旅行は，とても参考になる．誰もが一度は目指すアテネのアクロポリスを訪ねたときの彼は，アクロポリスの岩塊を貝殻にたとえ，その中央にそびえるパルテノン神殿（図6）を，貝殻に守られる真珠に見立てて，"神殿はこの風景における，まさしく真珠なのだ．なんという輝き！"と叫ぶ．そして古代ギリシャ最高の神殿，いや，人類が生んだ建築の最高傑作の一つを前にして，彼は感動に震えながら，"見よ，神殿の真正さを，風景の荒々しさを，完全無欠なるその構造を．強い精神が勝ち誇っているではないか．（中略）すさまじいまでの厳格さを具えたエンタブレチュアが我々を圧倒し，戦慄させる"と讃えるのである[1].

このとき，彼はパルテノンを「驚くべき機械」とも表現するが，それは当時の彼にとって最大の賛辞だった．彼は，この古代神殿を，真正で，完全無欠で，厳格で，圧倒する存在としての機械になぞらえたのである.

後になって，破壊と殺戮の第二次世界大戦を体験して，近代文明が生み出した機械に対する彼の考え方も大きく変わるが，この当時の彼にとって機械は，正確に，公平に，圧倒的なパワーで世界を変える絶対的存在だった．だが，言葉で機械を賛美するだけではなく，機械に典型的に現われた近代的価値観を建築で具現化するための手本をパルテノン神殿に見出したとこ

ろに，ル・コルビュジエのすごさがある．しかも，パルテノン神殿をそのまま模倣するのでは19世紀の歴史主義に逆戻りするところを，彼は，この理想の古代建築を支える原理を抽出し，それに基づいて新しい建築を創造する方向へと歩を進める．東方への旅は，彼のそういう建築家人生の扉を開けるものだったのである．

あわせて強調しておかねばならないのは，彼がパルテノン神殿に感動し，それを終生，彼自身の建築創造の手本にしたとしても，彼が記念碑的な建築を建てること自体を目指していたのではなかったことである．つまり，彼の東方への旅には，過去の名建築をスケッチしてもち帰り，それを複製・変形して自分の設計に使おうなどという意図がまったくなかった．彼の意図を簡単にいえば，これからの近代社会の構築に必要な，どこにでも適合できる，オープンで，普遍性のある原理あるいはプロトタイプを見出すことだった．彼の関心は，「建築によって，どう近代社会をつくるか」というところにあったといってもよい．

18世紀半ば以降の近代という時代を近現代建築史に譲って，西洋建築史は，先史・古代・中世・近世という時代を，主として様式史的に学ぶが，それぞれの様式について原理あるいはプロトタイプとなるものを説き明かすことを主たる目的としている．

1.5.3　日本建築史

21世紀になって，現代建築という大きな枠組みの中で，徐々に日本建築史を実践に生かす動きが強まっている．例えば，単体にせよ群にせよ文化財の保存事業という特殊な状況では日本建築史の専門的な知識・技術が活用されても，一般的には，建設コストや簡略化された新技術・新素材が優先されて，世界中どこでも同じ無国籍のデザインによる建築のスクラップ・アンド・ビルドが繰り返される状況が，長く続いてきた．それが最近では，古い家屋をリノベーションあるいはリフォームする動きが強まって，日本建築史的な専門知識に基づいて実測調査を進めデータを収集して，使えるものは使い，必要な部分だけ新しい部材に替えるといった動きが強まりつつある．限りある資源を有効利用する点でも，この動きは現代社会にますます広まっていくであろう．

また，近年のまちづくり運動の高まりによって，まちの個性・魅力を形づくる意味で，伝統的な家屋を調査して保存活用する事例が増え，そこでも日本建築史の知識・技術が生かされるようになっている．木，土壁，地瓦，茅葺き，たたき，和紙などの地域に残る伝

図7　藤村記念館（設計協力：谷口吉郎，1947年）

図8　出雲大社庁の舎（設計：菊竹清訓，1963年）

統的な素材・技術が，一般的な建設現場で使われることも徐々に増えている．

伝統的な素材・技術の復活という観点から，1940年代後半から60年代初頭にかけての時代を見直すと，いくつか興味深い現象に気づく．例えば，村民たちの自力建設に谷口吉郎が設計協力した木曽馬籠の藤村記念館（1947，図7），白井晟一設計による秋田県秋の宮村役場（1951）は，ともに公共施設を，伝統と近代性を融合した木造建築として建てたものである．白井は，この時期に「縄文的なるもの」（1956）という論考を発表し，民家のもつ骨太さ，荒々しい架構を評価して伝統の幅を広げ，伝統と近代性を融合する住宅や施設建築を数多く手掛けている．菊竹清訓もまた，日本の木造建築特有の解体・移築・再構築の知識・技術を使っていくつかの近代的な公共施設を実現させ，その経験を独特の架構方式を採用した鉄筋コンクリート（RC）造建築，出雲大社庁の舎（1963，図8）に結実させた．

「近代」から「現代」へと転換する世界潮流を看取して，同じ動きを日本にも起こそうとした建築家に，丹下健三がいる．彼は，近代テクノロジーをあくまでも道具と位置づけ，日本文化の土壌で新しい理念に基づいて伝統を創造的に継承する姿勢を，前面に打ち出した．その成果が，広島平和会館原爆記念陳列館（現広島平和記念資料館，1952，図9），同本館（1955），東京都庁舎（1957），倉吉市庁舎（1957），香川県庁舎

1.5 建築史における国立西洋美術館

図9 広島平和会館原爆記念陳列館（設計：丹下健三，1952年）

図10 香川県庁舎（設計：丹下健三，1958年）

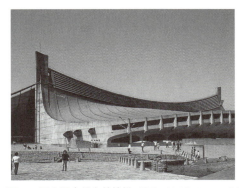

図11 国立屋内総合競技場（設計：丹下健三，1964年）

図12 パリ万博日本館（設計：坂倉準三，1937年，提供：国立近現代建築資料館）

図13 神奈川県立近代美術館（設計：坂倉準三，1951年）

（1958，図10），倉敷市庁舎（1960），代々木の国立屋内総合競技場・付属体育館（現 国立代々木競技場第一体育館・第二体育館，1964，図11）だった．

坂倉準三もまた，パリ万博日本館（1937，図12）ですでに，日本建築史上の，例えば神社仏閣のような木造建築を模倣再生するのではなく，伝統の真髄を近代建築の手法で発展させていた．それを日本の地でさらに発展させたのが神奈川県立近代美術館（1951，図13）であり，国立西洋美術館（1959）だった．

日本建築史は，縄文・弥生時代の住居・集落について学ぶところから始まる．やがて神社建築が現れ，大陸から入ってくる仏教建築も加わる．その仏教建築の中で早い段階に，木造の様式と仕組みが高度に発達する様子は驚くばかりである．平城京と平安京の都市づくり，そこに展開する貴族の生活と寝殿造，そして阿弥陀堂と浄土庭園．武士が台頭して，時代は古代から中世に移り，仏教建築に新たに大仏様と禅宗様が加わる．中世の間に住宅スタイルも寝殿造から書院造へと変化して，建築に加えて庭の文化も高度に発達していく．この後も安土桃山時代，江戸時代と，日本の建築文化は高い水準を維持しながら連綿と続く．

ル・コルビュジエだけでなく，近代になって欧米から訪れた多くの建築家たちが，日本建築の水準の高さに瞠目した．20世紀も半ば頃には，図7〜13が示すように，西洋で生まれた「近代建築」ですら消化して，自立し，日本特有のものを生み出すまでになっていたのである．

1.6 都市史における上野恩賜公園

原景としての寛永寺境内と江戸城への軸線

国立西洋美術館の建つ上野恩賜公園は，近世には，江戸城の鬼門（東北）にあたる武蔵野台地東端の上野山に建立された東叡山寛永寺（天台宗）の境内地であった．寛永2（1625）年の本坊を嚆矢として，寛永期（1624-44）に仁王門，常行堂・法華堂，清水観音堂，大仏，鐘楼，五重塔などの諸堂が建立された．慶安4（1651）年には徳川家康を祭神とする東照宮を造営（図1），元禄11（1698）年に本堂に相当する根本中堂や文殊楼（吉祥閣）が造営され，諸大名の寄進によって山内に多くの子院群が建立されることで壮大な境内が完成した．また，京都の鬼門を守護する天台宗総本山・比叡山延暦寺の周辺環境にならい，琵琶湖の竹生島を模して不忍池の中島に弁財天を勧進したといわれる．

図1 上野東照宮 拝殿（国指定重要文化財）慶安4（1651）年

寛永寺の伽藍（文殊楼，常行堂・法華堂，根本中堂，本坊）は，江戸城・本丸（天守）を向いて一列に配置されており（図2），その軸線は中央園路として現在も公園全体の主軸となっている（図3）．なお，慶応4（1868）年の戊辰戦争によって寛永寺諸堂の大半も灰燼に帰するが，本坊表門，清水観音堂，五重塔，東照宮は焼失を免れ，現在は，国指定重要文化財として保存されている．

博物館と大広場を中心とした公園計画

明治維新後，上野山は文部省・東京府の所管となり，明治6（1873）年太政官布達によって浅草寺，増上寺，富岡八幡神社，飛鳥山とともに公園に定められた．明治22年には市区改正設計公園として告示される．文部省用地には，東京音楽学校・美術学校（現 東京芸術大学）や帝国学士院（現 日本学士院）などが設立された．明治9年5月8日明治天皇行幸の下で上野公園開業式が開催され，明治19年には宮内省に移管，同23年に上野御料地となった．

当時の公園計画の中心は，東京帝室博物館（現 東京国立博物館）と内国勧業博覧会や天皇臨幸の記念式典など国家的記念行事を挙行する前面の大広場であった（図4）．明治15（1882）年寛永寺本坊跡にジョサイア・コンドル設計の帝室博物館が開館する．同年には付属動物園も開園し子院跡に上野駅が開設されている．民衆の教育啓蒙と社交施設としての西欧公園をモデルに，近代国家の威信を表象した上野公園の姿は，下町の庶民的な場であり続けた浅草公園とは対比的であり，以降，博物館構内を公園地として共用する形も，上野公園の特徴となっている．

図2 寛永寺の伽藍配置（東都名所上野東叡山全図）

図3 上野恩賜公園の主軸線

関東大震災の復興と上野公園

大正 12 (1923) 年関東大震災の直後，上野公園，不忍池畔は 5 万人を超える被災者の避難地として大きな役割を果たした．また，大正 13 年皇太子（昭和天皇）御成婚を記念して上野公園は東京市に御下賜され，歴史的史蹟や建造物など公園の空間構成を継承しつつ，恩賜公園の改良事業が実施されている．

大正 15 (1926) 年には公募団体のための展示施設として岡田信一郎設計の東京府美術館（図 8，昭和 50 年建替），昭和 6 (1931) 年には小倉強設計の東京科学博物館（図 5 再建，国指定重要文化財）が，耐火耐震性に優れた RC 造で建設された．これらは中央大広場の東西に対面して配置されている（図 8）．また，帝室博物館では関東大震災で本館が大破し，昭和 12 年，設計競技に当選した渡辺仁設計によって和洋折衷様式の RC 造地上 2 階・地下 2 階建の新本館（国指定重要文化財）が完成した（図 7）．本瓦葺の切妻大屋根をもつシンメトリーの外観に日本あるいは東洋的な細部意匠をバランスよく施した歴史美術博物館にふさわしい風格を備え，前庭とともに中央大広場の軸線を補強する配置計画となっている．

戦災復興と負の場所の修復—国立西洋美術館・東京文化会館

終戦後，上野公園の東側にあった凌雲院と墓所を中心に，戦争被災者などが定住を始め，多数のバラックが建てられていった．昭和 30 (1955) 年 12 月 1 日現在で，現 国立西洋美術館の前付近に 148 世帯 985 名，現 芸術院会館の前付近に 96 世帯 600 名，計 244 世帯 1585 人が集住したという．国立西洋美術館の敷地には，凌雲院と墓地があてられた（図 9）．凌雲院は大広場付近に唯一残されていた大規模な寛永寺の子院であったが，墓地を移転させ，昭和 33 年には本堂・庫裏を取り壊して国立西洋美術館が建設されている．

バラック集落は，昭和 31 (1956) 年に一部を除いて大半の移住が完了するが，その跡地に計画されたのが国立西洋美術館（昭和 34 年竣工）・東京文化会館（昭和 36 年竣工）なのである．上野駅公園口に近い立地であるが，それまで中央大広場の軸線に秩序づけられてきた公園全体の空間構成（図 8）とは建物配置やアプローチの方向が異なっており，敷地もやや建て詰った印象を受ける．それは戦災によって公園内に生まれた負の場所の修復を意図した計画であったからともいえるだろう．

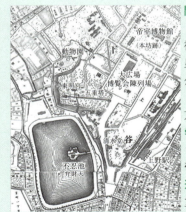

図 4 明治 20 (1887) 年頃の上野公園

図 5 東京科学博物館（図 8 ③）（国指定重要文化財）

図 6 東京国立博物館表慶館（図 8 ②）明治 42 (1909) 年片山東熊設計（国指定重要文化財）

図 7 東京国立博物館本館（図 8 ①）と前庭（国指定重要文化財）

図 8 昭和 20 (1945) 年の上野公園

図 9 国立西洋美術館敷地となった凌雲院と墓地

1.6.1 都市空間の歴史的積層性

上野恩賜公園には戊辰戦争，関東大震災，第二次世界大戦と幾度も被災しながら，近世から近現代に建設された優れた建築群が存在し，それぞれの時代の個性を表現している．また公園は，寛永寺境内の軸性と敷地形状に博物館・大広場を中心とする近代公園を重ね合わせ，連続的に改修され続けることで，宗教，教育・研究，芸術・文化，遊興・レクリエーションなど，多義的な「公園」という場所を形成しているのである．

このように文化的に成熟した都市空間は，一時期に形成されたものではなく，時代の異なる部分的な建設行為あるいは空間利用の積み重なりによって成り立っている．これからの都市デザインは，スクラップ・アンド・ビルドではなく，都市空間に積層した歴史的価値 = **都市の文脈（コンテクスト）** を継承しながら，新たな創造が加えられることが望まれる．

1.6.2 都市史と都市計画

従来の教科書で取り上げられた**都市史**は，近代化 = 西洋化であった日本の歴史を反映して，欧米の都市史が中心となった．しかも新たな都市を建設する立場からの都市計画史の側面が強かった．

そもそも近代都市計画は，19世紀の産業革命によって人口過密化など居住環境の悪化が深刻となったヨーロッパで噴出した都市問題を解決するために誕生した．ル・コルビュジエが『**輝く都市**』（1930）等で提唱した理想都市 "建築の高層化によって足下に十分なオープンスペースを確保した街区構成，歩車分離（自動車・歩行者の道路を分離）の整然とした街路構成"（図10）もまた，欧米都市の歴史的経験を前提に組み立てられた20世紀の代表的な計画理論であった．

しかし，世界中どこでも同じ都市計画が可能とする発想には限界があり，現在は，それぞれの都市のもつ**固有性（アイデンティティ）**あるいは**地域性（ローカリティ）**が重要視されている．それでは日本の都市の特質とは何か．都市史の観点からみたい．

1.6.3 日本における伝統都市の2類型：「都城」と「城下町」

日本における前近代の伝統都市をみたとき，二つの特徴的な都市類型があったことが指摘できる．第一は，平城京・平安京に代表されるグリッド・パターンの古代都市であり，長安など中国の首都である「**都城**」の都市形態を模したものである．

第二は，城郭を中心に武家地・町人地・寺社地・足軽組屋敷を同心円状に配置した近世の「**城下町**」である．各都市は，地域の土地条件に適合するように巧みに街区・街路形態を変形させ，同心円的な身分制ゾーニングだけがトポロジカルに遵守されるという，計画都市としては，世界史的にも特殊な存在であった．

日本の都市の歴史的特質は，古代都城から近世城下町へと発展していく過程で生み出されたといえるが，とくに現在の県庁所在地の大半が旧城下町を基盤としていることからも，近世城下町とその近代化過程は，日本都市史研究の重要なテーマとなっている．

1.6.4 城下町都市と近代化

伝統都市を比較する意味で，姫路とウィーンを取り上げる（図11）．両者は，濠や城壁で同心円状に囲まれた都市形態をもちきわめて類似している．しかし，形成プロセスはまったく異なり，**姫路**が，城下町として城郭を中心とした身分制ゾーニングをもとに一時期に計画されたものであるのに対して，**ウィーン**は，中心に中世の旧市街地が残され，その外側に形成された新市街地を新たな城壁で囲むという，都市の拡張過程が同心円状の都市形態を成立させている．

両者は，**近代化**においても対比的である．姫路のような城下町では，明治維新後に中心部の城郭と武家地が空洞化したため，その跡地に県庁・市役所・学校・公園・軍などの近代的な公共施設が容易に建設された．そのため大きな都市改造を経ていない都市が多

図10 ル・コルビュジエ「輝く都市」
（©FLC/ADAGP, Paris & JASPAR, Tokyo, 2016 C1111）

図11 伝統都市の比較 ウィーンと姫路

い. 街路も基本的にグリッドで計画されていたために，拡幅のみでそのまま利用されることも多かった．

ウィーンでは，中心部が歴史的街区であったため，やむを得ず内側の城壁とグリーンベルトの部分を再開発し，そこに環状道路（リングシュトラーセ）と公共建築（議事堂・市庁舎・劇場・大学・教会など）を配置している．このように城壁で囲まれた世界の多くの都市では伝統都市の近代化は容易ではなく，多くが旧市街と新市街を並置する都市形態をとった．

1.6.5 江戸・東京の都市史
a. ヴィスタに基づく都市デザイン
寛永寺伽藍の主軸線が江戸城天守に向けて設定されていたが，寛永期の江戸では，欧米のバロック都市のようにヴィスタ（眺望）を意識した都市設計がなされていることが注目される．特に都心にあたる日本橋周辺では，富士山・筑波山・湯島台や江戸城（天守・大手門）に向かうヴィスタによって街路・橋梁・街並みが周到に計画配置されていたことがうかがわれる（図12）．

b. 巨大城下町としての江戸
18世紀初期の江戸の人口は100万人を超えていたといわれ，同時期のパリやロンドンを凌ぐ世界有数の巨大都市へ成長していた．その要因は，参勤交代によって制度化された大名屋敷の存在であり，全国諸藩の「ひと・もの・こと」が江戸に集中し，大量の消費者人口を抱えたことによる．明暦3（1657）年大火後には隅田川対岸に武家地（旗本・御家人）が開発され，外濠外の山手地域にも大名屋敷が数多く立地した（図13）．大名屋敷の周辺には武士たちの生活を支える商工業者の居住する線状の町地が数多く点在し，各所に小城下町的な都市空間がモザイク状に形成された．

c. 東京の近代化と震災復興計画
前述のとおり，城下町・江戸の近代への転換は，都心部に大きな都市改造を加えることなく，旧武家地をさまざまな公共施設に転用することで達成されていった．上野恩賜公園のように，江戸の寺社地を公園に利用したことも同様である．しかし，それが近代都市としての新たなマスタープランを不在にした要因でもあった．欧米に対する帝都・東京の顔づくりを目指した明治の東京計画では，銀座煉瓦街，丸之内事務所街，日比谷官庁街・市区改正などが計画されたが，部分的な都市改造に止まっている．

東京が近代都市へと本格的に転換するのは，大正12（1923）年関東大震災後の帝都復興事業である．後藤新平らによって①幹線道路網の整備，②土地区画整理事業，③防火地区の指定と震災復興建築，④都市公園整備（隅田公園ほか），⑤震災復興橋梁，⑥震災復興小学校と小公園，⑦卸売市場の新設などの復興計画が立案され，現在の東京の都市空間の骨格が，この時期に完成している．防災・コミュニティ拠点となる復興小学校・小公園（図14）は，1995年の阪神大震災の復興計画でも採用されており，都市の未来を左右する大災害後の復興計画の重要性が注目される．

図12 江戸・日本橋のヴィスタ計画

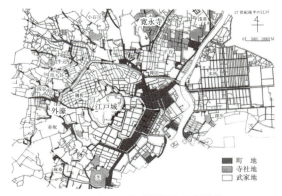

図13 江戸の都市拡張と大名屋敷

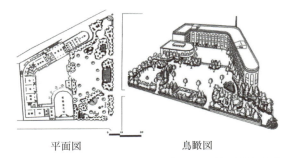

平面図　　　　鳥瞰図

図14 震災復興小学校・小公園（湯島小学校・新花公園）

2. 建物を構想する

　敷地が定まり建築を具体化し始めると，住宅であれ公共施設であれ，その建物の構想をともにする設計者を探すことになる．設計者は技術やコストにも精通し専門的な見識と高い倫理観を有していることは当然であるが，美意識をはじめ，発注者とあらゆる感覚を共有することが求められる場合が多い．

　近代以降の民主的な社会においては，公共建築の設計者を選定する場合，その事業組織の下に設計者を選定するための専門家を含む審査委員会が組織されることが一般的である．プログラムが整理され，予算，敷地などの与条件が示された設計要項をもとに，複数の設計者を指名し，あるいは一般に広く募って，設計コンペ（競技）などで提案された設計案によって決める場合が多い．

　国立西洋美術館の設計者を決めるにあたっては，フランスからの松方コレクションの寄贈返還という特別な枠組みで推移したため，上記のような設計者選定を経ずになされた．ル・コルビュジエを設計者とする調整に関しては，外務省事務次官の依頼により前川國男によってル・コルビュジエへの打診が1954年4月にされている．

　設計料をどのようにするかなども含めて調整がなされ，1955年3月には設計者をル・コルビュジエとし，日本側協力者を前川國男，坂倉準三，吉阪隆正にすることが決められた．そして同年10月には，設計契約書に発注者と設計者の間でサインが交わされ，翌11月にル・コルビュジエは来日し，美術館建設予定地を視察することになる．

　1956年3月，設計の進捗状況を確認するために，ル・コルビュジエのアトリエを訪ねた在仏大使館参事官は基本設計の素案をみせられる．それは，美術館のほかに広場を囲むように演劇や音楽のためのホールと企画・巡回展のパビリオンが追加された全体計画であった．敷地を越えて展開された計画は日本側には受け入れられず，敷地の範囲において，美術館とその前庭部分の設計が進められていくこととなった．

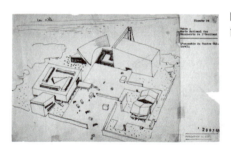

国立西洋美術館　初期全体計画案スケッチ/FLC29936B

国立西洋美術館　初期全体計画案スケッチ/FLC29936C

2.1 ル・コルビュジエの描いた図面

スケッチ図（エスキス）

　1955年11月，ル・コルビュジエは敷地を調査・視察するため上野を訪れた．翌1956年2月，パリのアトリエにて，基本設計の原案の1枚である，最初のマスタープランのスケッチが彼自身の手によって描かれた（**図1**）．それはヴェラム紙（羊皮紙）とよばれる，動物の皮を加工してつくられたトレーシングペーパーの上に，鉛筆と色鉛筆で描かれたいくつかの建物の配置図であった．その図面は，建物をピンク色，広場を黄色，植栽を緑色，水面を青色，周辺道路を赤色にそれぞれ色分けされており，与えられた敷地内における建築家の最も初期段階の全体構想を読み取ることができる．そこでは，中庭をもつ正方形平面の建物（現本館，松方コレクション常設展示館）と，長方形平面の大小二つの建物（企画展示館および実験劇場），さらに池に対面した円弧型の屋外劇場などが，長方形の広場を卍（スヴァスティカ）型（この形は本館の平面型と相似である）に囲むように配されており，現在の隣接するレストランの敷地や東京文化会館の正面ラインあたりまでを含めた，設計依頼されたプロジェクト範囲を逸脱した，より広域の計画を構想していたことがわかる．

基本設計図

　このスケッチをもとに，さっそくル・コルビュジエのアトリエでは，縮尺1/200の全体配置計画図，縮尺1/100の各階平面図，縮尺1/50の断面図，といった基本設計図がスタッフの手により作成された（**図2**）．この時点でスケッチ段階の配置図はより具体的になり，本館の建物の輪郭線や柱壁の位置が固定され，階段やスロープ，家具なども描かれている．一方で，本館以外の建物や外構に関してはより抽象的な表現にとどまっているが，設計者は一つの建物の設計だけでなく，街区全体の空間のバランスを常に意識していたことがうかがえる．

実施設計図

　基本設計図に対する日本政府側からの修正依頼を受けて，ル・コルビュジエのアトリエでは，さらに詳細な本館の設計に取り掛かり，それらの図面のコピー（青焼き図面）が1957年3月以降3回に分けて日本に送付された．これらが国立

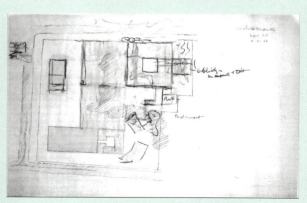

図1　全体配置図（構想スケッチ段階）

図2　全体配置図（基本設計段階）

西洋美術館本館の実施設計図の最終原案となった．そこには，躯体部分を灰色で塗りつぶした各階平面図（縮尺 1/100），プレキャストコンクリートパネルの目地割りが表現された 4 枚の立面図（縮尺 1/50），コンクリート部分を薄い赤色で着色した断面詳細図（縮尺 1/20），建物内外の標準的な仕上げやディテール，高さ寸法などが表記された標準断面図（縮尺 1/20）などが含まれている．特に，複雑な水勾配や雨仕舞いのルートが表記された屋上階平面図（縮尺 1/100，図 3）の表現から，屋上庭園のデザインを得意とする設計者の技術的側面を垣間見ることができる．これらの図面をもとに，以後は日本側の設計スタッフたちの手によって，建設工事の見積りや実施のために必要な図面，すなわち実施設計図が具体化されていくことになる．

アルバム（ポートフォリオ）

こうした設計図面とは別に，1956 年の 7 月にル・コルビュジエから全 27 枚からなるアルバム（ポートフォリオ）が送られてきた．内容は，前述の構想スケッチや基本設計図をより具体的，立体的，視覚的に説明したものであるが，このプロジェクトに対する建築家としてのコンセプトを明快に表現しているものとして貴重である．

そこでは，主に正方形の本館の施設の中身や前面広場の景観などを中心に，モノクロ模型写真（15 枚），図面（7 枚），透視図（4 枚）などを用いて表現している．特に興味深いのは，（この時点ですでに現存の構成とほぼ変わりがない）現本館の内部の様子をさまざまな角度から模型を用いて示している点で，模型の屋根を外したり，あるいは模型を裏返したりして，建物の内部空間の様子をさまざまな角度からみせている（図 4）．また，配置模型および配置図をみると（2 章扉図参照），三つの建物の動線と視線の関係が，長方形の広場内のランドスケープデザインによって巧妙につくられている様子が読み取れる．

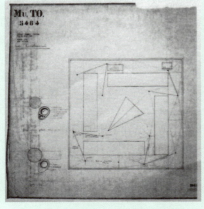

図 3　屋上階平面図（実施設計段階）

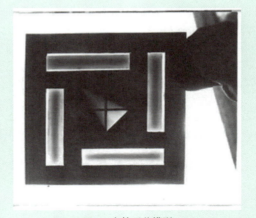

図 4　本館天井模型

2.1.1　設計図書の種類

　建築の図面とは，そこに将来的に建設される予定の建物について，その内容や建てるための方法を，それを構想した人間が他者に伝えるための手段として描かれた2次元の図である．あるいはそうした構想を企てた設計者が彼自身のために，その建物の内容を再考・確認するために描かれる場合もある．

　すなわち建築図面の本来の意味は，そこにすでにある建物の姿かたちを2次元に描いたものではなく，そこにまだない建物の姿かたちあるいはその大きさを2次元化され縮小化された図によって想像させるものでなければならない．こうした目的に沿って描かれた図であれば，どのようなスタイルや方法によって描かれたとしても，それは建築図面として十分に機能する．しかしながら，図面の内容をその建物に関係するさまざまな人々に対してもわかるように，すなわちより広く一般性をもたせるために，図面の種類や描き方のルールなどがある．

　設計図書とは，建物を建てるための設計の内容を示す書類のことで，一般的に仕様書，図面，構造計算書などからなる．**仕様書**とは，設計の内容を文字や表などによって表記したもので，一般に用いられる標準仕様書と，標準仕様ではない特別仕様の内容を示した特記仕様書に分けられる．**図面**とは，設計の内容を描画によって示したもので，一般的に線の集合によって表現され，補足的に文字と数字が用いられる．**構造計算書**とは，建物の主体構造に関わる構造計算の内容をまとめた書類で，主に構造設計者が作成する．これらの設計図書は，建物の施工の許可を申請するための書類，いわゆる確認申請などに必要な書類である．

2.1.2　建築図面の種類

　建築図面をその目的別に時系列的に分類すると，設計者はまず設計の全体構想を示したスケッチや**構想図**などを作成し，建物のクライアント（施主）と協議を始める．次にその内容をより具体化して建設の許可を得るために**基本設計図**を作成する．さらに次のステップとして，その建物がどのくらいの予算と期間で建設可能であるかを試算するために**実施設計図**を作成する．建物の工事が始まると，その実施設計図をもとに，今度は建設者側から施工直前に設計者側に**施工図**が提示され，設計者はその図面内容を確認する．こうして建物が竣工（完成）すると，設計者および施工者は，実施設計図および施工図等に追加修正を加えて**竣工図**を作成し保管する．

　こうした一般的な図面作成過程に対して，近年ではBIM（building information modeling）とよばれる，コンピュータ上に作成した3次元の建物のデジタルモデルに，コストや仕上げ，管理情報などの属性を追加した建物のデータベースを組み入れ，設計の初期段階から，積算，施工，維持管理までを一括して把握できる建築設計表現法ツールが使われ始めている．

　一般に，基本設計および実施設計における建築図面は，敷地に対する建物の配置および周辺環境などを含めてそれらを俯瞰して描いた**配置図**，建物の主に内部スペースを各階ごとに俯瞰して描いた**平面図**，建物の外観の様子を描いた**立面図**，建物の垂直方向に切断した様子を描いた**断面図**，建物の室内の様子を描いた**展開図**，建物の詳細（ディテール）を部分的に描いた**詳細図**，さらに建物の外観やインテリアの様子を立体的に描いた透視図やアクソメ図などに分類される．

　またこうした図面は，主に建物の完成時に目にみえる側面を描いた**意匠図**であるが，それ以外に建物の躯体や基礎の様子を描いた**構造図**や，建物に付帯している設備機器やその系統の様子を描いた**設備図**などがあり，それらは建設の許可申請や増改築の許可申請の際にも重要な図面である．

2.1.3　建築図面の描き方

　建築図面には図面の種類にかかわらず，ある一定のルールがある．例えば，図面には1枚ごとにそれぞれ図面タイトル，作成者名，作成日，縮尺，方位などが必ず記される．図面は基本的にさまざまな種類の線の集合として描かれるが，それを補う形で文字あるいは数値が記される．

　主に意匠図において使われる線の種類とその意味については，一般的に一定の規則がある（**表 1**）．特にここで注意すべきは，平面図や断面図に表れる切断面のアウトラインを，見え掛かりのラインよりも際立たせて描くことである．さらに平面図において，（軒先や吹抜けなど）その上面の様子を破線で描くことも大事である．

　それらの表現によって，2次元上に描かれた図面が立体的・空間的にみえるようになる（**図 5**）．このように一般的な意匠図では，人間からみえる側の建物の形，あるいは人間が使うことのできる空間のアウトラインを中心に示すことで，建物の形状や空間の構成などを伝える役割をもつ．一方，建物の実体を構成する部材を中心に示す詳細図などでは，素材や形状の異なる部材の組合せの様子を明確に描くことで，建物を施工する方法を伝える役割をもっている．

表1 図面表記のルール

種類		用途	
実線	太線	G L 断 面 線	地面の切断線. 建物や部材の切断部を表すのに用いる.
	中線	外 形 線	建物やものの外側からみえる形状を表すのに用いる.
	細線	見え掛かり線 寸 法 線 寸法補助線 引 出 線	切断部以外の目にみえている部材を表すのに用いる. 寸法を記入するのに用いる. 寸法を記入するために図形から引き出す際に用いる. 記述・記号などを示すために引き出す際に用いる.
破線	細線および中線	かくれ線	実際にみえない建物や部材の形状を表すのに用いる.
鎖線	中線	基 準 線	位置決定のよりどころであることを明示するのに用いる.
	細線	切 断 線 中 心 線 ピ ッ チ 線 想 像 線 重 心 線	断面線を描く場合，その切断面位置を対応する図に表すのに用いる. 図形の中心線を表すのに用いる. 繰り返し図形のピッチをとる基準になる線. 投影法上では図形に現れないが，便宜上必要な形状を示すのに用いる.また機能上・工作上の理解を助けるために，図形を補助的に示すためにも用いる. 断面の重心を連ねた線.
点線	細線	対 応 線	異なる図の間の同一の点を結んだ線
ジグザグ線	細線	破 断 線	対象物の一部を破った境界，または一部を取り去った境界を表す線
細い実線で，規則的に並べたもの		ハッチング	図形の限定された特定の部分を他の部分と区別するのに用いる．例えば断面線の切り口を示すなど.

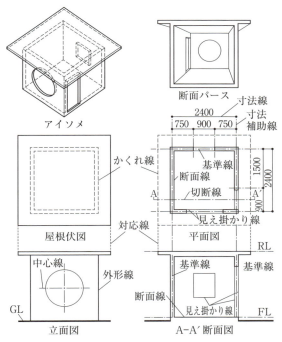

図5 意匠図の描き方の例

2.1.4 図学について

空間幾何学の一つである**図学**は，空間表現の原理や技術を修得するための学問である．そこでは建物の図面表現のための基礎的な手法（画法）が示されている．3次元の対象物や対象空間を2次元平面に還元して表記する画法は，対象物を複数の方向からみた姿を並べて表すもの（複面投象）と，対象物そのものを立体的にみえるように表すもの（単面投象）の2種類ある．

複面投象では，真上（無限上方）からみた平面図と，真横（無限遠方）からみた立面図をセットにして対象物を表記する．対象物を水平面で切断した平面図が建築図面における**平面図**であり，対象物を垂直面で切断した立面図が建築図面における**断面図**に対応する．

一方，単面投象では，対象物に備わる直交3軸を目安にして立体を再現する画法（平行投象）と，視点を設定しそれを起点として立体の姿を再現する画法（中心投象）がある．平行投象には，直交3軸を互いに等角度・等縮尺で設定する画法（アイソメトリック）と，直交3軸のうちの2軸を直交・等尺度で置く画法（アクソノメトリック）がある．中心投象は一般的に透視図（パースペクティブ）とよばれ，人間の視線からみえる立体空間の様子をより近似的に再現するもので，近い部分をより大きく，遠い部分をより小さく描くことで，空間の奥行き感を2次元画面上に表すのに有効である．

2.2 国立西洋美術館の立地

台東区の都市計画図で確認すると，国立西洋美術館の敷地は都市計画区域に含まれており，表1に整理したように，さまざまな都市計画がかかっていることがわかる．その中でも，ここでは都市計画施設の一つである「都市計画公園」と地域地区の一つである「風致地区」について，もう少し詳しくみてみよう．それぞれの範囲を図1に示す．

都市公園は，本来，屋外のレクリエーション活動をする場所であり，災害時の避難場所にもなるため，建築物によって覆われない空地が基本である．ただし，都市公園としての機能を十分に発揮するための公園施設を設けることができ，建築物の場合は，建ぺい率（建築面積総計の公園面積に対する割合）は原則2%を上限とされている．しかし，施設の種類や特性に応じた特例，地域の実情に応じた条例の定めにより，建ぺい率の緩和も一部認められている．なお，都市計画決定された都市公園を都市計画公園という．

風致地区は「都市の風致を維持するため定める地区」である．「都市の風致」とは「都市において自然的な要素に富んだ土地における良好な自然的景観」[1]のことで，これを維持するために，風致地区内で建築物を建築したり土地の造成をしたりする際には，地方公共団体が定める規制を受ける．東京都台東区風致地区条例では，風致地区には，建ぺい率（40%以下），建築物の高さ（15 m 以下），壁面位置，建築物の位置や意匠が周辺の風致と著しく不調和にならないようにしなければならないなどの建築制限が定められている．風致地区内で建築物の新築，増築，改築等を計画する場合は，原則として地方公共団体の首長（台東区では区長）の許可を受ける必要がある．

風致地区は，旧都市計画法（1919年）から設けられている制度で，地域地区の中で最も歴史が古い．国立西洋美術館の敷地にかかっている上野風致地区は，東京都内の芝，弁慶橋，市ヶ谷，御茶の水とともに1951年に指定されたもので，これらは戦後の風致地区指定拡大の先駆けとなった．東京都における戦前の風致地区指定が神社等の神域の保全や河川周辺等の武蔵野の景観保全を目的としていたのに対して，上野風致地区等は都心地の風景美保全を目的としていた[2]．このことから，都市的な環境の中でも自然的な要素を大切にして潤いある都市生活を目指すようになっていったことがわかる．

表1 国立西洋美術館の敷地にかかる都市計画の概要

区域区分		市街化区域
地域地区	用途地域	第一種中高層住居専用地域
	特別用途地区	第一種文教地区
	高度地区	第三種高度地区
	防火指定	準防火地域
	風致地区	風致地区
都市計画施設		都市計画公園

図1 敷地周辺の風致地区と都市計画公園の範囲

2.2.1 都市計画とは

住民が健康で文化的な都市生活を享受し，機能的な都市活動を確保できるようにするためには，個々の建築物をよいものにするだけでなく，都市が秩序をもって一体的に機能するようにする都市計画が必要である．都市計画法では，都市計画を，「都市の健全な発展と秩序ある整備を図るための土地利用，都市施設の整備及び市街地開発事業に関する計画」と定義している．個々の人や組織がその時々の都合だけで建築物を建築するのではなく，都市計画に従い，都市の方針や一定のルールの下に建築行為等が行われなければならない．

2.2.2 都市計画区域とマスタープラン

都市計画区域は，「中心の市街地を含み，かつ，自然的及び社会的条件並びに人口，土地利用，交通量その他国土交通省令で定める事項に関する現況及び推移を勘案して，一体の都市として総合的に整備し，開発し，及び保全する必要がある区域」とされている．都市計画は，都市計画区域ごとに定められる．

具体的な都市計画の内容は多岐にわたるが，それらの考え方の基盤となるのが，長期的，包括的視点に立って方針を示すマスタープランである．都道府県が定める都市計画区域マスタープランでは，区域区分の方針や都市計画の目標，土地利用，都市施設の整備，市街地開発事業の方針などが定められる．市町村ごとに定める都市計画マスタープランは，都市計画を定める際の指針となるもので，一般に全体構想と地域別構想に分かれており，おおむね20年後を展望して目指す将来の都市像やその実現に向けた道筋を示す．

都市計画区域の中は，必要に応じて市街化区域と市街化調整区域に分けられる．市街化区域は市街地または10年程度以内に市街化が見込まれる範囲，市街化調整区域は市街化を抑制すべき範囲である．このように分けることを区域区分という（「線引き」ともよばれる，図2）．区域区分によって，無秩序な市街化を防ぎ，計画的な市街化を図る．

2.2.3 土地利用

都市計画では，土地の合理的な利用のために，さまざまな特質をもつ地域，地区，街区などを定め，それぞれの範囲内で特質に応じた制限をかけている．これらをまとめて地域地区とよぶ．

地域地区の中でも用途地域は特に広く適用される制度である．用途地域は，その名称のとおり，地域内の土地が主にどのような用途に使われるかを示す（表2）．用途地域ごとに建築物等の用途の制限があり，都市計画で容積率（延床面積の敷地面積に対する割合）

図2 都市計画区域内の区域区分

表2 用途地域の種類

住居系	第一種低層住居専用地域	低層住宅の良好な住居環境を守るための地域
	第二種低層住居専用地域	主に低層住宅の良好な住居環境を守るための地域
	第一種中高層住居専用地域	中高層住宅の良好な住居環境を守るための地域
	第二種中高層住居専用地域	主に中高層住宅の良好な住居環境を守るための地域
	第一種住居地域	住居環境を守るための地域
	第二種住居地域	主に住居環境を守るための地域
	準住居地域	道路の沿道としての特性に合った業務の利便を増進させつつ，これと調和した住居環境を守るための地域
商業系	近隣商業地域	近隣住民に対する日用品を供給する商業その他の業務の利便を増進するための地域
	商業地域	主に商業その他の業務の利便を増進するための地域
工業系	準工業地域	主に環境を悪化させるおそれのない工業の利便を増進するための地域
	工業地域	主に工業の利便を増進するための地域
	工業専用地域	工業の利便を増進するための地域

表3 用途地域による主な用途の制限

	第一種低層住居専用地域	第二種低層住居専用地域	第一種中高層住居専用地域	第二種中高層住居専用地域	第一種住居地域	第二種住居地域	準住居地域	近隣商業地域	商業地域	準工業地域	工業地域	工業専用地域
住宅,小規模な兼用住宅,共同住宅,寄宿舎												■
幼稚園,小・中・高等学校											■	■
保育所,診療所,神社,寺院,教会												
病院,大学,専門学校	■	■									■	■
2階以下かつ床面積150m²以内の店舗,飲食店	■											●
2階以下かつ床面積500m²以内の店舗,飲食店	■	■										●
上記以外の物販販売業を営む店舗,飲食店	■	■	■	■	□	■	○			○	■	■
上記以外の事務所等	■	■	■	■	□	■						■
ホテル,旅館	■	■	■	■	■						■	■
パチンコ店,麻雀屋	■	■	■	■	■	○	○			○		■
カラオケボックス	■	■	■	■	■	○	○			○	○	○
劇場,映画館	■	■	■	■	■	■	◇				■	■
キャバレー,ナイトクラブ	■	■	■	■	■	■	■	■			■	■
2階以下かつ床面積300m²以下の独立車庫	■	■										
倉庫業の倉庫,上記以外の独立車庫	■	■	■	■	■							
自動車修理工場	■	■	■	■	▽	▽	△	▲	▲			
危険性・環境悪化のおそれが非常に少ない工場	■	■	■	■	☆	☆	☆	★	★			
危険性・環境悪化のおそれが少ない工場	■	■	■	■	■	■	■	★	★			
危険性・環境悪化のおそれがやや多い工場	■	■	■	■	■	■	■	■	■			
危険性・環境悪化が大きい工場	■	■	■	■	■	■	■	■	■	■		

☐:建てられる, ■:建てられない. ●:物販店舗,飲食店は建てられない. ○:その用途に供する部分の床面積の合計が10 000 m²を越えるものは建てられない. □:3階以上または1500 m²を越えるものは建てられない. ■:3000 m²を越えるものは建てられない. ◇:客席部分が200 m²以上のものは建てられない. ▽:作業場の床面積が50 m²を越えるものは建てられない. △:作業場の床面積が150 m²を越えるものは建てられない. ▲:作業場の床面積が300 m²を越えるものは建てられない. ☆:原動機を使用する工場で作業場の床面積の合計が50 m²を超えるものは建てられない. ★:原動機を使用する工場で作業場の床面積の合計が150 m²を超えるものは建てられない.

や敷地面積の最低限度が定められる．例えば住居系では，第一種低層住居専用地域が最も住居用途に純化した区分で，住宅以外の建築物の建築は厳しく制限される．一方，準住居地域は住居系で最も制限が弱く，他の用途の混在が許されている（表3）．

ほかにも，さまざまな地域地区の制度がある．例えば，表1の特別用途地区，高度地区，準防火地域，風致地区なども地域地区に含まれる．

2.2.4　地区計画

地域地区などの一般的な土地利用規制では，個別の地区の状況に対応しきれないこともある．そこで，地区の特性に応じたきめ細かい計画をするために，1980年の都市計画法改正で創設されたのが地区計画制度である．「地区レベルの都市計画」ともいわれる．

地区計画では，その目標や方針とともに，地区整備計画を定める．地区整備計画では，地区施設，建築物等の用途，容積率，建ぺい率，敷地面積，建築面積等の制限のほかにも，高さの最高限度や最低限度，建築物等の形態や色彩等の意匠の制限，垣や柵の構造の制限など，多岐にわたる内容を詳細に定めることができる．

制度の創設当初は，より厳しい制限をかけることで秩序ある地区形成をしようとする地区計画の制度のみであったが，その後，緩和型の地区計画制度（再開発

表4 代表的な都市施設

交通施設	道路，都市高速鉄道，駐車場，自動車ターミナルなど
公共空地	公園，緑地，広場，墓園など
供給・処理施設	水道，電気供給施設，ガス供給施設，下水道，汚物処理場，ごみ焼却場など
水路	河川，運河など
教育文化施設	学校，図書館，研究施設など
医療・社会福祉施設	病院，保育所など

等促進区，用途別容積型地区計画，街並み誘導型地区計画など）もつくられた．

2.2.5 都市施設

道路や鉄道，上下水道，学校や公園など，都市生活の基盤となる施設が適切な位置に適切な規模で配置されていなければ，いくら住宅やオフィスや商店を建てても都市機能を維持できない．これらを都市施設という．都市計画において定めることのできる都市施設の代表的なものを表4に示す．

それぞれ都市施設に固有の役割や特性がある．また，計画の考え方は一律ではなく，地域や時代に応じた計画が必要とされ，交通計画，公園緑地計画など，それぞれが都市計画学の一つの分野となっている．

都市施設が具体的に都市計画決定されると，都市計画施設とよばれる．都市計画施設の区域内で建築物を建築しようとする際には，原則として都道府県知事等の許可を受けなければならない．許可されるのは，都市計画施設を整備するうえで著しい支障を及ぼすおそれがない建築物，容易に移転または除却できる建築物などである．このような制限をかけることで，近い将来に都市計画施設を整備するときに支障が出るような建築物等をできるだけ少なくして，整備を容易にすることができる．

2.2.6 市街地開発事業

都市計画施設が，道路，鉄道，上下水道のような線的な施設や，学校，公園，市場のような点的な施設であるのに対して，都市計画区域の一部を面的かつ総合的に整備するのが市街地開発事業である．市街地開発

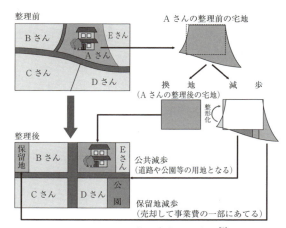

図3 土地区画整理事業の概念図[3]

事業には，土地区画整理事業，新住宅市街地開発事業，工業団地造成事業，市街地再開発事業，新都市基盤整備事業などの事業手法がある．ここでは土地区画整理事業の概要を説明する．

土地区画整理事業は，日本の市街地を整備してきた代表的な手法であり，これまでに全国で約34万haが実施されてきた[3]．土地区画整理事業では，土地の区画の整形化と公共施設の整備を同時に行う（図3）．道路や公園などの公共施設が不足している区域では，それらを整備するために，区域内の地権者が一定割合で土地を供出する（減歩）．その際，土地の区画を整形化する．土地区画整理事業によって再配置された地権者の土地を換地という．「減歩」と「換地」が土地区画整理事業の特徴である．供出された土地を道路や公園などの公共施設用地として使うほか，それらの土地の一部を売却することで，事業資金の一部をまかなう．売却用の土地を保留地という．地権者にとっては，土地区画整理事業によって自分の土地の面積は小さくなるが，区域内の道路や公園等の公共施設が整備され，土地が整形化されることで，単位面積あたりの土地の資産価値が上がり，面積減少分が相殺される．土地区画整理事業は，関東大震災や阪神淡路大震災後の震災復興，第二次世界大戦後の戦災復興でも重要な役割を果たし，新たな市街地の形成や既成市街地の再整備に大きな貢献をしてきた．一方で，広い道路に面して画一的な街区が並ぶ単調な街並みを生み出しやすいという批判や，人口減少社会を迎えて保留地が売れないなどの問題点の指摘もある．

2.3 プロトタイプ「無限成長美術館」

プロトタイプとは自動車などのように量産モデルに発展させることを前提として、量産前での問題点の洗い出しのために設計する原型のことをいう。ル・コルビュジエは建築を設計する際、このプロトタイプを探求し、それをもとに機会ごとに敷地や要求条件に適合させる方法で設計活動を行ってきた。国立西洋美術館も、ル・コルビュジエが探求し続けたプロトタイプ「無限成長美術館」（図1）の一つとして設計された。

「無限成長美術館」という美術館のプロトタイプのアイデアを、ル・コルビュジエは1929年のムンダネウム・プロジェクトの中核施設である「世界美術館」（図2）において得、そのアイデアを「現代芸術美術館」（パリ、1931年）において整理し直している。その後、いくつかのプロジェクトにおいて試行錯誤を重ね、北アフリカの「フィリップヴィル市の美術館計画案」（アルジェリア、1939年）の設計の際に、黄金比により寸法の定められた建築部品で組み立てられるよう、プロトタイプ化を行った。

無限成長美術館の平面は渦巻貝から発想された黄金比による方形のらせん形状であり、特定の正面をもたない外観は、四面すべて同じ立面をもつ。前庭からピロティを抜け、建物の中心にあるホールへと入り、スロープを昇って2階の展示スペースへと至る。そこから外側へ向かってらせんを描きながら延びる順路が設定される。らせんを描く展示スペースに卍型の中3階が架かる。外周部に増築を予定していることから、展示スペースおよび中央ホールは、屋上つまり上部から採光している。展示すべき作品が増えると、順路の延長線上の外周部に増築し展示スペースを広げ、無限に成長することができるとしている。

国立西洋美術館のほかにプロトタイプ「無限成長美術館」として設計、実現したものはインドの二つの美術館「サンスカル・ケンドラ美術館」（アーメダバード、1957年）、ル・コルビュジエの他界後に完成した「アート・ギャラリー」（チャンディーガル、1968年）がある。実現しなかった「無限成長美術館」プロジェクトも多く、そのほとんどが都市計画における文化の核として計画されている。すなわち、ル・コルビュジエは「無限成長美術館」を単独の美術館としてではなく、複合文化施設の一つとして計画し、美術館を中心に街が成長していくことを夢見ていたようである。

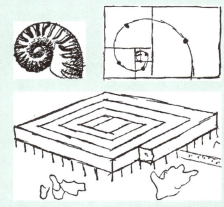

図1　ル・コルビュジエ《渦巻貝のイメージの無限成長美術館》（©FLC/ADAGP, Paris & JASPAR, Tokyo, 2016 C1111）

図2　ル・コルビュジエ《ムンダネウム・プロジェクトにおける「世界美術館」》（©FLC/ADAGP, Paris & JASPAR, Tokyo, 2016 C1111）

2.3.1 美術館・博物館

美術館は博物館の一種で，その起源は西欧の王侯貴族が収集した古物の所蔵，陳列にあるとされている．後に学術研究や社会教育も目的となって，18～19世紀には社会的な性格を有する公共の博物館が建設されるようになった．

日本の博物館の起源や過程は欧米とは少し異なるが，1951（昭和26）年には博物館法が定められた．これによると博物館は「歴史や芸術，民俗，産業，自然科学などに関する資料を収集，保管，展示して，一般の利用者の教養や調査研究，レクリエーションに資する事業を行い，また，これら資料の調査研究を行う」施設である．博物館の種類としては，美術館，歴史資料館，自然史博物館，動物園，水族館，植物園，天文博物館などがある．

端的にいえば，美術館は美術作品の収集・保管・展示を行い，教育・研究・普及を行う施設である．作品を収集・保管せず企画展示のみを行う施設もあるが，これは本来の美術館とは性格の異なるものである．

日本では，明治以降に博物館がつくられるようになり，東京国立博物館本館（設計：渡辺仁，1937年）などが現存する．戦後の本格的な美術館として，1951年坂倉準三設計の神奈川県立近代美術館が建設された（図3）．戦前のシンメトリーで様式的なデザインの博物館とはまったく異なる建築であった．ピロティでもち上げられて池にせり出すように建てられ，中庭を取り囲むように展示室等が配置されている．これは坂倉の師ル・コルビュジエが発表した「無限成長美術館」のコンセプトを踏襲したもので，この7年後にはル・コルビュジエ自身の国立西洋美術館が完成する．

2.3.2 美術館建築

美術館・博物館は都市の記念碑的シンボルとなることも多く，近現代の優れた建築作品にも美術館建築が多く含まれている．

美術館建築の規模や形態は多様である．王宮などの歴史的建造物を利用したものは，もともとの形式が強く残り，外観もシンボリックである．神奈川県立近代美術館のように，中庭をもち外部に開かれた形式の美術館や，自然環境の中に分棟で展開する美術館もあり，ルイジアナ近代美術館（1958年）は自然の地形や周囲の環境に調和し，敷地全体が美術館のようである．一方，都市型の美術館には積層する形式もある．

展示空間の設えには，作品と空間が密接に結びついた，展示物に固有な空間と，作品を阻害するような装飾や色を極力排除した展示空間「ホワイト・キューブ」という考え方があり，両者は建築のあり方に影響する．また，展示空間への光の取入れ方にもさまざまな試みがあり，キンベル美術館（設計：ルイス・カーン，1972年）は自然光を取り入れた名建築である．

近年では，美術館も複合化や情報化が進み，ポンピドゥーセンター（1976年）やゲッティセンター（1997年）など，研究所等と複合化した施設もある．

2.3.3 美術館の拡張性

美術館建築は，長年の間に収蔵品が増加し，展示空間を含めて拡張を求められる．したがって，「空間の拡張性」は，美術館建築がもつ本質的な課題なのである．

a. 高層化と増改築

美術館は，展示品や来館者の移動の観点から高層化を避ける傾向にあったが，1939年にニューヨーク近代美術館（旧館）が高層型の美術館としてつくられた．その後，新館（設計：フィリップ・ジョンソン，1964年）を含む数回の増築を経て，2004年には谷口吉生の設計による大規模な増改築が行われた（図4）．

b. 歴史的建造物の利用と改修

近代博物館の誕生期には，王宮や宮殿などの歴史的建造物を博物館・美術館として公開した．パリのルー

図3 神奈川県立近代美術館（設計：坂倉準三，本館1951年・新館1966年，撮影：上野則宏，提供：神奈川県立近代美術館）

図4 ニューヨーク近代美術館（MOMA）増築（設計：谷口吉生，2004年）

図5 テート・モダン（設計：ヘルツォーク＆ド・ムーロン，2000年）

図6 十和田市現代美術館（設計：西沢立衛建築設計事務所，2008年）

ヴル美術館は1791年以来，旧王宮ルーヴルを王立美術館として使用してきた．増改築を繰り返したが，1989年，地下構造物をつくり，この歴史的建造物との調和に配慮した大改造を行っている．

同様に大英博物館グレートコート（設計：ノーマン・フォスター，2000年）も，博物館の中央の中庭にガラスシェルターを架けた大規模な改修を施した．

展示・収蔵機能の拡張だけでなく，文化遺産としての建築物の保存活用という点でも重要である．

2.3.4 都市遺産の転用，再生

ロンドンのテート・モダンは，2000年にテムズ川沿いの火力発電所を転用してつくられた美術館である．これは国立美術館のスペース拡充と改編のための新建設であったが，同時に都市の遺産を再生し，荒廃した地区を再開発するプロジェクトとなった．火力発電所のシンボリックな外観を残しながら，ガラスボックスなどの新しい要素を付加したファサード，タービンホールとよばれる（かつてタービンがあった）大きな吹抜け空間を中心とした空間構成など，この建築は都市の文脈を継承しつつ，現代的で新しい美術館として再構築されている．さらに2016年には隣接して新館が建設され，スペース拡張が図られている（図5）．

パリにあるオルセー美術館（設計：ガエ・アウレンティら，1986年）も1900年に建設された駅舎を美術館として転用，再生したものである．

これらは施設の元機能の終焉に伴い，展示空間として活用することで，**都市遺産**の再生が図られている．

2.3.5 変容する美術館

十和田市現代美術館は，地方都市のアートによるまちづくりプロジェクトの拠点施設である．展示室を独立させて敷地内に分散配置し，ガラスの廊下でつなぐ形式をとっている．展示室はいろいろな方向に向けて大きな開口を有し，あたかも作品がまちに対して展示されているかのような，開かれた美術館である．パブリックアートの延長上にあって，参加型の美術館と捉えることもできる（図6）．

近年，美術館はテート・モダンやビルバオ・グッゲンハイム美術館のように地区開発と連動してつくられたり，十和田現代美術館のようにまちづくりの核となるなど，都市や地域コミュニティとの関係が深いものが登場している．

2.3.6 施設の建築計画

建築はいろいろな局面で人々の生活を支えている．特に，「住居」は直接，生活に結びついた建築といえるだろう．しかし，現代社会における人々の生活は住居の中で完結していない．人々が健康で文化的な生活を送るためには，教育，医療，保健，福祉などさまざまなサービスが不可欠であり，その拠点となる「施設」が必要である．**施設計画**とは，このような人々の生活に関連するサービスを提供する施設建築を計画することである．身近な例では，学校，図書館，美術館・博物館，劇場・ホール，コミュニティセンター・集会所，庁舎，病院，保育所，高齢者デイサービスセンター，ホテル，事務所，商業施設，工場，駅などが挙げられる（表1）．

このように施設の範囲は広く，多種多様な機能を担っている．また，時代や地域によって，施設の機能や形態は変化してきた．したがって，施設の建築計画やプログラムは固定的なものではない．そこでの人々の活動・行為に即して考えるのが妥当であるが，一方で，機能やプログラムに対応した空間のあり方，活動の量や質に適合した規模計画など，これまでの事例か

表1 都市計画の対象施設[5]

中分類	小分類	施設例
1. 文教施設	教育施設	・幼稚園，小学校，中学校，高等学校，大学等
		・公民館，図書館，青年の家，生涯学習センター等
	学術施設	・研究所，試験所，測候所，実験所，企業研修所等
	文化施設	・郷土資料館，美術館，博物館，劇場，音楽ホール等
	スポーツ施設	・運動場，屋内外プール，アスレチックジム，総合体育館等
2. 集会施設	集会施設	・集会所，コミュニティセンター等
3. 宗教施設	宗教施設・葬斎施設	・神社，寺院，教会　・葬斎場
4. 厚生施設	衛生施設	・共同浴場，理容・美容施設，クリーニング等
	医療施設	・病院，診療所，保健所等
	福祉施設	・保育所，児童館，養護老人ホーム，デイサービスセンター等
5. レクリエーション施設	レクリエーション施設	・遊び場，児童公園，近隣公園，都市公園，広場，遊園地等
	娯楽施設	・映画館，興業施設等
6. 運輸施設	運輸施設・交通施設	・停車場，駐車場，駅舎，ターミナル，空港港湾等
7. 商業・業務施設	商業施設	・購買施設，飲食施設，百貨店，スーパーマーケット等
	業務施設	・貸し事務所，自社事務所，銀行等
8. 宿泊・生活施設	宿泊施設	・ホテル，旅館，簡易宿泊所，学生会館等
9. 通信情報施設	通信情報施設	・郵便局，電信電話局，放送局等
10. 防災施設	防災施設	・防災センター，防災避難施設，備蓄倉庫等
11. 供給・処理施設	供給施設	・上水道，卸売り市場，変電所，ガス供給施設等
	処理施設	・下水道，ごみ処理場，と畜場，火葬場等
12. 行政施設	国家・地方行政施設	・庁舎（中央官庁），裁判所等　・地方庁舎等
	都市自治施設	・市役所，同出張所，警察署，消防署，町役場等

ら建築計画に関する知見を得ることもできる．

a. 学校

小学校，中学校，高等学校などの学校建築は，概していえば児童・生徒が学習し，生活する場であり，屋内と屋外の両者に活動が及ぶ．そのため，校庭と建物の配置計画，学校の運営方式（総合教室型，特別教室型，教科教室型など）に合った教室構成，さまざまな学習形態に対応した教室周りの空間計画が求められる．近年は，内部のオープンスペース計画に特徴がみられる．また，地域のコミュニティスクール的な役割を担うこともあり，建築計画にも影響している．

b. 図書館

図書館建築は，図書などの資料を収集，整理，保存し，一般の人々がこれを利用する場である．図書館には国立図書館，公共図書館などさまざまな種類があり，規模も異なる．施設計画では，大量の図書資料を収容する書架の計画，接架・出納方式（開架式，閉架式など）にあった配置計画，閲覧スペースの空間計画が求められる．日本の公共図書館の役割は時代とともに変わり，単に図書の貸出を担うだけでなく，生涯学習

図7　せんだいメディアテーク（設計：伊東豊雄，2001年）

の場としての役割や，社会全体のデジタル化の進行によって，建築も変化するだろう．

c. 複合施設

せんだいメディアテーク（図7）は，アートギャラリー，図書館，映像メディアセンターが複合された公共施設である．美術・映像文化の活動拠点，市民の自由な情報交換の場を意図し，既存のプログラムが再編されている．チューブとプレートとスキンで構成された積層建築で，壁を極力排したワンルームの各フロアでは，ランダムなチューブの存在によって不均質な空間がつくられ，新たな行為の誘発が期待されている．

2.4 配置計画

2.1 節でも触れているように，広場を囲むように三つの建物が設計された図面がパリのル・コルビュジエの事務所から送られてきた．国立西洋美術館はプロトタイプ「無限成長美術館」をもとに設計が進められたが，その無限成長美術館はル・コルビュジエが1929年に計画したムンダネウムの世界博物館を発展させたものである．この世界美術館を中心としたムンダネウム・プロジェクトの配置は，図1に示すような規整線による幾何学的な比例配置に基づいている．ル・コルビュジエの建築の立面，平面，配置は，あらゆるところに比例を読み取ることができるが，国立西洋美術館の配置も同様に，本館の正方形を敷地全体の中に幾何学比例によっていかに配するかということが考えられている．敷地南側のスロープ横の小壁と敷地の南側，西側によって囲まれる前庭の正方形部分は本館の正方形平面と同じ大きさであり（この前庭の正方形は設計初期案から現在に至るまで位置・形状が保たれている），この正方形を基準に全体の配置が考えられている．ル・コルビュジエの弟子である前川國男によって設計され，国立西洋美術館の後に建設された東京文化会館の大ホールの中心線と国立西洋美術館の入口の軸線は一致しており，前庭に示されるその軸線は御影石の太線となっている．同様の御影石の太線は，敷地への西入口からロダンの「地獄の門」の彫刻（当初の位置．現在は北側に移動している）を結ぶ軸線にもみられる．これらの軸線も国立西洋美術館の配置の比例を解くカギになるものである．

図2に示すように，ル・コルビュジエは三つの建物とそれらに囲まれた広場を提案したのであった．この全体計画のうち，国立西洋美術館本館と前庭部分のみが実現したともいえる．実はこの計画は設計契約以外のことであったが，1955年11月の来日直後に「将来のための示唆として基本設計に盛り込んでほしい」と坂倉準三がル・コルビュジエに頼み込んだものであった．1956年3月に基本設計の状況をル・コルビュジエからヒアリングした日本政府担当者は次のようなル・コルビュジエからのメッセージのメモを残している．

"この美術館は過去の美術を代表する美術館というよりは，むしろ将来の美術に貢献するようなものにしたい．（中略）そのために上野の松方コレクション美術館の外になお二つの近代施設をつくるのが良いと考え，その案を立てている．その一つは建築，絵画等の総合展示場であって，ここに各国の美術を巡回的に観覧させる施設としたい．（中略）今一つの建物はいわば「驚嘆箱」というものであって，演劇，舞踊，音楽等のホールとする．この三つの施設の内，美術館は自分が引き受けるが，他の二つは誰か他の人にやって貰えれば良いと考えている．"

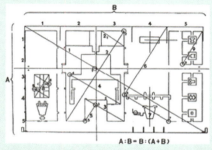

図1 ル・コルビュジエ《ムンダネウム》1929年 （©FLC/ADAGP, Paris & JASPAR, Tokyo, 2016 C1111）

図2 国立西洋美術館全体計画

2.4.1 アプローチ

主動線と従動線

建物の配置を決定する要素はいくつかある．その中でも最も重要なものは，その建物を訪れる人の流れである．この流れを主動線とよぶことにする．もちろんその方向が単一であるとは限らず，さまざまな方向から来る場合もある．建物の種類によっては，その建物のサービスをする人はどこから来るかを考える必要もある．サービスとは美術館なら美術品の搬入であり，音楽ホールなら演奏者や楽器，商業施設なら商品，従業員の動線である．これらを従動線とよぶことにする．

また，この二つの動線は車と人に分けて考えなければいけない．つまり主従それぞれの動線において車と徒歩のアクセスをそれぞれ想定しておく必要がある．

こうした分析を踏まえたうえで，主動線と従動線が交差しないように考える．すなわち来館者と職員が建物の外で出会わないように計画するのが原則である．また同時に車と人の動線も交差しないように考えていかなければならない．その計画をスムーズに行うためには，人の発生源と車の発生源を特定し，その流れを図面上に書き込みながら検証する必要がある．

動線が明確になると，それに合わせて建物入口の場所の可能性が絞られる．入口周りにはある程度の人の滞留スペースが必要になる．それは建物規模や種類によるが，入口を出てすぐ道路では危険である．入口周りにどの程度の人の滞留が起こるかを想定したうえで，滞留空間をとって建物を配置しなければいけない．

この大きさは，建物内人口と出入りのピークの有無に左右される．一般的に建物規模が大きいほど建物内人口は大きくなるが，倉庫や工場のように規模と建物内人口が比例しないものもある．そうした点に留意して建物内人口を算出する．また建物への人の出入りのピークが起こる建物と起こらない建物があることを考慮しておく必要がある．オフィスビルは始業終業の時刻が定まっているところが多い．同様にコンサートホールもコンサートの開始と終わりがある．こうした建物では出入りのピークが生まれるので，入口周りの滞留スペースを広くとる必要がある．一方，集合住宅や商業施設では比較的集中が発生しにくい．

図3は東京の内堀通り沿いにあるビルのメインエントランス周りである．階段を設け，エントランスのドアはやや奥まったところに設けている．内堀通りからドアまでの距離は20〜30 mある．

図3　パレスサイドビル（設計：日建設計，1966年）

図4　センチュリータワー（設計：フォスターアソシエイツ，1991年）

しかし都心の狭い敷地ではエントランス前の滞留スペースがとりづらい場合も多い．図4は東京・御茶ノ水に建つオフィスビルの入口部分である．このビルは地上21階，地下3階のビルであり，エントランス前に滞留スペースが十分に必要だが敷地の余裕がない．そこで図のように建物の側を欠き込んで滞留スペースをとっている．

2.4.2 法的制限

建物の外形は主として斜線制限と日影規制という二つの基準によって規定される．斜線制限とは，道路側隣地側の壁面屋根面を規定する法令である．道路側隣地側の壁面が高くなり過ぎて，周辺の採光通風を阻害してその衛生状態を悪化させぬようにするために考えられている．道路斜線の場合，前面道路の反対側から用途地域ごとに決められた比率で立ち上げられた斜線を超えて建物を建てることはできない．隣地斜線も用途地域ごとに定められた斜線を超えて建物を建てることを規制している．また斜線制限とは別に日影規制と

いう法令がある．この法は計画建物が周囲の敷地あるいは道路に落とす建物の影を規制するものである．大きな壁のような建物をつくって周囲の敷地を一日中日影にするような建築を排除し，隣地の採光を確保するように図られている．こうした法的規制をクリアするのはもとより，周囲の環境を悪化させないためにも建物の配置を十分に考慮しなければならない．また地価の高い都市部などでは建築可能な最大の建物の設計が要求される場合が多い．そのようなケースでは建物のほんの少しの配置の差によってそこに建てられる建物のボリュームは大きく変化する．その点においても配置計画のケーススタディは重要な検討事項となる．

2.4.3 光・風

隣地の建物への日照条件だけでなく，建物配置は自らの計画建物の採光，通風にも大きく影響する．採光を考えるうえで重要な点は，周囲の建物が生み出す影と計画建物自体が落とす影の双方を足し合わせて自らの計画を考えるという点にある．最近では複雑な建物形状の影はコンピュータでシミュレーションする．しかしそれ以前に，おおよその日影の形状とそれを踏まえた採光の状況を推量できるように，冬至と夏至の太陽の影がどの辺りまで伸びるかを頭の中で思い描けるようにならないといけない．

また，建物用途ごとにどの部屋にどの程度の太陽光が必要とされるか，という各室の用途に応じた日照の重要性を学ぶ必要がある．例えば住宅では，皆が集まる広間や食堂などには光が多い方が望ましい．個室の場合は，日中も在室可能性が高い子供部屋は，夫婦の寝室のように在室率の低い部屋に比べて光が重要と考えられる．それら居室に対して，浴室やキッチンは比較的光が少なくてもよく，納戸や倉庫などはむしろ光を必要としない場所である．

部屋ごとのばらつきはあるものの，原則どのような建築用途においても日照は重要であり，敷地の南側に庭をとって建物を北に寄せてなるべく南からの光を取り入れようとする計画が多いものである．住宅はもとより，日照を大事にするビルディングタイプである教育機関などでは，北寄せ南庭は典型的配置方法となる．図5の幼稚園においても建物を北側に寄せて南側に園庭をとる配置計画となっている．こうした教育施設では一般に園児数，生徒数一人あたりの園庭，校庭の広さが法的に定められており，その広さを確保して日当たりをよくしようとすると配置計画のバリエーションが限定される．

また，敷地が南北に長い場合などは，建物をむしろ

図5 するが幼稚園（設計：坂牛卓，2005年）

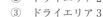

① ドライエリア1
② ドライエリア2
③ ドライエリア3
④ 広間1
⑤ 部屋1
⑥ 広間2

0 2 5 10[m]

図6 大小の窓（設計：坂牛卓・木島千嘉，2004年，撮影：上田宏）

敷地に沿って南北に長く配置して東西に庭を設けることで午前も午後も東西から採光するという方法をとる場合もある．図6の住宅においても東西採光を行い半地下居室でも十分な光と風を取り入れた設計が行われている．

2.4.4 既存物

建物配置は，既存建物や既存樹木など敷地内に存在する建築や自然物に左右される．敷地内に残るものは貴重な財産であり，それらを無闇に壊すのは好ましいことではない．また教育施設の拡張など，必然的に既存の建物を念頭に配置をしなければならないときに

図7　泉ガーデン（設計：日建設計，2002年）

図8　教育施設（設計：坂牛卓，2012年）

図9　ペイリーパークニューヨーク（設計：Robert L. Zion，1967年）

は，完成時の機能的な整合性，日照その他に十分な配慮が必要となる．

既存の自然物については樹木のみならず，敷地形状も，周辺環境との連続性の観点から考慮すべき要素である．もちろん樹木は大切な要素である．古い樹木はその土地の人々にとってはかけがえのない記憶となっている．そのような樹木は切らないで済むように建物の配置を考えなければいけない．特に現在の日本の大都市においては，ヒートアイランドを防ぐ一つの有力な方法は緑化である．切っても植えればいいと考えるのではなく，現状ある緑を残していくことを考えるべきである．

東京・六本木の泉ガーデン（図7）においては，江戸期から続く緑豊かな屋敷を受け継いだ住友会館の広大な庭園を最大限残しつつ失われた緑を取り戻すべく屋上や人工地盤の緑化によって，緑を復活させた．

2.4.5　群造形

一敷地において複数建物で全体を構成する建築がある．特に教育施設ではそういった建て方が多い．教育施設では採光，換気の法規制が厳しいので，分棟にして表面積を多くする傾向が強いからである．分棟になれば棟と棟の間に空間ができ，ここが生徒，学生などの遊び場などコミュニケーションスペースとして重要な役割を果たす．加えていくつかの棟が全体として生花のように一つの造形をつくり出すよう検討しなければいけない．図8の教育施設においても分棟の計画が行われているが，ここでは建物の見え方，採光，換気，庭のとり方などの全体のバランスを考えながら建物が配置されている．

2.4.6　コンテクスト

配置を決定していく根拠として，コンテクストという視点がある．建物の周辺環境を主に景観という観点から考慮してその配置を決定していく考え方である．

そこには大きく分けて二つの考え方がある．一つは周辺建物の連続性を保つための計画で，建物はその連続体の一部として参画するように配置するものである．例えば東京・神楽坂のような街は小さな道が網の目状に延びてできあがっている．このような場所では路地の連続性が街の重要な特性となっており，仮に改築，新築をするときでも，この連続性を壊さないように建物配置を考えるべきであろう．

一方，街並みの連続性よりも街の開放感が求められるような場所では，むしろ建物の配置をうまく行いながらちょっとした「抜け」をつくることが街全体としては好ましい場合もある．例えばニューヨーク・マンハッタンのポケットパークなどがわかりやすい（図9）．ポケットパークは建物が付帯していないが，この後ろに建物があると考えると，建物の前庭としてこうした公共空間があると街に潤いが与えられる．民間の建物でこれだけの公共スペースを街に提供するのは難しいが，公共の建物であれば可能であろう．

2.5 外構計画：前庭とピロティ

　国立西洋美術館は上野駅から近く，主動線は上野駅からの歩行者である．その歩行者が南側からアクセスすることを念頭に，ル・コルビュジエは建物南側に建物とほぼ同じ大きさの前庭を計画した．

大きな前庭

　前川國男は，東京文化会館（国立西洋美術館南側）の設計に際し，師のル・コルビュジエ設計による国立西洋美術館を意識してつくっていたことが，この大きな前庭からわかる．国立西洋美術館の壁の高さが文化会館の庇の高さにあわせられ，前庭の目地が文化会館のサッシ割と揃っている．この目地割はル・コルビュジエが考案した寸法体系であるモデュロールに則って行われている（図1）．また二つの建物の間の空間は，東京文化会館側からすると北側であるが国立西洋美術館側からすると南側であり，陽当たりのよい庭になる．建物の配置は周辺の建物と一体となって外部空間を考えることでもあり，その意味で二つの建物がつくる上野駅前の現在の外部空間は広がりとゆとりを感じさせている．

彫刻と外階段

　前庭にはロダンの「考える人」，「地獄の門」，「カレーの市民」などの彫刻が設置され，単なる前庭ではなく彫刻展示場ともなっている．加えてそこには庭から2階の大開口部につながる大きな階段がつくられている．ル・コルビュジエにとってこの階段は，建築要素であると同時に広場に並ぶ彫刻と同様に建築的彫刻と考えられていた（図2）．

顔とピロティ

　前庭を歩きながら建物にアプローチすると入口がある．一般にこうしたメインのアプローチに面する建物の立面はファサードとよばれ，特に建物の顔として特別の配慮が施される場合もあるが，ル・コルビュジエはこの前庭に面した壁面のデザインを他の面と大きく変えることはしていない．どの立面も等価にデザインされていた．これはモダニズム建築の一つの特徴でもあるし，収蔵品の増加に伴い巻貝のように成長する「無限成長美術館」という彼の考え方の表れともいえるだろう．ただし一つだけ他の面と変えていることがある．それは庭に面した面のみピロティをつくり，人々を受け入れる機能と表情をもたせた点である（図3）．

図1　モデュロールで目地割された前庭

図2　彫刻的階段

図3　前庭に面するピロティ

2.5.1 外構計画

配置計画がおおよそ決まると外構計画に入ると考えるのが一般的であるが，実は配置を考えながら，同時に外構（外部の広場や植栽など）や建物の外観も考えるのが一般的である．どの一つが特別に重要ということはない．常にそれらは同時に考えないとよい設計はできないものである．

2.5.2 建物の顔

配置計画では主従の**動線**，人車の動線を交錯させないように考え，その結果建物がどこで人を迎え入れるのかが決定される．次に考えることは建物の顔である．建物には人と同じように顔がある．建物は一般的に矩形の平面型をもっている．敷地の形によっては台形の場合や平行四辺形になる場合もあるし，四角以外の多角形や円になっていることもあるが，普通は矩形である．そうすると建物には四つの立面があることになるが，その中でもどこかの面が顔としてその建物のメインの立面となるものである．

西洋の建築では，この顔のことを**ファサード**とよんで重要視した．大きな広場に面する立面は，ファサードとして費用も時間もかけて大事にデザインしたものである．

フィレンツェのサン・ロレンツォ聖堂のように，15世紀にブルネッレスキによって設計されて完成した建物のファサードが未だにつくられていないというケースもある（**図4**）．

近代に入ると建物の四つの立面は等価に扱われる傾向が生まれ，国立西洋美術館のようにどの面が特に重要であるということもなくなったが，それでも顔となる面はなんとなくわかるものである．そしてその面はやはりその建物の印象をつくり上げる面として，ことさら注意深くデザインするものである．国立西洋美術館の場合は**ピロティ**をつくり，迎え入れの姿勢がデザインされた．

顔をつくるということは，同時に従動線（サービス動線）の入口となる背中を考えることでもある．2.4節で記したとおり，顔（主動線）と背中（従動線）は鉢合わせしないように上手に配置しなければならない．言い換えると来館者に裏方を見せないように計画しなければいけないのである．国立西洋美術館では顔は東京文化会館側（南面）に設けられ，背中はその顔の反対側につくられている．

顔と背中の配置にはいくつかのユニークな事例もある．石川県・金沢21世紀美術館（**図5**(a)）では，搬

図4 サン・ロレンツォ聖堂（設計：フィリッポ・ブルネッレスキ，1419年起工）

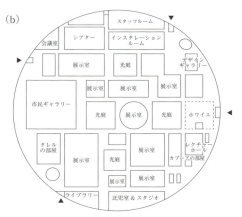

図5 金沢21世紀美術館．(a)内観，(b)平面図．（設計：SANAA，2004年）

入動線は地下につくられているので，丸い建物の外周にはほとんど背中がなく，すべての面が顔になるように設計されている（**図5**(b)）．

またリーテム東京工場（**図6**）では，敷地の一辺のみが接道しているので，客もサービスもこの面からしか入れない．よってそこに顔も背中もあり，そしてその面を特別な面として，他の立面とは異なるデザインを施している．

図6 リーテム東京工場（設計：坂牛卓，2005年，撮影：上田宏）

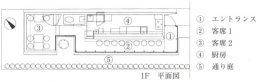

① エントランス
② 客席1
③ 客席2
④ 厨房
⑤ 通り庭

1F 平面図

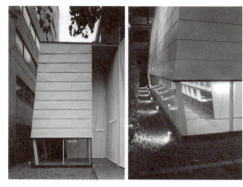

図7 ホタルイカ（レストラン）（設計：坂牛卓，2003年，撮影：上田宏）

図8 ヨックモック青山本店ビル（設計：現代計画研究所，1978年）

2.5.3 建物の間

顔の場所，つまり入口の位置が決まると，2.4節でも記したように人や車の滞留するスペースが必要となる．この広さは建物来訪者のピーク時間帯をもつコンサートホール，スタジアム，オフィスビルなどは広く必要で，商業施設，美術館，図書館などは比較的少なくてよい．一方そうした人の流れとは別に，建物を配置することは建物を配置していないところ，すなわち外構＝庭を決定していると言い換えることができる．都心の商業地域のような場所を除けば，建物を配置すれば敷地内には幾ばくかの空きスペースが残る．しかしこのスペースを「残ったスペース」と考えるのではなく，建物を配置することによってこのスペースをつくっているという意識で設計することが重要である．

四角い敷地の中心に四角い建物を置けば建物周囲に空き地ができる．これはドーナツ型の庭をつくっているということである．庭とは滞留スペースであり，都市の**ヴォイド**（空隙）であり，建物の使用中あるいはその前後にその場所に入りあるいは見ることで，使用者の気持ちを爽やかにさせてくれる場所でもある．コンサートホールなら音楽を聴く前の気持ちの切り替えをする場であり，終わってからの余韻を楽しむ場である．気持ちの切り替わりという意味では，ホール，美術館，オフィス，商業施設どれも同様である．またレストランのような場所であれば食事を気持ちよくとるための清涼剤のようなものでもある．

こうした庭を国立西洋美術館は建物前面にとったが，周辺建物との間に注目して計画することもある．特に都市空間の中ではこうした庭が建物間のリズムをつくるものであり重要である．実際に計画していくときには，周辺建物**ボリューム**を配置した敷地模型の中にいくつかの計画案のボリュームを配置しながら，都市の物と間のリズムを見極めつつ，どこに間（建物の

ない部分）があるとどのような視界の抜けや風景が広がるかを慎重に検討する必要がある．図7のレストランでは，細長い敷地をさらに細長く使い，隣接建物との間に光を入れる空間を設け，レストランの飲食空間に爽やかな外部の雰囲気を導入している．

2.5.4 中庭

前節で示すような建物の外側の庭に対して，建物の内側に計画する庭がある．つまり中庭である．古代ローマでは**アトリウム**とよばれた外部広間に始まり，現代でも中庭を中央に配置する建物は住宅をはじめさまざまなビルディングタイプに散見される．青山にあるヨックモック青山本店ビル（図8）は，建物中央に中庭を設け植栽を施し，それを囲んで内部外部に飲食

図9　パインギャラリー（設計：坂牛卓，2013年，撮影：上田宏）

図10　日比谷ダイビル（設計：日建設計，Ⅰ期1989年，Ⅱ期1991年）

図11　鈴木大拙館（設計：谷口吉生，2011年，撮影：本田佳奈子）

スペースが設置されている．外装のタイルは道路に面した側を青，中庭に面した側を白くして中庭空間を強調している．こうした中庭空間は，敷地外の影響を受けにくくその空間の質を計画しやすい．ここでも，都心の人通りの多いところではあるが，一歩この中庭に足を踏み入れると，静かで落ち着いた場が生み出されている．

2.5.5　ランドスケープのつくり方

ランドスケープとは土地の**風景**のことである．よって広義には周辺環境，計画建物，庭の三つを総合的に捉えてつくられた全体風景を指す．日本庭園には借景という周辺の風景を取り入れた庭のつくり方がある．これもランドスケープの考え方と通ずるものがある．ここでは以下3種の庭が生み出すランドスケープを紹介する．①植物を中心とした自然な庭，②石やタイルなどで舗装された比較的人工的でヨーロッパ都市の広場のような庭，③主として水を利用した庭，である．

①の例としてパインギャラリーの庭がある．これは800 m²ほどの敷地に延床100 m²程度のギャラリーがあり700 m²程度の前面の庭をつくった例である．建物からみると庭は南側にあり日当たりがよい庭である．この庭はギャラリーと母屋をつなぐプロムナードとしての役割もある．そこで人が歩く部分にコンクリート平板を配し，部分的に石を並べそれら以外は笹，ボックスウッドなどのグランドカバーと竹などの高木を植えてつくった庭である．周辺は密集した住宅地であり庭から隣接する家並みが見え，住宅地内の公園のような風景をつくっている（図9）．

②の例として，内幸町にある日比谷ダイビルの公開空地がある．この場所は20階建てのビルの前庭としてビルの建築面積と同程度の広さをもった石の庭である．庭の4辺は一辺がガラス張りのビルのエントランスホール，その逆側が小さな滝壺，その両脇の2辺は道路に面して並木となっている．周辺建物も石とガラスでできており，周辺環境に溶け込んだ風景をつくり都市のヴォイドとして働く人たちの憩いのスペースとなっている（図10）．

③の例は水の庭である．水の庭を多く設計する建築家として谷口吉生をあげることができる．谷口は，水を使うとともに庭の領域を塀によって明確に定め，その中に独自の世界をつくる技法に長けている．金沢にある鈴木大拙館においても，石とコンクリートの塀によって境界を明確にしたうえでその内側に水を張り，水の庭は周辺の緑と明確なコントラストをつくることで緊張感のある風景をつくり出している．外側の世界と一風異なる独自の世界を生み出している（図11）．

2.6 動線計画「建築的プロムナード」

絵画や彫刻を鑑賞する人をいかに導くかは，美術館建築における動線計画の根幹にある．国立西洋美術館本館では，ここに設計者ル・コルビュジエの「建築的プロムナード」という考えが表れている．

美術館を訪れる人は，前庭を通りピロティを抜けて建物に入ると，大きな吹抜けの 19 世紀ホールに出る．建物の中心となるこのホールでは，中 3 階までの広い空間を感じることができ，三角屋根の高窓から注ぐ光や 2 階のバルコニーの奥の光景が目に入る．ル・コルビュジエは，ホールの壁面全体に 19 世紀の文化を象徴する巨大壁画を構想していたという．人はこの空間で展示された彫刻の周囲を自由に歩きまわる．折れ曲がりのスロープを昇って 2 階に上がると，ホールを取り囲むように展示室が配置されている．展示室は壁で区切らずに連続した空間となっており，中 3 階の低い天井が空間に変化をつけている．壁面にある絵画を巡りながら，大窓からの外の風景やホールを囲む壁からの見え隠れを体験する．

ル・コルビュジエの「建築的プロムナード」とは，散策路のように変化に富み，時に驚きを与えるような諸相が感じられる建築のことである．国立西洋美術館の室内空間は，このように主動線，すなわち来館者の移動に伴って展開される空間が強く意識された空間構成となっているのである．

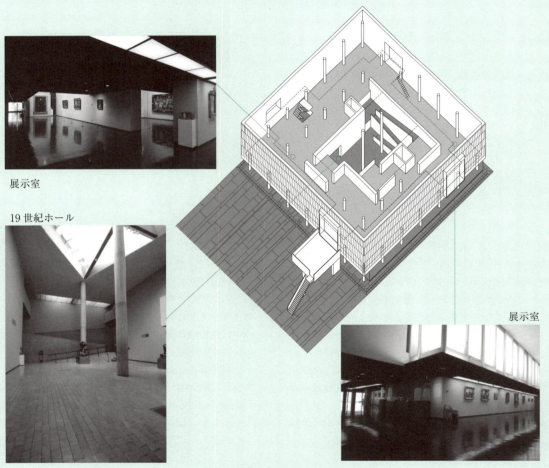

展示室

19 世紀ホール

展示室

図1　美術館内部の空間構成

2.6.1 室内空間のプランニング

建物内部の空間計画では，それぞれの場所で行われる人の活動・行為や物の状態との関係から，各室の機能（用途や規模）が決められ，さらに室相互のつながり，あるいは室と外部とのつながりを考慮して，各室が配置されている．

美術館建築を例として，主な人の活動・行為と室の対応関係を挙げると表1のようになる．各室の機能によって，求められる空間の環境条件は自ずと異なる．

一方，美術館に限らず，建築全般の計画において，人の活動・行為と室との関係は，いつ，どこの建築でも同じというわけではない．その建築に何が求められているか，人の活動に照らして室の機能を見直したり，編集することも，建築設計の重要な課題である．

2.6.2 動線計画

建築の中では，さまざまな活動とともに人や物が移動する．**動線**とは建築における人や物の移動の軌跡のことである．この主要な人や物の移動を想定しながら，室を配置し，各部を設計することを**動線計画**という．動線計画の良し悪しは建築の使いやすさに直接関わってくる．

図2には，美術館における各種の動線が示されている．例えば，美術館建築では，来館者の動線，管理職員の動線，作品搬出入の動線など性質の異なるものがある．動線計画では，このような異種の動線は不用意に混在させてはいけないし，作品搬出入のように，特定の目的をもつ頻度の高い動線は，簡潔で短い方が望ましい．また，来館者の往来が鑑賞を阻害するなど，単なる通過動線が他の行為・活動を妨げないような工夫も必要となる．

このように建築の動線計画は，機能的で合理的なものが求められるという側面が強くある．一方で，空間設計の根幹に関わるものといっても過言ではない．すなわち，建築における主要な人の動きを見捉えることによって，空間設計の力点を定めることができる．

国立西洋美術館本館でル・コルビュジエが展開した

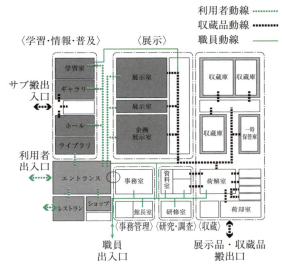

図2 美術館の構成ダイアグラム

表1 美術館における主な活動・行為と室の対応例

活動・行為＼室	展示室	ホール	事務室	収蔵庫	荷解室	ショップ	ライブラリ	学芸員室
鑑賞する	◎	○						
集まる		◎						
管理する			◎	○	○			
保管する			○	◎				
作業する			○		◎			○
憩う		○				◎		
情報収集する							◎	○
調査する							○	◎

◎は主たる対応関係を示す．

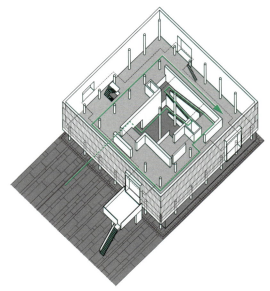

図3 国立西洋美術館における来館者の動線計画

「建築的プロムナード」は，まさに主動線の計画であり，来館者の移動に伴って展開される空間を強く意識した空間構成が，建築全体のコンセプトの一つとなっているのである（図3）．

2.6.3 ゾーニング

建築内部の複数の室を組織化して，一つの建築にまとめ上げるためには，そこで行われる主な活動・行為の観点から，共通した性格を帯びている複数の室をグループ化し，グループごとに適切な位置に配置することが行われる．このように関連ある機能を考え，建築空間全体をいくつかに分けて配置計画を行うことを**ゾーニング**（ゾーン・プランニング）という．とりわけ建築の規模が大きく，複雑になるほど，それぞれの機能を有する室を一つ一つ個別に捉えて全体を組み立てることは難しくなり，ゾーニングは秩序立てて構成するのに有効な手法である．

建築のゾーニングにおいて考慮すべき点として，どのような関連性で室をグループ化するか，各ゾーンが必要とする規模や環境の条件は何か，そして，ゾーン相互の関係はどうあるべきか，の3点があげられる．

図2は一般的な美術館の構成ダイアグラムである．部門構成は，展示部門，収蔵部門，教育・普及・情報部門，調査・研究部門，管理・共用部門などが含まれている．各ゾーンに求められる開放性の程度や環境的な条件はさまざまである．多くの人々に開かれた公共的なゾーンに対して，限られた人のみの非公開ゾーン，自然光や通風が必要なゾーンもあれば，逆に避けるべきゾーンもある．各ゾーンの性格は建築内部の配置計画に反映されている．

このような建築のゾーニングもまた，いつ，どこの建築でも同じというものではない．個々の建築の企画に即して考えるべき事柄であり，その中から新たな関係性がつくられ，新たな建築が生まれる可能性もある．

2.6.4 室の配置と動線

同種の施設や類似した建築プログラムでも，建築内部における室の配置や動線はさまざまな考え方で計画されている．

美術館の場合，展示空間の構成は多様なタイプが見受けられる．展示室の接続形式として代表的なものを挙げると，展示室を直接つなげて来館者の動線を一筆書きのようにつくる**集約型**，中央のホールから各展示室に出入りする**中央ホール型**，廊下や通路，ホールを介して展示室を接続する**分散型**などがある（図4）．そのうえで，中庭を導入することや，展示室を分棟

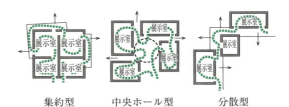

図4　美術館における展示室の配置形式

平面図

配置図

図5　土門拳記念館（設計：谷口吉生，1983年）

することによって，外部空間や自然とのつながりが強化されたもの，あるいは，展示室を積層させて立体的に展開するものもある．

a. 環境に呼応する空間と動線

酒田市の土門拳記念館（図5）は，小規模ながらも自然環境と共生する建築である．池に沿った長い壁のアプローチがあり，中庭を中心として，エントランス，展示室，ギャラリー，記念室が配置されている．段差やスロープで微地形をつくり，外部への開かれ方に強弱をつけ，来館者の動線とともに変化のある景観を生み出すように計画されている．外を巡る遊歩道に

も接続し，水辺や背後の山との一体感が形成され，ランドスケープとしての完成度も高い．

b. 柔軟で緩やかな動線

金沢21世紀美術館（2.5節図5参照）は，大きな円形平面の中に展示室や光庭が離散的に配置され，その余白の部分が通路や休憩コーナー，ラウンジなどの媒介空間となっている．外周が全面ガラス張りで周囲の公園に開かれ，光庭もあるので，この媒介空間は明るく開放感がある．来館者は四方のエントランスから自由に出入りができる．また，展示室やギャラリーも選択的に使えるような柔軟で緩やかな動線計画が考えられており，これによって，公園のように気軽に立ち寄れる美術館が実現されている．

c. 積層する空間と立体的な回遊性

フランク・ロイド・ライトが設計したニューヨークのソロモン・R・グッゲンハイム美術館（図6）は，フロアが積層された都市型の美術館である．中央の大きな吹抜けの周囲に展示室がらせん状に配置され，来館者は最上階からスロープ状の展示空間を降りながら，作品鑑賞するという動線が計画されている．都市において高層化，コンパクト化という条件の下で，ユニークな形態，他に類をみない立体的な回遊性が実現されている．

2.6.5 シークエンス

建築は特定の機能を果たすだけでなく，人が楽しむことができる豊かな空間であることも求められている．個々の空間や場の豊かさとともに，それらがつくる場面の連続や移り変わりをつくり上げる，すなわち，建築の中に豊かなシークエンスを形成することは，楽しむ空間をつくる方法の一つである．

ル・コルビュジエ設計のサヴォア邸（1.3節図10参照）はシークエンスのある住宅とされ，場面をつなぐ仕掛けとして，スロープなどが巧妙に計画されている．国立西洋美術館もシークエンスを意識した空間構成となっていて，鑑賞者は移動しながらさまざまな場面に遭遇する（図7）．

2.6.6 内部と外部のつながり

建築内部の空間計画において，内部と外部の関係をどのように形づくるかは重要である．ピロティや深い庇のかかった半外部空間は，内部と外部の中間領域を形成する．また，内部でありながら外部のように開放的な空間に仕立てて，中間領域を形成することもある．

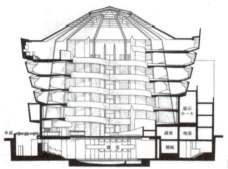

図6 ソロモン・R・グッゲンハイム美術館（設計：フランク・ロイド・ライト，1965年）

図7 国立西洋美術館のシークエンス

2.7　回遊式の展示空間

　国立西洋美術館の主要な機能は，主に西洋の絵画や彫刻といった美術品を人々に展示し鑑賞してもらうことにある．そのため展示空間のデザイン，すなわちその鑑賞空間の環境を決定する空間の大きさ，広さ，明るさ，音質などが，建物全体のデザインの中で最も重要な部分であるといえよう．現在，この建物（本館）には展示空間が大きく二つある．一つは，19世紀ホールとよばれる建物の1階中央部の吹抜け空間で，現在は主にロダンの彫刻を展示するための部屋となっている．もう一つは，2階部分につくられた主に絵画を鑑賞するための回廊状のスペースである．なお1970年代まではバルコニーとよばれる3階の一部（現在倉庫となっている）も展示空間として補助的に使われていた．

19世紀ホール

　建物の中央部の3層吹抜けの展示空間（展示ホール）は，8.77 m の天井高で，建物自身を支持する打放しコンクリートの露出された柱梁や，2階へ至るスロープが，プリズム型屋根のトップライトからの自然光の下に照らされて，巧みに演出されている．1階は実際には柱間の2スパン分である13 m 四方の広さしかないが，三つに折れ曲がったスロープや上階の展示スペースとの視覚的な連続性によって，より立体的に広がりをもった複雑な空間となっている．当初，この展示スペースには，19世紀に起こったさまざまな出来事をコラージュしたル・コルビュジエ自身による巨大な写真壁画を展示する予定であったが（図1），最終的に予算上の問題で中止となり，そのアイデアは室名としてのみ残った．

回廊式の展示室

　建物の2階を周回している回廊式の展示室は，平面的には四つのエリアに分かれて卍型（風車型）に配されているが，それらはみな同一の特徴的な断面形状をしている（図2）．それは，自然光を受け止める巨大な天井裏のスペース（照明ギャラリーとよばれる）が，3階部分に宙吊りとなって設置されている点である．この照明ギャラリーは，屋上に飛び出した高窓からの自然光をいったん溜めて，さらに半透明のガラス窓を通して2層吹抜けの展示スペースに配分するというユニークな装置である．この装置によって，吹抜け部分の壁面に展示された美術作品への自然光が和らげられ，さらに展示室内の温熱環境を安定させることになる．この採光方法については，展示壁面に対して採光角度が低すぎるなど，計画段階でさまざまな問題点が指摘されたようである（図2，3.5節参照）．また初期計画では，天井高が2.26 m である低層部の展示壁面の上方にも自然光が行き渡るように工夫されていた．現在その部分は閉鎖され人工採光となっている．

　こうした二つの展示空間は，本館全体の中でもとりわけ特徴的な場所となっており，本来は展示された作品が主役であるはずの展示空間そのものが魅力的な空間となっている点がきわめてユニークである．すなわち両者の展示空間は，空間スケールこそ異なるものの，自然光の下に美術品を鑑賞するという古典的（かつサスティナブル）なコンセプトを，コンクリート躯体のつくる格子状のパタンを横断しながら自然光を取り入れる空間的操作によって実現しているという点で一貫しているといえる．

2.7 回遊式の展示空間

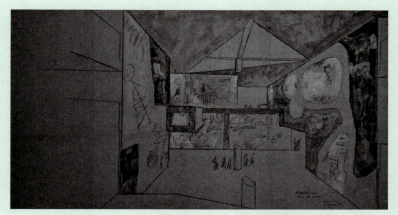

図1　ル・コルビュジエによる19世紀ホールの透視図（彼自身による19世紀を讃える写真壁画は実現しなかった）

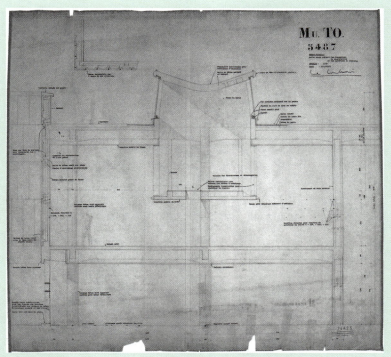

図2　2階展示室断面図

2.7.1 鑑賞空間

何かを見つめる，聴く，あるいは鑑賞するという行為は，日常的な行為の一つであるといえる．人間はさまざまな感覚器官（視覚，聴覚，味覚，嗅覚，触覚など）を通して，ある対象を観察，鑑賞し，そして味わう．鑑賞の対象は，物の形や色彩，人の姿や振る舞い，あるいは音や光，臭いや味などさまざまある．

多くの建物は，そうした鑑賞の行為を成立させるための空間を提供する．例えば，劇場やコンサートホール，あるいは会議場や競技場などでは，より少数の人間が演ずる行為をより多くの人々が同時に見たり聴いたりすることができるような空間構成となっている（図3，図4）．規模や内容は異なるが，学校の教室や校庭などもそうした機能を持ち合わせているといえよう．

ここで重要なのは，鑑賞対象と鑑賞者が1対多の関係となるので，すべての鑑賞者ができるだけ平等に鑑賞できるように，視線（サイトライン）を考慮して建物の断面形状を工夫することである（図5，図6）．

2.7.2 展示空間と展示方法

鑑賞対象が美術品や工芸品といったオブジェ（物品）である場合，鑑賞対象は基本的に複数かつ不動であるため，各々の鑑賞者が複数の対象物を順次巡回することになる．美術館の展示空間とは，そうした鑑賞空間の一つである．鑑賞の対象すなわち展示物には，絵画や写真といった2次元の平面から，彫刻や家具といった3次元の立体，あるいは映像やインスタレーションなどさまざまな形式と形態がある．人々がそれらの展示品を鑑賞するためには，それぞれの展示品の内容にふさわしい適切な空間環境が必要となる．

一般に**ホワイト・キューブ**とよばれる展示空間は，真っ白な立方体の内部のように，均質で平滑な白壁と，明暗のない均質な照明による展示環境を示すもので，展示品をできるだけニュートラルな空間の中で鑑賞するための空間類型を示す言葉である（図7）．

一方，近年の展示空間の中には，本来展示目的ではなかったスペースを再利用してつくられる例が多くなってきた（図8）．これは，展示空間にはさまざまな型式が可能であるということと，訪問者が多様な文脈の中で鑑賞対象を享受することが日常となったこと

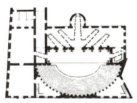

図3 テアトロ・オリンピコ（設計：アンドレア・パラディオ，1585年）

図4 ベルリンフィルハーモニー（設計：ハンス・シャローン，1963年）

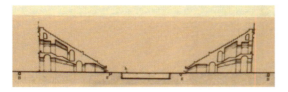

図5 ニームの古代ローマ競技場

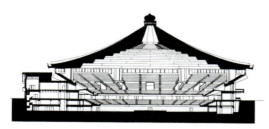

図6 日本武道館（設計：山田守，1964年）

図7 ルーヴル美術館ランス別館（設計：SANAA，2012年）

図8 オルセー美術館（設計：ガエ・アウレンティ，1986年）

2.7 回遊式の展示空間　59

図9　アラブ世界研究所（設計：ジャン・ヌーヴェル，1987年）

図10　ヴィラ・カヴロワ1階展示室（元設計：マレ・ステヴァンス，1932年，2016年改修）

を示すものである．また展示の方法もさまざまであり，図9はすべての展示品を透明なガラスに固定することで空間全体に浮遊感をもたせており，図10ではかつてワイン貯蔵庫だったスペースを使って展示物を陳列している．

2.7.3　体験・活動空間へ

多くの個性的な美術館や博物館では，器である建物の規模や空間的特徴に合わせて，適切な照明計画の下に，展示の方法や鑑賞の仕方を個々に工夫することが求められている．したがって今日では，展示品と展示空間との関係，あるいは展示品と展示方法との関係の中で，展示された対象物をそれが置かれる場所の性格，あるいは空間の特徴などを含めて鑑賞し，あるいは体験し活動するなど，多様な展示空間の事例をみることができる．

例えば，図11は美術館周辺の自然環境を借景として展示室内に積極的に取り入れた例である．また，図12は展示物の中に鑑賞者が参加するような展示方法の例であり，図13は展示空間そのものを展示物によって新たに創造した例である．

図11　ルイジアナ近代美術館（設計：ボー＋ヴァラート，1958年〜）

図12　レアンドロ・エルリッヒ《スイミング・プール》2003年　金沢21世紀美術館

図13　パレ・ド・トーキョー（設計：ラカトン＋ヴァッサル，2002年）

2.8 光と色彩

多くの建築家は光についての創作態度を表明している．そのことは，光が，建築の創作行為という点からみても，いかに本質的な存在であるかを示しているともいえる．

"建築とは，光の下に集められたヴォリュームの，知的で，正確で，そして壮大な遊びである．私たちの目は光の下で形を見るようにできている．明暗が形を浮かびあがらせる．立方体，円錐，球，円筒，あるいは角錐は光がよく示す原初的な形であり，それらの視像は明白で，確実で，あいまいでない．"

ル・コルビュジエの著作『建築へ』における，あまりにも有名な「建築と光」に関するこの表明は，ル・コルビュジエの作品を理解するうえで重要である．物体（mass）に光があたり，明るい面と影ができることに，造形の出発点を置こうとしているル・コルビュジエの創作態度は，ギリシャ・ローマの古典とつながるもので，エコール・デ・ボザールの理念に共通するものである．後期作品であるロンシャンの礼拝堂（1.3 節図 12）は，造形的にはエコール・デ・ボザールの古典主義から遠く，むしろ表現主義に近いともいえるが，光と影の対比による構成は古典の良質な部分をル・コルビュジエが継承していることを示している．

"美術館の屋根裏（天井）には昼と夜の制御された光が配される．"と説明される無限成長美術館のプロトタイプをもとに設計された国立西洋美術館は，外周部に増築することを前提としていたために，外壁部からの採光を期待していない．

そのため，展示室，19 世紀ホールへの採光は屋上からの天窓（トップライト）から入る上からの光によってなされているのである．屋上に卍型に配された天窓からの光が，その下に吊り下げられた照明ギャラリーを経て展示室に達するという考えである．断面図には太陽からの自然光が展示壁へ達する様子とともに，照明ギャラリー内の技師が観賞に応じて投光器を操作している姿が描かれている（図 1）．しかし，この考えは，太陽の動きで展示室の明るさが変化すること，直接光の影響があること，絵が反射することなど，さまざまな問題を内包していたのであった．

太陽光にはさまざまな色の光が含まれている．ル・コルビュジエは初期のピュリスム絵画の時代から，鮮やかな色彩による絵画の制作を行っていたが，その多彩色（ポリクロミー）は初期の住宅作品から建築に対しても適用されてきた．ル・コルビュジエは色を決定する際，見本帳を用いて色の組合せによって決定していた（図 2）．見本帳には必要な色彩を二つ，三つと枠取りして選り抜き，壁，天井，床などの基本色とそれぞれ関連づけようとしている．

非具象美術，非具象芸術，抽象絵画の理論化を行った同時代の新造形主義，デ・ステイルにおけるシュレイダー邸も，多彩色の線と面によって構成されている．

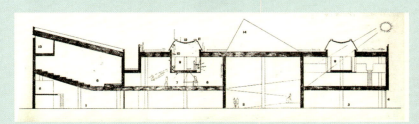

図 1　ギャラリーの採光

図 2　色見本帳

2.8.1 自然光の利用

a. 美術館における自然光の利用

世界各地の美術館・博物館には，昼光を積極的に導入した事例が数多くある．ルイス・カーン設計のキンベル美術館（図3）は，照明デザイナーのリチャード・ケリーと協働して見事なトップライトをつくり上げた例として有名である．建築照明デザインという職種が注目を浴び始めた比較的初期の事例ともいえよう．キンベル美術館において昼光導入が成功している理由の一つには，昼光は主として空間に明るさをもたらす**アンビエント照明**に用い，実際の絵画照明はスポットライトに担わせることにより，両者の機能を巧みに分離させたことが挙げられる（図4）．

b. 代表的な開口部形状

昼光導入のための代表的な開口部形状（図5）としては，側壁に設けられて横から光を取り入れる**側窓**，天井面より高い位置に設けられた鉛直方向の**頂側窓（ハイサイドライト）**，屋根面から光を入れる**天窓（トップライト）**がある．通常の複数階建物では側窓が基本となるが，室奥まで均質に光が届きにくいことや，**グレア（まぶしさ）**の原因になりやすいなどの欠点がある．一方トップライトは，平屋建てや最上階し

図3　キンベル美術館（設計：ルイス・カーン，1972年）

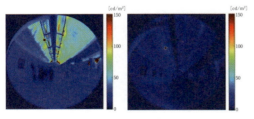

図4　キンベル美術館の輝度分布（左：11月10:30，右：11月16:30）

ヴォールト（かまぼこ形）天井のみに昼光が廻るように設計されていて，絵画面の照度はスポットライトで100 lx程度を維持するように調整されている．

か適用できないこと，雨仕舞いに注意が必要であることなどを除けば，室内の隅々まで光を均一に行き渡らせやすいといった利点をもつ．美術館の昼光導入ではハイサイドライトがよく使われてきた．特に北向きの場合は安定した光環境をつくりやすいこと，開口部が視界に入りにくいためグレアの原因になりにくいだけでなく，順応状態を上げることなく明るい空間をつくりやすいことなどがその理由である．また一般には，トップライトよりも雨仕舞いの点でも有利である．

c. さまざまな採光装置

昼光導入に際して，直射日光はそのままでは強すぎるために，室内導入に際しては何らかの装置を併用することが多い．事務所ビルなどにおいて一般的なものは**ベネシャンブラインド**である．扱いが比較的容易で，天候や直射日光の角度によって角度を変えることができ，眺望性もある程度確保することが可能であることなど，多くの利点をもつ採光装置である．その他固定式のルーバーもよく用いられる．美術館ではスクリーンも日射遮蔽の目的でよく用いられる．

上記の装置はいずれも直射日光の一部を遮蔽し，一部を拡散光に変化させることにより室内に柔らかい光を導入することを目的としているが，直射日光をより有効に活用するために正反射による光のコントロールを目指した装置も開発されている（図6）．例えば光ダクトは正反射成分の高い素材を用いて昼光を室奥まで運ぶ．ブラインドやルーバーを鏡面反射する金属で作成して室奥に光を飛ばすことを狙った採光装置もある．

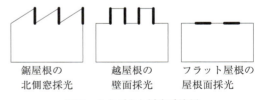

図5　さまざまな採光手法例

図6　ナッシャー彫刻センター（設計：レンゾ・ピアノ，2003年）

2.8.2 自然光の特性

開口部の設計のためには，まず自然光の特性を知る必要がある．光源としての昼光は，直射日光と天空光に分けて考える必要がある．

a. 直射日光

直射日光は，一日・一年を通して入射角度が変わり天候による時間的変動も激しいため，光源としては扱いにくい面があるが，うまく活用した場合のエネルギー効果や審美的効果には人工照明では置換えができない価値がある．直射日光を利用した照明設計は，まずその土地の緯度・経度から時刻ごとの太陽方位と太陽高度を求めることから始まる（図7）．太陽高度が最も高い夏至と最も低い冬至の太陽軌跡が得られれば，年間を通した太陽位置の範囲がわかる．夕方活動する時間帯に低い高度から差し込む西日が問題を引き起こしやすいこと，日本においては夏の朝夕は北側からも直射日光が差し込むことなどは留意しておくとよい．直射日光はその強度も刻々と変わる．晴天の場合は法線面照度が 10 万 lx（次項参照）程度に達する．さらに直射日光の色温度（光の色）の変化にも留意する必要がある．日中は 5000 K 程度の白い光だが，夕方は 3000 K 以下に下がりオレンジ色の光となる．

b. 天空光

天空光は雨天・曇天時でも確保できるため，昼光利用の基本として捉えられる．一般には快晴時に天空光のみで得られる光の強さ（**全天空照度**）よりも，曇天時の全天空照度の方が高くなる．CIE（国際照明委員会）では理想的な晴天・曇天とそれらの中間の天空の輝度分布を定めている．日本各地の年間を通した天空輝度の推定値は，拡張アメダスデータから得ることができる．

2.8.3 光量の確保

a. 光束

人の目は光の波長によって感度が異なるため，目にみえる光（可視光）の量を捉えるためには，目の感度（図8）を考慮に入れる．具体的には光の各波長ごとの物理的な量（放射束 = 単位時間あたりに光源から放射されるエネルギー量）に，**標準比視感度**の値（各波長ごとの目の感度）を掛けると，人の目にみえる光の量が求まる．これを**光束**とよび，単位はルーメン［lm］を用いる．

b. 照度

照明設計の物理的指標として最もよく使用されているものは**照度**である．これはものの表面まで届く光の強さと捉えることができる．単位面積あたりに入射する光束の量で，単位はルクス［lx］である．JIS照明基準など従来の照明基準はこの照度を用いて空間に必要な光の強さを規定してきた．美術館における照明についても絵画面の推奨照度が定められている．

c. 輝度

ある面をみたときに，目に到達する光の強さを表すためには**輝度**［cd/m^2］を用いる．実際の空間の明るさやものの見えやすさなどを考慮するには，本来照度ではなくて輝度で考えていく必要がある．そのため，最新の照明設計や照明基準では，輝度の重要性が強く認識されるようになっている．対象面が均等拡散面（マットな素材）の場合の輝度と照度の関係は図9に示すとおりで，この関係性は覚えておくとよい．

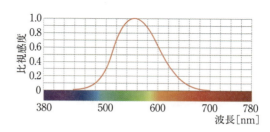

図8 明所視（明るい環境下）の比視感度曲線

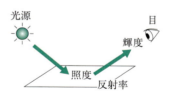

図9 照度と輝度の関係
輝度 =（照度×反射率）/π

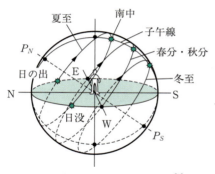

図7 地上からみた太陽の動き[1]

2.8.4 色彩の基礎

建物の見た目の色は，照明と素材の色の掛け合わせで決まる．素材は同じであっても，その面に当たっている照明が昼間の青白い昼光なのか，あるいはオレンジ色がかった電球色の光源なのかによって，見た目の色は変わってきてしまう．そのため建物の素材そのものの色を知りたい場合は，照明の影響を排除して（あるいは一定の基準光源を想定したうえで），対象面の色を実測する必要がある．

a. 色の3属性

物体色は，**色相・明度・彩度**の3属性によって特徴づけられる．色相は，赤や青のような色みを指す．明度は，表面の反射率の知覚で，白っぽさ・黒っぽさを表す．彩度は，色の鮮やかさを表し，ある特定の波長成分だけを多く含むと彩度は高くなり，可視領域のすべての波長を平均的に含むようになるほど彩度は低下して灰色に近づく．彩度ゼロの白・灰・黒を無彩色とよび，反対に何らかの色相をもった色を有彩色とよぶ．

b. マンセル表色系

色の3属性を利用して体系的に色を分類したシステムとしては，**マンセル表色系**（図10）が最もよく使われている．マンセル表色系では，色相をヒュー，明度をバリュー，彩度をクロマとよぶ．色相は，赤（R）・黄（Y）・緑（G）・青（B）・紫（P）の基本5色相に，その中間の橙（YR）・黄緑（GY）・青緑（BG）・青紫（PB）・赤紫（RP）を加えて，計10色相に分割して示す．さらにそれぞれの色相を10分割することで，合計100分割された色相に区分されている．明度は，0（完全な黒）〜10（完全な白）の段階で表し，明度5が中間の灰色となる．実際の世界では，だいたい1.5から9.5程度の範囲となる．彩度は，無彩色を示す0から数値が大きくなるに従って彩度が増す．色相によって最高彩度は異なる．マンセル表色系で色を表現するときには，ヒュー，バリュー，クロマの順に，6Y2/8のように表現する．無彩色の場合は明度しかないのでN6のように示す．

c. 色彩調和

どのような配色がよい色彩デザインかという課題は19世紀以降盛んに議論されてきており，ムーン・スペンサーの理論をはじめとして，さまざまな色彩調和理論が提案されてきたが，実際のデザインに完全に適用可能な理論はまだ存在していない．ただし室内空間

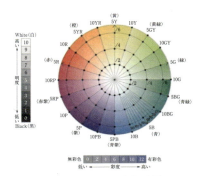

図10　マンセル表色系[3]

図11　視感測色：マスク

や街並みで落ち着きなどを求める場合は，秩序・親しみやすさ・共通性といった因子が重要であるということはさまざまな既往研究が示しており，日本各地の屋外環境の色彩規制においても，親しみやすさや共通性という点で暖色系かつ低彩度の色を推奨していることが多い．

d. 色彩調査

建物の色彩調査は，目視による**視感測色**と測定機器を利用した**機械測色**に分類できる．

視感測色は，JISの標準色票（修正マンセル表色系）などを参照にして，最も見た目に近い色を選ぶ方法である．以下に示すような点に注意する必要がある．① 対象と近い明度のマスクを選んで，対象部分と色票の両方を覆って見た目を比較する．これは面積効果（対象の面積が大きくなるほど鮮やかに感じる）や対比効果を抑えるためである．② できるだけ標準光D65の下で観察する．北窓からの自然光などでもよい．③ 1000 lx程度の明るさを確保する．暗すぎると色の見えが異なってくる．④ 対象に正対しているときの照明は斜め45度の角度から当てる．あるいは対象の真上から光を当てて45度の角度から観察する．⑤ 無彩色に近い服装とする．

機械測色は，一般に接触型の計測器を用いる．計測器から標準光が発せられ，その反射光を捉えることで，対象面の色を計測する．したがって対象面と計測器を密着させることができない凹凸面などでは正確な測定ができなくなる．

2.9 モデュロール
二つのフィボナッチ数列による寸法体系

ル・コルビュジエは後期の設計活動において，**モデュロール**というオリジナルの寸法体系を開発し，それを実際の建物設計に応用していた．それは，人体寸法と黄金比を重ね合わせた独自のモデュール（寸法体系）であり，すなわち身体の動作によって生じる高さ方向のさまざまな寸法を，2種類のフィボナッチ数列によって表したスケール（物差し）である（図1）．この図においてまず，人間の身長（183 cm）は臍（へそ）の位置（113 cm）によって黄金分割されることが原点となる．臍の下をさらに細かく黄金分割していくことで一つの寸法体系（赤系）が決定する．加えて，臍の高さの2倍の高さ（226 cm）に対して黄金分割を繰り返すことで，もう一つの寸法体系（青系）が決定する．

また図2は，こうしたフィボナッチ数列寸法と人間の動作に関わる高さ寸法との関係を，ル・コルビュジエ自身が図示したもので，モデュロール体系が椅子やテーブルといった家具のレベルでも有効であることを示すものである．これらの図でわかるように，より地面に近い位置で生じる人間のさまざまな動作に対しては基準寸法が細かく分節され，地面より高く遠い位置になればなるほど基準寸法が粗くなるようになっている．こうした等比尺度体系は，従来の等間隔尺度体系に比べて，スケール（身体動作に関わる大きさや，人間の視覚による距離感）を

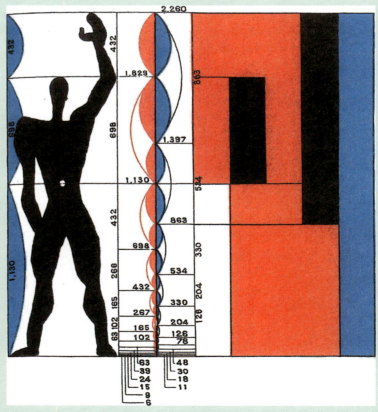

図1 モデュロールを示す2種類のフィボナッチ数列寸法（©FLC/ADAGP, Paris & JASPAR, Tokyo, 2016 C1111）

2.9 モデュロール

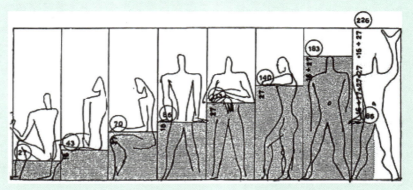

図2　モデュロールを示す身体図像（©FLC/ADAGP, Paris & JASPAR, Tokyo, 2016 C1111）

考慮した寸法体系であるといえる．ル・コルビュジエの建築造形における最大の発明であり，造形美学のエッセンスがそこに隠されているといわれる．

モデュロールに基づく実施設計

このモデュロールとよばれる独自の寸法体系が，国立西洋美術館の本館の実施設計においてもさまざまなところで応用されている．例えば2階平面図において，丸柱の直径（430 mm），柱間の有効スパン（5920 mm），中3階の照明ギャラリーの突き出し（2260 mm）などはすべてモデュロールに基づく寸法である（図3）．また断面図では，19世紀ホールの天井高（8770 mm）を除けば，1階ピロティの天井高（2960 mm），2階の展示スペースの低層部の天井高（2260 mm）などはすべてモデュロール寸法となっている（図4）．また立面図で建物の外壁のプレキャストコンクリートの割付け寸法をみると，下から2260 mm，1830 mm，1830 mm，1400 mmとなっている（図5）．また，一見ランダムにみえる1階の律動ガラス面の柱間の有効ピッチもすべてモデュロールに基づいている．このように，建物のほぼすべての部分がモデュロールに基づく寸法によって規定されている．

こうしてみると，モデュロールの寸法体系は，建物の通り芯のスパン寸法のような設計上の基準寸法ではなく，壁面間や柱間の有効寸法や天井高，あるいはパネルサイズや柱の太さといった，空間のボリュームサイズや部材寸法などに対応していることがわかる．

また，建物の内外の至るところでモデュロールの寸法体系を使うことで，身体的あるいは視覚的効果を考慮した設計を読み取ることができるといえなくもないが，一方でこうした寸法体系は，当時坂倉準三建築研究所でこの建物の設計を担当していた藤木忠善によれば，すべての寸法を決定しなければならない建築の設計において，スケールの異なる2種類のフィボナッチ数列だけを使って寸法決定が自動的に行えるという意味で，設計プロセスの合理化をもたらすものでもあるといえる．

2. 建物を構想する

	赤組 R	青組 B
A	20	
B		30
C	60	
D		80
E	100	
F		120
G	160	
H		200
I	260	
J		330
K	430	
L		530
M	700	
N		860
O	1130	
P		1400
Q	1830	
R		2260
S	2960	
T		3660
U	4790	
V		5920

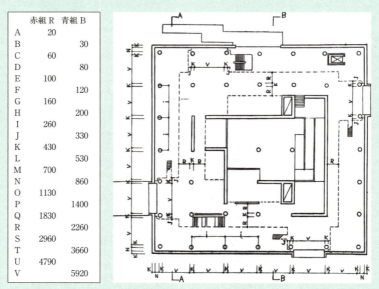

図3　本館2階平面図におけるモデュロール
（作成：坂倉準三建築研究所　藤木忠善）

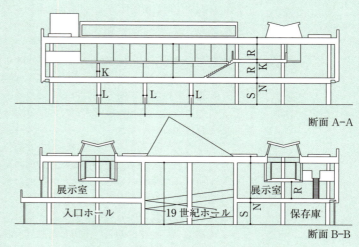

図4　本館断面図におけるモデュロール

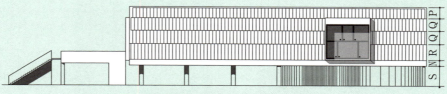

図5　本館東側立面図におけるモデュロール

2.9.1　モデュールについて

　正方形平面をもつ国立西洋美術館本館は，6スパン×6スパンの均等グリッドで配されたコンクリートの柱によって支持されている．1スパンが6350 mmで，この寸法は柱間の有効寸法である5920 mm（モデュロール寸法）に丸柱の直径（モデュロール寸法）である430 mmを加えた寸法であるといわれる．

　この6350 mmという寸法は，建物全体の空間を均等に分割する1単位として，あるいは均等に繰り返される空間の大きさの1単位として，建物全体の基準寸法となっており，建物のスケール感を決定する要因にもなっている．こうした基準寸法に基づく空間や部位の寸法体系のことを一般に**モデュール**（基準寸法，寸法体系）という．モデュールの設定は，以下の意味において，建物全体の設計を合理的に進めるうえで有効である．

（ⅰ）設計のプロセスの合理化（物差しとしての単位寸法）

　モデュールを設定することで，設計段階での他者との図面上あるいはイメージ上でのコミュニケーションが容易となる．また使用寸法を限定することで，設計段階におけるさまざまな部分あるいは全体の寸法の決定が容易となる．

（ⅱ）建築部材の生産性や施工上の合理化（モノの規格化）

　基準寸法を設定することにより部材や部品の規格化が進むことで生産性が向上し，建設費のローコスト化が図れる．また，施工段階における工法上の時間短縮や，資材の運搬（ロジスティックス）の合理化を図ることができる．

（ⅲ）建物の使われ方に対する合理性（空間の標準化）

　竣工後の建物の使用時において，寸法のモデュール化がなされていると，家具や調度，建具といったインテリア用品の搬入や移設の計画が容易となる．また大規模な建物における反復する単位空間（住戸や駐車場など）の設定が容易となる．

（ⅳ）建物の改修や再生に対する合理性（建物の持続性）

　建物のメンテナンスや改修において，寸法のモデュール化がなされていると，老朽化した部品や部材の交換，部屋の間仕切りやレイアウトの変更などが容易となり，結果として持続性の高い（サスティナブルな）建物となる可能性がある．

2.9.2　一般的な寸法単位

　寸法の単位には，身体の部位の長さをその起源とするものが多い．例えば，日本においては指幅の「ふせ」，指4本の幅の「つか」，両手を広げた幅の「ひろ」などを寸法単位としていた．このような単位は身体尺とよばれ，それぞれの民族に応じて，
インチ（1インチ＝254 mm），
フィート（1フィート＝3048 mm＝12インチ），
ヤード（1ヤード＝9144 mm），
尺（1尺＝3030 mm），
寸（1寸＝303 mm）
などを生み，さらに地域共通の**ヤード・ポンド法**，**尺貫法**といった個々の単位を体系化した単位系に発展していった．このような中で，より普遍的，恒久的な物差しを目指し，子午線の弧長の1000万分の1を1 mとする**メートル法**による単位系に統一しようとする動きが進み，今日に至っている．

2.9.3　建築設計における一般的な寸法体系

　日本の伝統的な木造軸組工法では，現代においても尺貫法による寸法体系が使用されている．1間（6尺）＝1818 mm，1尺（10寸）＝3030 mmで，これらは柱間や梁間，あるいは鴨居の高さといった空間の広さの基準寸法となっている．これらに合わせて，壁材や床材のサイズも三六版（909×1818 mm），四八版（1212×2424 mm）といったモデュールとなっている．一方，柱や梁の断面寸法についても，90 mm（3寸），105 mm（3寸5分），120 mm（4寸），のように，尺貫法が使用されている．

　一方アメリカでは，ツーバイフォー工法（枠組み壁工法）で使用されるツーバイ材（2インチ×4インチの断面寸法を基本モデュールとして製材された扁平木材）などのように，部材の寸法の規格化が行われている．

　こうした従来の寸法体系に対して，日本において1間を2 mとして見立てるような，いわゆるメートルモデュールを推進させようとする動向があるが，これまでの尺貫法に基づくモデューラー・コーディネーション（MC，寸法設定から施工の全般にわたり，モデュールに基づいて部材や空間の寸法を調整し，建築生産を行うこと）に対抗するまでに至らず，普及は困難である．

2.10 館長室周りの空間構成と家具

国立西洋美術館本館は，基本的に直線状の直交グリッドに沿って全体のプランが展開しているが，曲面状の間仕切り壁の組合せでつくられた唯一の空間がある．それは3階の旧館長室のあったエリアで，ル・コルビュジエはそこを特別な場所としてデザインしていたようである（図1）．"特別な場所"といっても，それは館長のための豪奢な部屋という意味ではなく，この建物を毎日管理しているいわば主人である人たちのための日常的空間を，より快適で身体的な寸法に対応して丁寧に設計した結果であると考える方が妥当であろう．館長室には，公園側に開いた大窓と2階を見ろす室内窓があり，外壁に面していない秘書室と事務室には照明ギャラリーを通して天窓がある．平面的にみれば，便器の形状およびそこでの身体動作にミニマムに対応した便所や，開口部をできるだけ大きく確保するために曲げられた執務室の壁などに表れている．ル・コルビュジエの晩年の作品に繰り返し表れる，曲線を駆使したこうした空間造形の中に，モデュロールに基づく空間造形以上の「身体的かつ自由な建築のスケール」が見え隠れしている．また館長室には，シャルロット・ペリアンのデザインと思われるブーメラン型の天板を3本脚で支えた木製の大机があった（図2）．

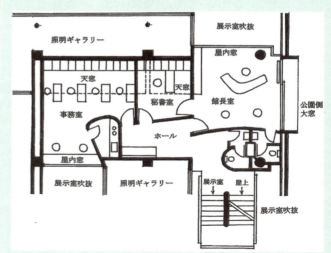

図1 本館3階館長室周り平面図

図2 館長室の様子（かつての室内写真）

2.10.1 建築家と家具

多くの建築家は，住宅や施設といった建物の全体の設計ばかりでなく，机，椅子，棚といった家具，あるいはドアノブや照明器具など，建物本体と切り離された造作物のデザインや設計も行っている．特に椅子は，あらゆる建物内で頻繁に使用されるものであり，その構造や機能において繊細かつ重要なものであるので，これまでさまざまな建築家やデザイナーの手によってさまざまなタイプのものが生み出されてきた．建築家にとって椅子は，小さな建築モデルでもあり，インテリアの一部でもある．

2.10.2 ル・コルビュジエの家具

ここでは，国立西洋美術館の設計者であるル・コルビュジエ自身のデザインした著名な家具について解説する．ル・コルビュジエの家具の原点は，機能性，経済性，単純性を備えたトーネットの曲木の椅子であるといわれる．実際に，1925年のパリ万博のために設計したエスプリ・ヌーヴォー館の室内には，アウグス・トーネットがデザインした肘掛け椅子（No.209，図3）が置かれていた．その後の1929年のサロン・ドートンヌ展では，彼自身および所員であったシャルロット・ペリアン（1903–1999）の協働デザインによるいくつかの家具を出展している．

自由に動く背をもつ椅子（LC1：図4）は，スティールパイプのフレーム製で，自由に動く背板と肘掛けベルトが特徴的である．一人掛け用ソファ（LC2：図5，LC3：図6）は，スティールパイプのフレームの中にバラバラのクッションが収まることで椅子になっているもので，腰幅が440 mmの小タイプと660 mmの大タイプがある．ル・コルビュジエの家具の中で最も有名であるリクライニングチェア（LC4：図7）は，スティール鋼板製の架台の上にスティールパイプ製の細長い座背面が搭載されているもので，椅子全体の傾きが連続的に変えられるようになっている．その他，楕円形の断面のパイプでつくられた架台の上にガラスの天板が載ったダイニング用テーブル（LC6：図8）や，肘付きの円形の回転椅子（LC7：図9）なども，この展示会に出展された．

そのほか，1935年の住宅の設計の際に製作されたカナッペ=デイベッドチェア（LC5），自身のバカンス小屋で使用するための木製スツール（CABANON：図10）などがあり，いずれも大手家具メーカーにより生産が続けられている．

図3 トーネット肘掛椅子

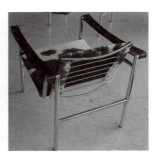
図4 LC1

図5 LC2

図6 LC3

図7 LC4

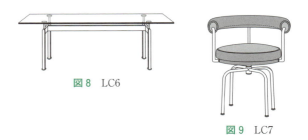
図8 LC6　　　図9 LC7

図10 CABANON

2.11 建築構造

建物の構造とは

国立西洋美術館は，図1のように，柱，梁，基礎などの**主体構造**と，天井，床，壁などの**一般構造**から構成される．また，建築物は，居室等のある**上部構造**と，基礎や地盤などの**基礎構造**に分けられる．国立西洋美術館では，展示室や各室は上部構造であり，また普段目にすることはあまりないが，地盤の中には基礎構造がある．

建築基準法では，「建築物の敷地・構造・設備及び用途に関する最低の基準を定めて，国民の生命・健康及び財産の保護を図り，もつて公共の福祉の増進に資することを目的とする」と定めている．建築設計者は，この目的を遵守し，建物の要求を具体的な形として実現させていくことになる．このとき，建物が雨風や天災に耐えて，人や物を守るために，安全で適切な構造を考えることになる．

建物の構造を考えるにあたり，建物自体の重量，人や物品など積載物の重量を支持し，風，地震等の外力に抵抗し，安全な空間を構成することが求められる．そのため，これらのさまざまな**力（荷重）**を受ける建物を支えるために，適切な構造を用いる必要がある．

国立西洋美術館の構造

建物の構造は，どのような材料，どのような形式でつくるかを考えることから始まる．

代表的な建築材料として**コンクリート，鋼，木**があり，これらを用いた構造である**鉄筋コンクリート造（RC造），鉄骨造，木造**を**構造種別**とよぶ．建物規模や用途，工期などを勘案して構造種別が選択される．国立西洋美術館は，コンクリートと鉄筋を組み合わせたRC造である．

また建物は，柱や梁，筋交い，壁などの構造部材を組み合わせて**骨組**を構成する．骨組の組み方を**構造形式**とよぶ（次節参照）．国立西洋美術館は，図2のように柱と梁で骨組を構成した**ラーメン構造**である．

さらに，日本は地震大国であり，建物は地震力に抵抗できるように耐震的でなければならない．建物の耐震の考え方には，主として**耐震，免震，制震**の三つがある．構造種別や構造形式，建物高さ，規模などを勘案して，ふさわしい方法を採用する．国立西洋美術館は，当初は耐震構造であったが，1998年に耐震改修され，免震構造となった．

 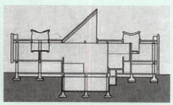

図1　国立西洋美術館の外観と断面図

図2　柱と梁で骨組を構成したラーメン構造

2.11.1 建築構造とは

建物の構造は，どのような材料を用い，どのような形式で，どのような工法でつくるかを考えることが重要となる．また，建物に作用する力を求め，使用材料の強度と比較することで，安全な建物をつくることができる．これらのことから，建築構造は，材料の特性，施工方法・工法，自然科学と密接に関係している．

a. 材料と構造

人類は古代より，さまざまな材料を用いて構造物を建設してきた．古代においては，入手が容易な天然材料の石を積み上げて，ピラミッドや神殿などを建設した．また，古代ローマ時代には，石をアーチ状に積み上げて水道橋を建設した．さらに，石の**組積造**によるドームが誕生し，**モルタル**や**コンクリート**を利用して大聖堂などが誕生した．日本でも，組積造によるアーチ橋や，城郭の石垣などが残っている（図3）．

中世・近代になると，工業製品のセメント，鉄，ガラスなどが使用されるようになり，近代においては性能がさらに進歩した材料の登場により，建物規模や形態も変化してきた．現代においては，鉄鋼材料や高強度のコンクリートを用いて**超高層建築**や**大スパン**，**大空間建築**を建設することができるようになった（図4）．

国立西洋美術館は，図5のように，コンクリートと鉄筋を組み合わせた**鉄筋コンクリート造（RC造）**である．

図3　石による組積造（万里の長城，眼鏡橋）

図4　鉄鋼材料による超高層と大空間構造

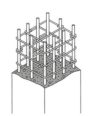

図5　国立西洋美術館で用いられたRC造

b. 施工と構造

天然材料による古代の構造物は，ころやてこを用いて建設していたと考えられている．古代の巨石による建造物の中で，ストーンヘンジ，モアイ像など，その建設方法が謎のものも多数存在する．中世において，サンタ・マリア・デル・フィオーレ大聖堂（1.3節図6）の建設では，巨大な組積造ドームの具体的な建設技術が決まらず，建設が長期間中断したこともあった．建物は，具体的な建設方法を合わせて考える必要がある．

近代建築の建設方法は，建物の規模，**構造種別**や**構造形式**などによってさまざまである．例えば，鉄骨造は，柱や梁などの鉄骨部材をあらかじめ鉄工所などで加工し，建設現場ではボルトや溶接などを用いて，組立てにより建設される．RC造は，柱や梁，壁の形状に合わせて型枠を組み，鉄筋を配してコンクリートを流し込み，建設現場でつくられる．また，大型の資材や部材，工具類はクレーンや重機を使用して運搬し，超高層や大空間建築が建設される．

c. 科学と構造

建物に荷重が作用すると，柱や梁などは変形し，**力（応力）**が働く．このときの**変形**や応力が，材料の強度と変形能力の限界を上回ると損傷し，最終的には建物の倒壊に至ることがある．安全な構造を設計するには，建物に生じる変形と応力の大きさを算定して安全性を検討することが必要となる．

そこで，**構造解析学**に基づいて柱や梁などの変形と応力を計算し，**材料力学**に基づいて断面のもつ強さを求め，断面の形状寸法を決める．これらの基礎となる原理は，古くは15世紀のレオナルド・ダ・ヴィンチの**力のモーメント**や**力の合成**，**アーチの推力**，**仮想仕事の原理**まで遡る．また，17世紀にフックは力と変形は比例することを示し（**フックの法則**），18世紀のトマス・ヤング，オイラーなどの業績により**弾性力学**の基礎が確立された．

弾性力学の確立と発展により，これまでの経験から科学によって建物の建設ができるようになった．

2.12 国立西洋美術館の構造形式

構造形式とは

建物は，図1のように，柱や梁，筋交いなどの部材を組み合わせて骨組を形成し，荷重や外力に抵抗する．骨組の組み方を**構造形式**とよび，建築に用いられる代表的な構造形式には**ラーメン**，**ブレース**，**トラス**などがある．

国立西洋美術館の構造形式

国立西洋美術館の構造形式は，図2のように柱と梁で構成されるラーメン構造である．ラーメン構造は，柱と梁を一体化するようにつなぎ（これを剛接合という），荷重に抵抗する構造形式である．平面の自由度が高いが，地震や風などの水平外力に対しては揺れやすく変形しやすい傾向がある．

ラーメン構造は，柱と梁が剛に接合されていなければならない．例えば，接合部が回転するピン接合に近い場合，図3(a)のように不安定な構造となる．図4のように，国立西洋美術館の柱と梁の接合部は**剛接合**となっている．

国立西洋美術館は，一見すると壁式構造にみえるが，平面図からわかるようにグリッド状に配置された柱が建物を支えている．壁は，地震などに抵抗する耐力壁（耐震壁）と，間仕切りや仕上げなどに用いられる非耐力壁に大別される．国立西洋美術館のファサードや建物内部の壁は，非耐力壁である．

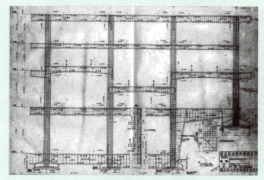

図1 国立西洋美術館の架構図

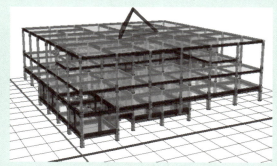

図2 国立西洋美術館の立体フレーム

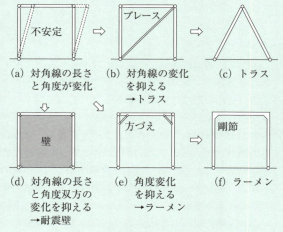

図3 基本構造形式

図4 国立西洋美術館の柱梁接合部（剛接）

2.12.1 直線材による構造形式

a. ラーメン構造

ラーメン構造は柱と梁を剛に接合した構造形式である．平面の自由度が高く，多くの建物に採用されている構造形式の一つである．Rahmen はドイツ語の額縁の意味である．一例を図5に示す．

b. ブレース構造

図6のように，柱と梁の架構の中に筋交い（**筋違い，ブレース**）を入れた構造形式を**ブレース構造**とよぶ．ブレース構造では，柱と梁を剛に接合する必要はなく，また筋交いが外力に対して効率的に抵抗するため，ラーメン構造と比べて柱・梁の断面を小さくすることもできる．

ブレース構造は筋交いの配置によってさまざまな形式がある（図6）．図7に示す日テレ（日本テレビ）タワーやソニーシティはブレース構造の例である．

c. フィーレンディール構造

図8のように，梯子を横にしたような構造を**フィーレンディール構造**とよぶ．平面トラス（後述）とは異なり，フィーレンディール構造は部材を剛接合とし，部材の曲げ抵抗による構造である．力学的には平面トラスの方が優れているが，ファサードデザインとして採用されることが多い．一例を図9に示す．

d. メガストラクチャー

メガストラクチャーは，図10のように，部材を組み合わせて大型の柱や梁など（スーパー・コラム，スーパー・ビーム）を構成し，これらの柱と梁で大架構を組んで，巨大なラーメン構造としたものである．なお，スーパー・コラムやスーパー・ビームはトラス形式であることが多い．

図5 ラーメン構造
（フォーラムビルディング，赤坂Kタワー）

図6 ブレースの形式

図7 ブレース構造（日テレタワー（撮影：Dick Thomas Johnson），ソニーシティ）

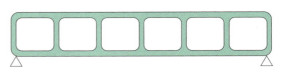

図8 フィーレンディールの梁

図9 フィーレンディール構造（フジテレビ本社ビル）

図10 メガストラクチャー（東京都庁）

図11　鋼板構造（ホキ美術館）

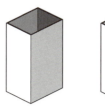

図12　チューブ構造

図13　平面トラス構造（プラダ青山）

図14　立体トラス構造（東京ミッドタウン）

図15　アーチ構造（京都駅）

2.12.2　平面材による構造形式

a. 壁式構造

壁式構造は柱や梁などによる骨組を用いず，壁だけの構造のことである．主にRC造の共同住宅などで用いられる．ホキ美術館（図11）では張り出し部に鉄板を全面的に用いている．

b. チューブ構造

図12のように，建物の外周に柱群を配置した，筒のような構造を**チューブ構造**とよぶ．チューブが2重になっている場合は，ダブルチューブ構造とよばれる．チューブ構造は，全体として巨大な片持ち梁（キャンティレバー）のように振る舞う．海外では，シカゴのジョン・ハンコック・センター，シアーズタワーなど，超高層建物で採用されている．

2.12.3　三角形構成による構造形式

a. 平面トラス構造

平面トラス構造は，部材を三角形状に組み合わせた構造形式であり，建物や橋梁，塔などに用いられてきた．線状の部材で構成し，それぞれの部材が小さくても大きな荷重を支えることができる．また，メガストラクチャーの柱や梁を構成することもある．トラス全体に作用する曲げモーメントやせん断力に対して，部材の引張や圧縮による軸力で抵抗する力学的な特徴を有する．一例を図13に示す．

b. 立体トラス構造

立体トラス構造はトラスを立体的に組み合わせた構造である．大空間や大屋根の構造として採用され，スペースフレームともよばれ，面として抵抗するシステムとなる．一例を図14に示す．

2.12.4　湾曲構成による構造形式

a. アーチ構造

古代のアーチ構造は，引張に抵抗できない圧縮系の構造であったが，近代になると鉄鋼材料による橋や大空間の屋根などに，立体トラスで構成した鉄骨アーチが用いられるようになった．図15の京都駅では，鉄骨アーチをみることができる．

b. シェル構造

シェル（貝殻の意）構造は，曲面板による構造である．円筒，球，放物面などさまざまな形状のものがある．シェル構造は，外力に対して面内の力で抵抗し，

図 16　シェル構造（カトリック東京カテドラル関口教会）

図 17　折版構造（横浜大桟橋）

高い剛性と耐力を発揮することができる．ただし，荷重が局所的に集中すると損傷しやすい．シェルは，大空間構造の屋根に用いられることが多い．図 16 に示すカトリック東京カテドラル関口教会ではシェル構造を壁として用いている．

c．折版構造

　折版構造は平板を組み合わせて，アコーディオン状やピラミッド状に構成した構造であり，一枚の紙を折り曲げると強くなることを利用したものである．一例を図 17 に示す．

2.12.5　ケーブルによる構造形式

a．ケーブル構造

　ケーブル構造はケーブルの引張軸力のみで荷重を支持する構造である．座屈による不安定現象から解放され，超大スパンを支持することができ，吊橋や無柱の大空間建築などの構造に用いられる．ケーブルの自重のみで引張のみ作用しているとき，ケーブル形状は懸垂線（カテナリー）となり，これはサスペンション構造ともいう．一例を図 18 に示す．

b．サスペン・アーチ構造

　サスペン・アーチ構造はアーチとサスペンション・ケーブルを組み合わせた構造であり，アーチは圧縮力，サスペンションは引張力を負担し，それぞれの利点を発揮した構造となる．また，アーチとサスペンションの交点において圧縮力と引張力の水平方向成分が相殺するため，水平反力が発生しない．サスペン・

図 18　ケーブル構造（代々木体育館）

図 19　サスペン・アーチ構造（東京国際フォーラム）

図 20　張弦梁の原理

図 21　張弦梁構造（東京理科大学・体育館）

アーチ構造は，橋梁などの大スパン構造をはじめ，図 19 のように東京国際フォーラムで採用されている．

c．張弦梁構造

　張弦梁構造は梁（圧縮材）とサスペンション（引張材）を図 20 のように組み合わせ，両者を束材で結合したハイブリッド構造である．鉛直荷重を受けて張弦梁に生じる曲げにより，梁は圧縮力，サスペンションは引張力を負担し，力の分担が明快である．図 21 に示す大スパン構造や大空間構造などに用いられる．

3. 建物のエンジニアリング

　建築には「用」「強」「美」が求められ，建築を実現するためには芸術的かつ科学的見地に立たねばならないと，『建築について』（建築十書）は記している．
　ル・コルビュジエも，当時のパリの建築アカデミズムが芸術的見地のみに関心を寄せていることを批判し，建築家は科学的見地にも関心を寄せ，建築が工学（エンジニアリング）との融合をなさなければ，科学技術によって成り立つ近代以降の社会における建築は成立しえず，建築に対してエンジニアリングの美学が必要であると説いている．建築物の構成や形状を，主として芸術的観点から決定していく建築意匠においても，構造や設備などにおいて求められる工学的要求を考慮せずに，全体を構想することは，現代建築においては不可能になってきている．
　特に地震国である日本においては，建物の用途や規模，求める空間の質などに応じて，空間を安全に支持する骨組（構造）を考えることが重要である．国立西洋美術館においては建物に求められる性能から，鉄筋コンクリートの柱と梁の骨組によるラーメン構造が採用され，自重や積載荷重，さらに敷地において想定される地震荷重を考慮して，適切な構造のエンジニアリングが求められた．
　建築に関わる環境をエンジニアリングする視点も重要である．採光，換気，冷暖房，空気調和，排煙のほか建物の断熱性能，音響性能などさまざまな事象を数理的に探究することにより，安全性と快適さを担保することが重要である．昨今，環境エンジニアリングはエネルギー効率の観点からもますます重視されてきている．また，美術館においては，観賞するための昼光照明計画のほか，絵画作品の保存環境も考慮せねばならず，その際のエンジニアリングも重要となっている．そして，不特定多数の来館者が想定される美術館のような公共施設においては，火災など，万が一の災害に対する来館者の避難など，エンジニアリングの結果導き出される防災計画も求められるのである．

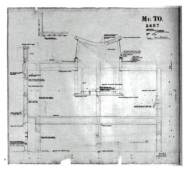

基本設計図　標準断面図/FLC24625

3.1 構造計画

構造計画とは

建物の用途や規模などに応じて，空間を安全に支持する構造を考えることが重要である．さらに，建物に作用する力に対する安全性の確保だけでなく，施工性や工期，経済性などを考慮して最適な構造を考えなければならない．このようなさまざまな要求に対して，安全な建物を実現するために，どのような材料を用い，どのような形式・方法で構造をつくるかを考えることを**構造計画**という．

構造計画の主たる検討項目

構造計画で検討する主たる項目は下記のとおりである（図1）．
構造種別 主として，**鉄筋コンクリート造（RC造）**，**鉄骨造（S造）**，**木造**，**組積造**と，これらを組み合わせた**合成構造**がある．
構造形式 線的な骨組と，面的な構造がある．前者には，**ラーメン構造**，**ブレース構造**，**トラス構造**など，後者には，**壁式構造**，**シェル構造**などがある．
耐震・免震・制震 建物の強度と剛性で抵抗する**耐震構造**，建物と地盤の縁を切って建物に作用する地震力を軽減する**免震構造**，地震エネルギーを吸収する装置を設けて抵抗する**制震構造**がある．
基礎 建物の構造は**上部構造**と**基礎構造**に分けられる．基礎構造は，**直接基礎**，**杭基礎**などがあり，建物の規模や地盤の特性などから決定される．

国立西洋美術館の構造計画

国立西洋美術館の建築場所で予測される，台風等による暴風や冬季の積雪，さらに地震を考慮して，適切な構造を計画する必要がある．上野恩賜公園は武蔵野台地の東端に位置しており，起伏の少ない平坦な台地面で，関東ローム層で覆われた地盤の上に建設することにも配慮して，適切な基礎構造を採用することが求められる．これらの外的要因に対して，構造的な安全性とともに，美術館の機能として絵画や彫刻などの美術品を守り，静穏な鑑賞空間の提供が求められる．

国立西洋美術館の趣旨から，防音・防振に優れたRCラーメン構造が採用された．さらに，近年の日本各地での地震被害を受けて，耐震性の向上への要求が高まり，1998年に耐震改修と建物の免震化が行われた．このように，建設後も時代の要求に応じて，構造を見直し，意匠性，環境性などの幅広い性能を満足するように，適切な構造を考えていく必要がある．

荷重：固定，積載，地震，風，積雪など

構造種別：RC，鉄骨，木造，組積造

構造形式：ラーメン，トラス，壁式など

耐震性：耐震，免震，制震

基礎構造：直接基礎，杭基礎

その他の要素：工期，コストなど

図1 構造計画の主たる検討項目（☐内は国立西洋美術館で採用されている構造）

3.1.1 鉄筋コンクリート造（RC造）

a. 鉄筋とコンクリート

鉄筋コンクリート構造は英語で，reinforced concrete structure といい，下線部をとって RC 構造もしくは RC 造と略記される．鋼材である鉄筋（図2）で「補強されたコンクリートの構造」という意味である．図3は典型的な鉄筋（主筋とせん断補強筋）の配筋方法である．

RC 造は，コンクリートと鋼材が相互の長所短所を補い合っている．表1はこの関係を示したものであり，引張力に弱いコンクリートを引張力に強い鉄筋が，また，圧縮力ですぐ座屈してしまう鉄筋を圧縮力に強いコンクリートが守っている．鋼材である主筋は水分で錆が，熱で強度低下が起こるが，コンクリートの中に埋められた鉄筋は錆びにくく，また，コンクリート中の鉄筋は火災の高温から守られる．

b. 長所と短所

RC 造の長所として，① **自由な形**の建物を建設でき芸術的価値を創出できる，② **耐火性**が高く火災に強い建物をつくることができる，③ 鉄筋を錆から守り**耐久性**の高い建物とすることができる，④ 遮音性や対振動性が高く**居住性**のよい快適な住環境を実現できる，⑤ 建設費用が比較的**安価**，などが挙げられる．以上の長所を生かし RC 造は社会資産の構築，良質な住環境の提供，芸術的価値の創造において重要な役割を果たしてきた．

一方，短所として，① **自重**が大きく地震力に対して不利，② **工期**が長くなりがち，③ **解体**に大きなエネルギーが必要，などが挙げられる．特に解体に関しては築後 60 年を経過した建物が増えてきており，今後の重要な課題である．

c. ひび割れの発生と配筋計画の基本

鉄筋配置（配筋）の基本は予想されるひび割れに対して垂直に横切るように鉄筋を配することである．図4(a)に示すように鉄筋で補強しておかないと引張に弱いコンクリートにはひび割れが発生し，容易に二つに折れてしまう．しかし，あらかじめこのひび割れに垂直に横切る鉄筋（主筋）を配しておけば（図4(b)），ひび割れが発生した後もコンクリートの代わりに引張力を負担し安全に力を支えることができる．

d. 鉄筋コンクリートの壊れ方（設計の基本）

RC 造には曲げ破壊とせん断破壊の二つの種類の破壊が存在する．せん断破壊は破壊の進行が急な建物の倒壊を引き起こす危険な破壊であり，これの発生を防ぐことが RC 造の耐震設計の基本となっている．

曲げ破壊は曲げモーメントによって図5(a)に示すような材軸に垂直な**曲げひび割れ**が発生し破壊するものであるのに対して，せん断破壊はせん断力によって材軸に対して 45 度の角度をもつ**せん断ひび割れ**が原因で破壊に至るものである（図5(b)）．図3に示した主筋は曲げ破壊に対して，また，せん断補強筋はせん断破壊に対して配筋される．

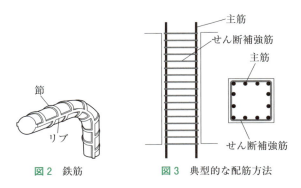

図2 鉄筋　　図3 典型的な配筋方法

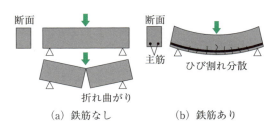

(a) 鉄筋なし　　(b) 鉄筋あり

図4 ひび割れの発生と鉄筋の配置

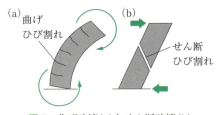

図5 曲げ破壊(a)とせん断破壊(b)

表1 コンクリートと鋼材の相互補完関係

	コンクリート	鋼材
圧縮力	○	×（座屈）
引張力	×（ひび割れ）	○
水	○	×（錆）
熱	○	×

3.1.2 鉄骨造（S造）

a. 鉄骨造と鋼構造

鋼材を用いた構造を**鋼構造**とよび，特に建築では**鉄骨造**とよんでいる．鉄を表す steel からＳ構造もしくはＳ造ともよばれる．鉄骨造は，住宅などの低層建物から超高層建物，さらに運動施設や展示場など大空間構造や橋梁などの大スパン構造物に用いられている．

b. 長所と短所

鉄骨造は，木質構造や RC 造と比べて，以下の特徴を有している．

① **比強度**（引張強さを密度で除したもの）と**比剛度**（ヤング係数を密度で除したもの）が高く，軽量化しやすいため，超高層や大空間構造に適している．
② **延性**（破壊するまでのひずみ能力）が高いので，粘り強さをもった建物になる．
③ **均一性**（材料の物性が位置によらない）と**等方性**（力や変形の向きにより性質が異ならない）があり，また**線形弾性**に優れているため，力学的な扱いが容易である．
④ **クリープ**（一定の応力に対して時間経過とともにひずみが増大する現象）と**リラクセーション**（一定のひずみに対して時間経過とともに応力が減少する現象）が生じないため，応力とひずみが変化しない．
⑤ 工場生産品であるため，品質が安定し，強度や剛性などの材料特性値の信頼性が高い．
⑥ **加工性**に優れ，切断，孔明け，研磨，曲げ，プレスによる成形，溶接，鋳造による自由形状の製作が可能である．
⑦ **プレファブ性**に優れ，工場で加工した部材を建設現場で組み立てる工程となることから現場での管理がやりやすく，作業効率が上がり，工期短縮ができる．また，部材の形状寸法や組立て方の標準化により，工事の自動化や省力化とともに，建物の品質の安定化も図ることができる．
⑧ **リサイクル**が可能であり，製鋼工場で溶解され，再度鋼材として再利用できる．

一方で，下記に示す短所も挙げられる．

① 比強度と比剛度が高いことから，鉄骨造では細長く，薄い部材を用いることが多く，**座屈**とよばれる不安定現象が問題となる．例えば，細長い棒や薄い板を手で押したとき，真っ直ぐな状態から，突然曲がった状態になる現象である．
② 鉄骨造は，柱や梁などの組立てにおいて**溶接**を用いて建設することがある．溶接は割れや変形などの欠陥を含む場合があり，破壊の原因になることもある．
③ 鋼材は酸化反応により**錆**（腐食）が発生する．錆は部材の厚さが減少するため，美観や構造性能に影響する．そのため，適切な防食処理（塗装や亜鉛めっき）を施す必要がある．
④ 鋼材は不燃材であるが，高温状態において強度やヤング係数が低下し，およそ 1500℃程度で溶融する．したがって，耐火被覆を施す必要がある．

c. 鉄骨造の流通・生産と構法

鉄骨造の建物は，製鉄メーカーが鋼材を製造し，鉄鋼加工メーカーが鋼材を柱や梁などの部材に加工し，部材が建設現場に運ばれて施工業者が建設し，内外装工事や設備工事の後，施主に引き渡される．そのため，設計，材料，加工，施工などに関わる幅広い知識・技術と関連法令などを理解しておく必要がある．

鉄骨造には，ラーメン構造，筋交い付ラーメン構造（ブレース構造），トラス構造，コア構造，メガストラクチャー，チューブ構造，アーチ構造，ケーブル構造などがある（図 6，2.12 節参照）．いずれも，**接合要素**（**溶接，ボルト**）を用いて鉄骨部材を組み合わせて構造を構成する．

3.1.3 木造と木質構造

a. 木造と木質構造

荷重・外力を支持する架構に木材を使用した構造形式を**木造**と称する．近年では，木材または木質材料を主たる構造部材とした場合，**木質構造**とよぶことが多

ラーメン構造　　ブレース構造　　立体トラス構造

アーチ構造　　　サスペン・アーチ構造

図 6　さまざまな鉄骨造

(a) 伊勢湾台風　　　(b) 兵庫県南部地震

図7　自然災害による木造建築の被害

図8　木質材料（集成材）を用いた木造建築
（設計：R. Malczyk and J. E. Karsh カナダ）

(a) 在来構法　　　　(b) 伝統的構法

図9　軸組構法

い．木質構造は1970年頃に提唱され[1]，多種多様な構法の総称として広く用いられている．伊勢湾台風（1959年），兵庫県南部地震（1995年），東北地方太平洋沖地震（2011年）などの被害から，木造という言葉に脆弱な印象をもつことも少なくない（図7）．しかし，工学的な見地から近年の木質構造では，それらの認識も改められ，公共建築への木材利用を促進する方針が2010年に公表されるなど，永続的な資源供給が可能な構造種別として高い注目を集めている．

b. 木材と木質材料

木材とは，樹木から製材された材料を指し，天然材料であるために工学的な評価が難しい．一方，建築物にはその安全性評価に高い信頼性が求められるため，材料の機械的性質が推定されたエンジニアードウッドを採用する場合が多い．簡易な試験により等級区分された製材や，接着等の2次加工を施した集成材に代表される**木質材料**がこれにあたる．木質材料は，木材の欠点除去，強度等のばらつきを平均化する利点を有するほか，木材単体では困難な大断面や湾曲した部材の製作が可能である．図8に集成材を用いた木造建築の一例を示す．

国内の場合，これら木材の規格化はJAS（日本農林規格）に基づくもので，それに該当しない木材を**無等級材**とよぶ．無等級材を建物に採用する場合，樹種ごとに設定された強度で設計を進める．**樹種・品種**は，強度等を定める尺度となるほか，防腐・防蟻性の優劣を判断する指標でもあり，木材の基本的な性質と対応する．古くは，日本書記（720年）にも樹種の使い分けが記されている．しかし木材の性質は，生長の過程に強く影響されるため，無等級材を建物に利用する場合には，十分な配慮が必要となる．

c. 木質構造の多様な構法

木質構造は，枠組壁構法，木質パネル構法などのさまざまな構法に分類され，近年では木質材料を用いたラーメン構造も少なくない．この中でも図9に示す**軸組構法**は，日本を代表する構法といえ，在来構法と伝統的構法に大別される．**在来構法**は，鉛直荷重を柱と梁からなる軸組架構，水平荷重を耐震要素で支持する構法で，木造住宅では一般的である．2000年以降の建物では，接合部に金物を多用する点も特徴といえる．**伝統的構法**は，耐震要素を補助的に有するが，鉛直・水平荷重とも軸組架構で支持する構法である．接合部を金物ではなく**木組み**で構成することを特徴とし，木材間の接触のみで成立させる部位もある．広く**社寺建築**に採用され，無等級材を利用する場合も少なくないため，設計には高い専門知識が必要となる．

d. 木質構造の構造設計

木質構造の構造設計は，木造住宅とそれ以外で大きく異なる．規模によるが2階建て以下の木造住宅の設計は，**仕様規定**に頼る部分が多く，簡易な計算で最低限の安全性が担保される．大規模構造物や仕様規定を満足しない場合は，他の構造形式とほぼ同様の計算ルートが適用されるが，木材の性質を反映した構造計算が必要となる．CLT（cross laminated timber）など，新たな木質材料の開発は近年でも続いており，今後の設計方法の継続的な更新が予想される．

3.1.4 その他の構造
a. 鉄骨鉄筋コンクリート造（SRC造）
鉄骨鉄筋コンクリート造（steel reinforced concrete：SRC）は，鉄骨造とRC造を組み合わせた構造である．図10(a)，(b)のように，RCの断面内に鉄骨部材を内蔵しており，外見はコンクリート造である．SRC造は，RC造と鉄骨造の長所を兼ね備えた構造となる．ただし，施工は煩雑で工期が長くなる．図11(a)などの超高層建物等に採用されている．

b. コンクリート充塡鋼管構造（CFT造）
コンクリート充塡鋼管構造（concrete filled tube：CFT）は，鋼管の中にコンクリートを充塡した構造である（図10(c)）．鋼管には角形鋼管と円形鋼管がある．鉄筋と型枠が不要であるが，施工は困難な点もある．鉄骨造の座屈をコンクリートが補剛し，コンクリートの圧壊を鋼管が補剛し，この特性は相互拘束効果とよばれている．また，鋼管の熱はコンクリートに伝達されるため，耐火性に優れている．以上，CFT造は強度や変形性能に優れており，図11(b)などの超高層建物やメガストラクチャーなど，多くの建物に採用されている．

c. プレストレスト・コンクリート構造（PC造）
プレストレスト・コンクリート構造（prestressed concrete structure：PC．PSともよばれる）は，図12に示すように，コンクリートの中に高張力鋼線や高張力棒鋼などを埋め込み，これらに緊張力を与えることで，コンクリート部材にあらかじめ圧縮力を与えた構造である．引張や曲げを受けた部材は，断面内に引張応力が発生するが，あらかじめ与えられた圧縮力によって引張応力を打ち消すことができる．これにより，コンクリートのひび割れを防止することができる．また，断面を比較的小さくできる．

d. プレキャスト・コンクリート構造（PCa造）
プレキャスト・コンクリート構造（precast reinforced structure：PCa）は，図13のように現場以外で製造されたRC部材を現場へ運び，組み立てる構造である．工場で製造するため，天候などに左右されず，品質と寸法精度の高い構造となる．

e. 合成構造
合成構造（複合構造，ハイブリッド構造ともよばれる）は，複数の構造材料や構造種別を組み合せた構造の総称である．

合成部材は，図14に示すようにSRC造やCFT造など，複数の材料を合わせて構成した部材である．**混合構造**は，複数の構造材料や構造種別の部材を組み合わせて構成した骨組である．

例えば，CFT柱とS造の梁の混合構造は，鉄骨の比強度・比剛度を利用して，大スパン空間の骨組に採用されることがある．また，木材の風合いを生かした大規模な建物を設計する場合，木造だけでは構造性能や耐火性が不足する場合がある．そのような場合，木造とRC造や鉄骨造との合成構造が採用されることが

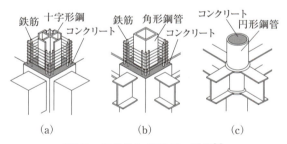

図10　SRC造とCFT造の詳細[4]

(a)東京都庁　　　(b)渋谷ヒカリエ

図11　SRC造とCFT造の一例

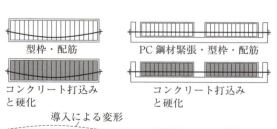

図12　PC造の原理

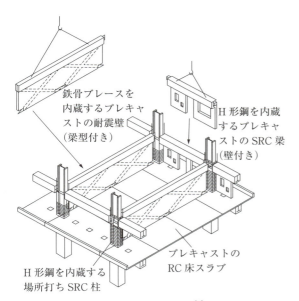

図 13　PCa 造の詳細[4]

図 15　混合構造（木材会館）

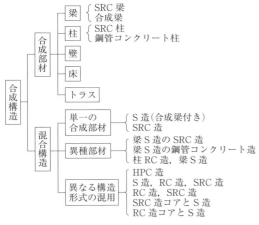

図 14　合成構造の分類

(a) 東京ドーム　　　(b) グランルーフ

図 16　膜構造

(a) 東京駅丸の内駅舎　　(b) 三菱一号館美術館

図 17　組積造

ある（図 15）．

f. 膜構造

膜構造は，**空気膜**と**張力膜**に大別される．空気膜構造は，図 16(a) のように，ドーム内の内圧を外気圧よりわずかに高くすることで膜を支持し，形状を維持する．張力膜は，膜に張力を与えて形状を維持させる．後者の場合，膜に張力を与える必要があるが，図 16(b) のように，骨組を併設して張力を導入する機構を設けている．時間の経過とともに膜の緩みが発生することがあり，張力を再導入できる機構を設けるなどの対策が必要である．

g. 組積造

組積造は，天然材料の石材や，粘土を焼き固めたれんがなどを積み上げて構成したものである．地震には弱いため，地震の少ないヨーロッパなどでは採用されているが，地震国日本では，骨組構造や免震構造と併用して用いられることがある（図 17）．

3.1.5　コンクリートの材料特性

a. コンクリートについて

古代より建築用の構造材料として，石材と木材が主に使用されてきた．近代建築においては，これに鋼材が加わり，そして，石材の代わりにコンクリートが現れ，建築構造物の大規模化・高層化の要求に応えている．コンクリートとは一言でいえば，「人工の石」である．石材が地球の巨大なエネルギーをもとにした熱

と圧力によって長い年月をかけてつくり出されたものであるのに対して，コンクリートは石（骨材）をセメントと水の水和反応によって固めることで人工的につくり出される．

b. 応力-ひずみ関係

コンクリートの応力-ひずみ関係は，円柱供試体（直径 100 mm×高さ 200 mm）の圧縮試験から得られる（図 18）．図中の曲線はコンクリート強度の高いものと低いものを示している．

コンクリートで強度というと**圧縮強度**を指す．コンクリートは引張力に弱く，圧縮破壊時の応力度の 1/10 程度で破壊する．このようなことから一般の設計ではコンクリートの**引張強度**はないものと仮定される．

各曲線の応力度の最も高い点のひずみ度（圧縮強度のときのひずみ度）は 0.002 程度であり，圧縮強度の点からのひずみ度の増加に伴う応力度の低下は圧縮強度の高いものほど急となる．このことは高強度のものほど脆性的な破壊（粘りのない破壊）となることを意味している．

円柱供試体の側面から拘束したときの応力・ひずみの関係の変化を図 19 に示す．側面から拘束力を与えることにより圧縮強度が上昇し，かつ，脆性的な破壊が改善されることが知られている．

c. 圧縮強度と許容応力度

一般の建物に使用されているコンクリートの圧縮強度は 18〜60 N/mm² である．実用化される強度レベルは年々上昇しており，最近では 100 N/mm² のものが 50 階建の高層鉄筋コンクリート建物に使用された．比較のため石材の強度を示すと，花崗岩 150 N/mm²，安山岩 100 N/mm²，大理石 120 N/mm² 程度であり，コンクリートは，これら石材の強度レベルにようやく到達しようとしているといえる．

コンクリートは，持続的に荷重を受けるとひずみが進行する現象（**クリープ**）が生じる．コンクリートの長期許容応力度は，長期荷重下でのクリープ等を考慮し，圧縮強度の 1/3 として定められている．また短期許容応力度は，その 2 倍の値とされている．

d. ヤング係数

ヤング係数は応力-ひずみ関係における初期の傾きである．コンクリートの場合，鋼材と異なり，応力度が上がると直線関係はすぐに消滅してしまう．このため，通常は圧縮強度の 1/3 の点と原点を結ぶ直線の傾きでヤング係数を定義している（図 20）．

一般的に，ヤング係数は式(1)で表される．鋼材のヤング係数が強度等の違いにかかわらず一定値であるのに対して，コンクリートのヤング係数は，圧縮強度・単位体積重量に依存し，使用粗骨材・混和材の違いにも影響を受ける．なお，コンクリートのヤング係数は鋼材の約 1/10 程度である．

$$E_c = 3.35 \times 10^4 \times \left(\frac{\gamma}{24}\right)^2 + \left(\frac{F_c}{60}\right)^{\frac{1}{3}} \ [\text{N/mm}^2] \quad (1)$$

ここで，γ：気乾単位体積質量，F_c：設計基準強度．

3.1.6 鋼の材料特性

a. 鉄と鋼

RC 造の鉄筋や鉄骨造の**鋼材**は，鉄（Fe）を主成分として炭素とその他元素を含有した合金である．特に，鋼材は鉄に約 0.02〜2% の炭素（C）が含まれたも

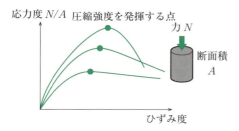

図 18　コンクリートの応力-ひずみ関係

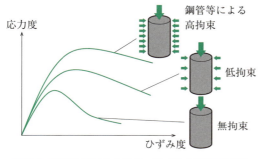

図 19　拘束効果による応力・ひずみの関係の変化

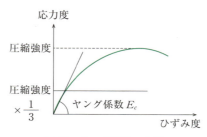

図 20　ヤング係数の定義

図21　鉄筋[4]

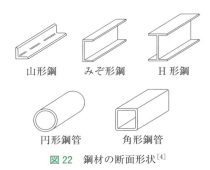

図22　鋼材の断面形状[4]

図23　鋼材の引張試験の様子

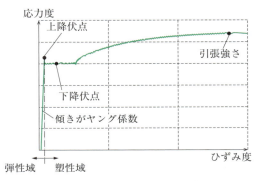

図24　鋼材の応力-ひずみ曲線

のであり，炭素量が少ないと軟らかくて弱く，炭素量が多くなると強度と硬さが増す．ただし，炭素量が多くなりすぎるともろくなる．

このように，鋼材の性質は炭素量と深い関係があり，炭素鋼ともよばれる．鉄骨造では，炭素含有量が約0.12〜0.30%の**軟鋼**が使用される．工具類などは，炭素量0.50%以上の硬鋼が用いられる．また制震構造で用いられる制震装置の中で，金属系材料のダンパーが採用される場合，変形能力に優れた極軟鋼（炭素量は約0.12%以下）が使われる．

鉄筋と鋼材の形状について，鉄筋は表面に突起が設けられた**異形鉄筋**と突起のない**丸鋼**がある（図21）．また，鉄骨造の鋼材は，さまざまな断面形状がある（図22）．

b. 応力-ひずみ関係

建築材料の強度や硬さ，変形能力などは材料特性や**機械的性質**などとよばれる．鋼材の材料特性は，図23のような引張試験によって得ることができる．引張試験によって得られた結果について，横軸にひずみ度（伸び量），縦軸に応力度（単位面積あたりの荷重）を描くと図24のような曲線（応力-ひずみ曲線）が得られる．なお，鋼材は引張と圧縮でおおむね同じ曲線が得られる．

載荷開始直後は，応力度とひずみ度が比例関係を示し，この範囲で力を取り除く（これを除荷とよぶ）ともとの変形に戻る．これを**弾性**とよぶ．一方，力を取り除いても変形が戻らない状態を**降伏**とよび，弾性と降伏の境界を**降伏点**，または**弾性限**とよぶ．

弾性域では，応力度とひずみ度はヤング係数を比例定数とする比例関係にある．降伏点を超えると，応力度がほぼ一定のままひずみ度が増大する**降伏棚**が現れる．降伏棚には，最大と最小の応力度があり，それぞれ**上降伏点**，**下降伏点**とよび，材料特性としての**降伏強さ**となる．降伏棚でひずみが進行したあと，応力度が上昇する．これを**歪硬化**とよぶ．その後，最大耐力点に達し，破断するときの応力を**引張強さ**といい，ひずみ度を**一様伸び**という．また，降伏強さを引張強さで除したものを**降伏比**という．破断したときのひずみ度を**破断伸び**という．

4.3.2項で示されている鋼材の許容応力度として，短期許容応力度は降伏強さを基準とし，長期許容応力度は安全率1.5として定められている．

例えば，国立西洋美術館の増築部で使用されているSD345は，降伏強さ345〜400 N/mm²である．

3.2 耐震・免震・制震構造

建物を地震から守るための構造

日本は地震大国である．大地震時に建物内の人命を守り，建物が崩壊しないように，従来より耐震構造としてきた．一方，近年では，大地震時に人命を守るのは当然のこと，建物の機能維持や事業継続性能の向上を目指し，より高度な耐震形式である免震構造，制震構造が多くの建物に適用されている．

1959（昭和34）年竣工当時の国立西洋美術館本館は耐震構造であったが，大地震時の建物の安全性の確保および文化遺産である建物と収蔵物の保存性を強化するため，1998年の耐震改修時に図1に示す免震構造とする免震レトロフィット（7.5節参照）が行われた．

国立西洋美術館に用いられる免震支承

免震構造では，地震時に柔らかく変形することにより建物の周期を伸ばす免震支承で上部構造を支える．国立西洋美術館では免震支承として図2に示す高減衰積層ゴム支承が採用されている．高減衰積層ゴムは天然ゴム系と同じ構造を有するが，使用しているゴム材料自体が減衰性能を有している．そのため，免震装置として地震エネルギーを遮断する機能だけではなく，エネルギーを吸収する機能を兼ね備えている．

国立西洋美術館の免震構造と振動特性

国立西洋美術館の免震構造は，図1に示すように，既存基礎・新設基礎の間に免震層がある基礎免震となっている．図2のように各柱下に高減衰積層ゴムが1基ずつ配置されている．免震構造の大きな特徴の一つとして，上部建物の固有周期を伸ばし地震エネルギーを遮断する点が挙げられる．国立西洋美術館の上部建物自体の固有周期は約0.2秒である．一方，免震構造の固有周期は，稀に発生する中地震時に2秒以上，ごく稀に発生する大地震時に2.5〜3.0秒となる．このとき，免震層の応答最大変位が30 cm程度となることが想定されている．このため使用する高減衰積層ゴムの許容変位は，40 cmと余裕をもたせた設計をしている．また，建物と基礎との間に大きな変形が発生することから，図3に示すように，周辺地盤との間にクリアランスを設けている．

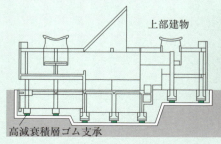

図1　国立西洋美術館の免震構造

図2　高減衰積層ゴム支承の設置状況

図3　周辺地盤とのクリアランス
（所蔵：清水建設株式会社）

3.2.1 各構造の特徴と適用の考え方

建物を大地震から守るための構造形式として**耐震構造，免震構造，制震構造**があり，人命保護，財産保全，機能維持の役割を担う（図4）．

どの構造形式を採用するかは，次項以降に記述する構造原理の違いのほか，建物の立地条件，地震環境も重要な要素となる．例えば，液状化が予測されるような軟弱地盤では，免震構造を避けるケースが多い．さらに，初期コストやメンテナンス費用，大地震後の修復性，機能性を総合的に判断し，設計者と施主との話し合いにより，どの構造形式にするかが決定される．一般的に，免震・制震構造は耐震構造よりも耐震性は高いが，コストはやや大きい．しかしながら，将来発生が予測される大地震に対する備えとして，また建物の居住者や利用者への説明責任として，免震・制震構造を積極的に採用するケースが増加している．

3.2.2 耐震構造

a. 構造原理

耐震構造は，地震に抵抗し耐える構造である．現行の耐震基準は，1981（昭和56）年6月1日に改正された建築基準法がベースとなっている．その設計目標は，次のようにまとめられる．①建物の存在期間中に数度遭遇することを考慮すべきまれに発生する地震（レベル1）に対して，ほとんど損傷が生ずることがない．②建物の存在期間中に一度は遭遇することを考慮すべききわめて稀に発生する地震（レベル2）に対して倒壊・崩壊するおそれがない．

主要な耐震構造として，ラーメン構造，壁式構造を代表とする構造形式が採用されている．このとき地震に対するエネルギー吸収は，骨組などの強度と損傷後の粘りのほか，構造自体や非構造材との摩擦等で発生する減衰，建物から地盤へ伝わる振動に起因する逸散減衰により行われる（図4）．

b. 代表的な適用例

1995年兵庫県南部地震より前では，国内のほぼすべての建物は耐震構造であった．1959（昭和34）年竣工当時の国立西洋美術館も耐震構造であった．超高層ビルの黎明期に西新宿に建設された建物群の多くも，耐震構造で建設された（図5）．耐震構造は現在でも最も主流となる構造形式である．

c. 柔剛論争と超高層ビル

1923（大正12）年の関東大震災以降，国内では大地震に対する耐震性能に関し，建物を強固にして抵抗させる剛構造と，地震の揺れを風を受ける柳のように回避する柔構造の優劣に関する，いわゆる**柔剛論争**が発生した．図5に示した初期の超高層ビル群は，周期の短い地震動が増幅することを避け，柔構造によって建てられた．一方，近年では，長周期地震動の発生による建物の大きな揺れが問題視されており，後に述べる制震機構を付与し耐震効果を高める検討も進められている．

3.2.3 免震構造

a. 構造原理

免震構造は，建物の下に積層ゴム支承やすべり，転がり支承などの免震支承を組み込み，地震動が建物に伝わらない仕組みとしている．同時に，免震層にダンパーとよばれる振動エネルギーを吸収する装置を設け，効率的に建物の揺れを低減させている．

b. 免震支承とダンパー

免震構造では免震支承により上部構造を支えるとともに，大地震時には大きく変形することにより，地震のエネルギーを遮断し，地震後にはもとの位置に戻る必要がある．免震支承は，薄いゴムと鉄板を交互に重ねて構成する天然ゴム積層ゴム支承が多く用いられる（図6）．積層ゴムは上部構造を安定して支持しながら，ゴム層厚の3～4倍の水平変形性能が得られる．

免震層では建物を支え地震時に長周期化させる免震

図4　耐震・免震・制震構造のイメージ[1]

図5　西新宿の超高層ビル群

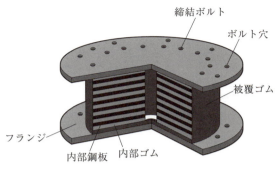

図6　積層ゴム支承

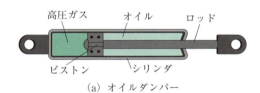

(a) オイルダンパー

(b) 鉛ダンパー

(c) 鋼材ダンパー

図7　ダンパーの種類
(提供：(b)，(c)住友金属鉱山シポレックス株式会社)

支承のほかに，建物の振動を低減させるダンパー機能が必要となる．積層ゴム支承自体にダンパー機能を付与したものとして，国立西洋美術館にも用いられている高減衰積層ゴム支承と，積層ゴム支承の中心部に鉛ダンパーを組み込んだ鉛プラグ入り積層ゴム支承がある．

一方，天然ゴム積層ゴム支承を用いた場合には，別途ダンパー機能を併用し，建物の振動を低減させる工夫が必要となる（図7）．油の粘性を利用するオイルダンパー，鉛や鋼材の弾塑性特性を利用してエネルギー吸収を得る鉛ダンパー，鋼材ダンパーがある．

c. 免震層

免震層として，基礎と1階もしくは地下階の間に免震支承を設ける基礎免震が最も一般的である．基礎免震とする際には，上部建物と基礎の間に大きな変形が生じることから，建物の周りに最低でも30〜40 cm以上のクリアランスを設ける必要がある．建物の出入

(a) 大学の講義棟

(b) 知粋館（3次元免震構造）

図8　免震構造の適用例

り口や外部と建物内部をつなぐ配管等については，変位差に追従可能な機能をもたせる必要がある．建物周辺のクリアランス確保が難しい場合は，1階の柱上部に免震支承を設ける柱頭免震や，より高層階を免震層とする中間階免震が用いられる．

d. 適用例

1983年に日本で最初の免震構造となる住宅が建設された．1995年兵庫県南部地震で兵庫県三田市に建つ免震建物の地震記録で免震効果が実証されて以降は，中高層マンションや病院，官公庁舎，学校建築（図8(a)）等に幅広く適用されている．2011年には水平動のほか，上下地震動にも免震効果がある図8(b)の3次元免震マンションが東京・杉並区に建設された．水平方向の揺れには積層ゴムで，上下方向の揺れには空気ばねで地震エネルギーの入力を遮断している．いずれも2011年東北地方太平洋沖地震で，免震効果が確認されている．

3.2.4　制震構造

a. 構造原理

制震構造は，耐震構造にダンパー等の地震エネルギーを吸収する機構を付与し，積極的に地震の揺れを低減させる構造である．この減衰効果により中小地震時の揺れを低減させるとともに，建物の躯体への損傷を抑え，居住性を向上させることができる．

b. 振動制御の方法

制震構造に用いられる振動制御の方法は，何らかの方法で制御力を外部から与えて振動を抑える**アクティブ制震**，建物の中にダンパー等の部材を組み込み減衰作用を高める**パッシブ制震**に大きく分類される．前者には，外部からのエネルギー供給により建物頂部に設置した可動質量を駆動させるアクティブ・マス・ダンパー（AMD）や，アクチュエータとよばれる装置により制御力を作用させるものがある．後者には，免震

（a）オイルダンパー　（b）鋼材ダンパー

図9　制震構造に用いられるダンパー
（提供：(a)三和テッキ株式会社，(b)日本免震構造協会）

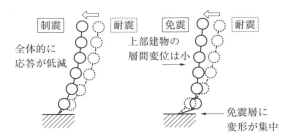

図11　免震，制震構造の地震時の揺れ方のイメージ

（a）台北101と同調型マスダンパー　（b）新宿センタービルと新宿三井ビル

図10　制震構造の適用例

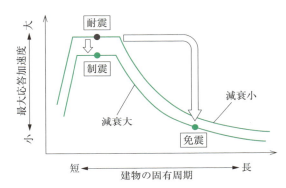

図12　加速度応答スペクトルによる地震応答低減効果

構造と同様にブレース中にオイルダンパーや鋼材ダンパーを組み込むタイプ（図9），建物頂部に付加質量を設ける同調型マスダンパーがある．

c．適用例

1989年に日本で最初となるAMDを用いたアクティブ制震構造の事務所ビルが東京都・京橋に建設された．また2009年には，免震構造とアクチュエータによるアクティブ制震を組み合わせたシステムを導入した研究施設がゼネコンの技術研究所に建設された．

パッシブ制震構造は，低層から超高層建物に至る幅広い建物に適用されている．図10(a)の台北101では最上階に耐風用のマスダンパーが設置されており，展望台に見学スペースがある．近年では，耐震構造であった既存超高層建物の耐震改修時に，パッシブ制震を採用するケースもある．図10(b)の新宿センタービル，新宿三井ビルでは，それぞれブレース型のオイルダンパー，同調型マスダンパーが採用されている．

3.2.5　免震効果と制震効果

免震，制震構造の揺れ方のイメージを図11に示す．制震構造の場合，ダンパー等により減衰が大きくなり，建物の揺れが全体的に抑えられる．免震構造の場合，大地震時には免震層に変形が集中することにより，上部建物の変形が抑えられる．

免震，制震構造の地震応答低減効果を図12の加速度応答スペクトル（4.2節参照）のイメージ図で説明する．これは，横軸に建物の固有周期，縦軸に建物の最大応答加速度とし，いくつかの減衰定数についてプロットしたものである．縦軸の最大応答加速度は建物の揺れの激しさや，建物に作用する地震荷重の大きさを示す．

免震構造の場合，大地震時の減衰効果のほか，建物の固有周期の伸びが大きくなるので，制震構造より大きな応答低減効果を期待できる．2011年東北地方太平洋沖地震時には，強震記録やアンケート調査結果などにより応答低減効果が確認されている．

一方，巨大地震時に大都市部で発生する長周期地震動に対しては，免震構造の揺れの方が大きくなる場合もある．また都市直下の活断層等で発生するパルス性の地震動に対しては，減衰効果が表れにくい点にも注意が必要である（6.3節参照）．

3.3 荷重

荷重の種類

建物の構造設計や耐震補強を実施する場合，前提条件として建物に作用する荷重を正確に把握する必要がある．建物に作用する荷重および外力は建築基準法施行令第83条に設定されており，**固定荷重・積載荷重・積雪荷重・風圧力・地震力**がある（図1）．その他実況に応じて外力を採用する．地震力は**地震荷重**ともよばれ，地震大国である日本で構造設計をする場合に特に重要となる．

国立西洋美術館の固定荷重・積載荷重

構造設計者は建物を所有する施主や使用する居住者，建築設計者や設備設計者などと情報を摺り合わせたうえで，実況に応じて固定荷重や積載荷重を設定し荷重表を作成する必要がある．国立西洋美術館では，展示室・照明ギャラリー・事務室・屋根・機械室などの用途別に建物仕上げを整理して固定荷重表を，使用時の収容する物品や人間を考慮して積載荷重表を作成している．国立西洋美術館の総重量（地震用）は約7700 t となっている．

国立西洋美術館の設計用地震荷重

国立西洋美術館本館では1998年の耐震改修時に免震レトロフィットが行われた（7.5節）．免震構造の場合には，大地震が発生したときの建物の揺れ方や耐震性を検討するために，時刻歴応答解析による設計ルートで構造設計を行う必要がある．本建物では入力地震動として特性の異なる地震記録4波を採用し，2段階のレベルで最大速度を基準化して時刻歴応答解析を行い，その応答結果に基づいて**設計用地震荷重**を設定している．また，地震動の不確実性も考慮に入れて，より大きなレベルでの安全余裕度の検討も行われている．

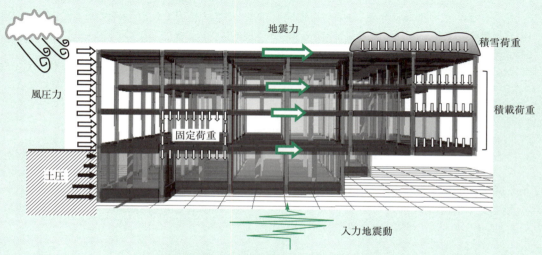

図1　国立西洋美術館で想定される荷重のイメージ

3.3.1 固定荷重，積載荷重

a. 固定荷重

固定荷重（dead load）は**死荷重**ともよばれ，骨組・仕上げ材などの建築構造物自らの重量または構造物上に常時固定されている物の重量である．

固定荷重の床荷重表を作成する際には，例えば，仕上げ材・仕上げ支持材・その緩衝材・床スラブ・床スラブのデッキ・設備機器・天井仕上げ材・天井からの吊り物等からなる構成を，正確に把握する必要がある．その際には，それらの重量だけでなく，厚さや高さも**床荷重表**で整理しておく．同様に固定荷重である，コンクリート版（PC版，ALC版）・軽量間仕切壁などの壁荷重も同じように，**壁荷重表**で整理しておく．

b. 積載荷重

積載荷重（live load）は**活荷重**ともよばれ，移動が困難でない家具・調度・物品などの重量のことであり，人間の重量も含まれる．

積載荷重の荷重表を作成する際には，さまざまな実況を反映するのには限界があり，一般的には床面積あたりの荷重を用い，スラブ用，ラーメン用，地震用が設定されている．スラブ用は最大実況，地震用は現実況，ラーメン用はその中間くらいイメージである．**表1**に施行令第85条などの積載荷重一覧を示す．

c. 荷重拾いと構造設計

構造設計の第一歩は，**荷重拾い**である．これは，建築意匠図を読みながら荷重を求める作業である．

このときに，建築空間やその空間で繰り広げられる活動をどの程度イメージできるかが重要となる．そのためには，日頃から多数の建築空間に触れ合い，どのような荷重が構造物に作用しうるかをイメージするとよい．

3.3.2 地震力

a. 地震力の考え方

大地震時には建物の人命保護や機能維持を考慮して，構造設計を行う．これは**耐震設計**ともよばれ，適切な地震荷重や入力地震動を設定する必要がある．許容応力度設計等に用いる地震力は，地震時に振動している建物に時々刻々変化して作用する力を，等価な水平力に置換したものである．

表1 積載荷重一覧 [N/m²]

室の種類	床構造	大梁，柱，基礎	地震力
a．居住室，宿泊室，病室	1800	1300	600
b．事務室	2900	1800	800
c．教室	2300	2100	1100
d．百貨店，商店の売場	2900	2400	1300
e．集会室（固定席）	2900	2600	1600
f．集会室（その他）	3500	3200	2100
g．車庫，自動車通路	5400	3900	2000
h．一般倉庫，倉庫	7800	6900	4900
i．可動書架を設ける書庫，電算室の空調機器，用具庫等	11 800	10 300	7400
j．機械室	4900	2400	1300
k．廊下，広間，玄関，階段	c～fに掲げる室に連結するものはfによる．		
l．屋上広場，バルコニー	aによる．ただし，学校または百貨店の用途に供する建築物はdによる．		
m．屋上（通常，人が使用しない場合）	1000	600	400
n．屋上（S造体育館，武道館等）	1000	0	0

b. 許容応力度設計等に用いる地震力

地震時に建物に作用する荷重は，建物の質量（重量を重力加速度で割ったもの）に加速度応答を掛けて得られる慣性力である．許容応力度設計等では，先に計算した固定荷重と積載荷重との和を建物重量として，これにある係数を掛けて地震力とする．地上部分に作用する地震力は，次式で与えられる．

$$Q_i = C_i \times W_i \tag{1}$$

ここで，Q_iはi階に生じる層せん断力，W_iはi階より上部の建物重量の総和である．C_iは層せん断力係数とよばれ，以下の式で表される．

$$C_i = Z \times R_t \times A_i \times C_0 \tag{2}$$

c. 地震地域係数と振動特性係数

式(2)のZは地震地域係数とよばれる定数である．過去の地震記録により得られた地震動の期待値の相対的な比を表す数値であり，**図2**に示すように1.0を基本とするが，日本海側，九州・四国を中心に地震活動

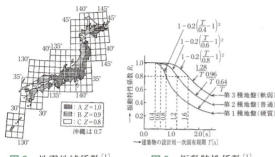

図2 地震地域係数[1]

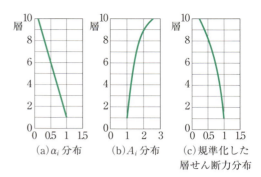

図3 振動特性係数[1]

図4 10階建ての地震層せん断力分布係数等の高さ分布
(a) α_i 分布　(b) A_i 分布　(c) 規準化した層せん断力分布

が低い地域では 0.7〜0.9 の数値が規定されている．東海地震の発生を懸念する静岡県などでは，県の条例として県全域で 1.2 を採用している．

式(2)の R_t は振動特性係数とよばれ，建物の固有周期および地盤の種別に応じた影響を考慮する係数である．1.0 を基本とするが，建物と地盤の揺れの関係を考慮し，固有周期が長いほど，また地盤が硬質なほど係数が低減し，地震力が小さくなるように規定されている（図3）．

d. 地震層せん断力分布係数

式(2)の A_i は，i 階の地震層せん断力分布係数で，A_i 分布とよばれる．高さ方向の重量比と設計用一次固有周期 T[s] により変化し，以下の式で表される．

$$A_i = 1 + \left(\frac{1}{\sqrt{\alpha_i}} - \alpha_i\right) \times \frac{2T}{1 + 3T} \quad (3)$$

ここで，α_i は最上部から i 階までの重量の和を地上部の全重量で割った値である．建物の高さ方向の重量が均一であれば，0〜1 まで線形に変化する．図4(a)は10階建てで，各階重量が均質である場合の α_i の分布である．

この α_i を利用し，10階建て建物で設計用一次固有周期 $T = 1.0$[s] としたときの A_i 分布を図4(b)に示す．最下層が 1.0 で，建物の上階になるほどこの値が大きくなる．

e. 標準ベースシア係数

式(2)の C_0 は建物最下層の層せん断力分布係数で，標準ベースシア係数とよばれる．建物全体を真横にし，片持ち梁のような状態を仮定すると，そのときの最下層に生じるベースシア係数が 1.0 となる．C_0 として一次設計用には 0.2 が，保有水平耐力計算時には 1.0 が用いられる．図4(c)は式(1)の層せん断力の高さ方向の分布である．1層目の層せん断力を 1.0 に規準化している．各層にこの層せん断力が作用したと仮定し，部材等の応力を求める．

3.3.3 時刻歴応答解析に用いられる入力地震動

a. 設計用入力地震動

実際の地震動や建物応答は時々刻々振幅が変化する．この影響を構造設計に取り入れるために時刻歴応答解析を行う必要がある．特に，高さが 60 m を超える超高層構造物や免震構造物を対象とした設計ルートでは時刻歴応答解析は必須となる．この際，建物モデルに入力する地震動を，**設計用入力地震動**とよぶ．

特性の異なる地震動数波を設計用入力地震動として採用し，時刻歴応答解析を行う．その応答結果に基づき設計用地震荷重を設定し，変形状態を確認する．地震動の振幅レベルは，稀に発生する地震動（レベル1），きわめて稀に発生する地震動（レベル2）のそれぞれに対し設定する．

b. 既往波

設計用入力地震動として，過去に観測された地震記録のうち，エルセントロ（NS）波，タフト（EW）波，八戸（NS）波とよばれる既往3波を用いる場合が多い．これらは数十年以上前に観測された古い地震記録であるが，現在でも超高層建物や免震建物の耐震設計で用いられている．国立西洋美術館本館の時刻歴応答解析でも，この3波が用いられている．レベル1では最大速度を 25 cm/s で，レベル2では 50 cm/s で規準化して振幅を調整する．

c. 告示スペクトルと告示波

免震構造物や超高層構造物の時刻歴応答解析では，平成12年建設省告示第1461号で規定される減衰定数

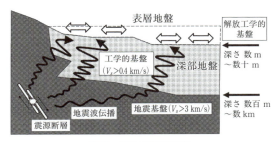

図5 解放工学的基盤

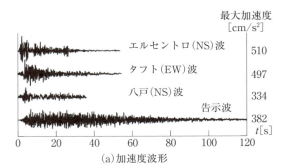

(a) 加速度波形

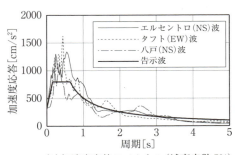

(b) 加速度応答スペクトル（減衰定数5%）

図6 既往3波と告示波（レベル2）

5%の加速度応答スペクトル（4.2.5項d）に基づき，設計用入力地震動を策定する必要がある．これは**告示スペクトル**とよばれ，図5に示すS波速度V_sが0.4 km/s以上の工学的基盤が露頭した位置である**解放工学的基盤**で規定される．告示スペクトルに基づき，人工的に作成した地震動を**告示波**とよぶ．通常は，地震動の継続時間が120 s程度となるように作成する．これに建物の建設地点における浅い地盤（表層地盤）で増幅する効果を加味した地震動を，設計用入力地震動とする．近年では，海溝型巨大地震の発生に備え，より振幅レベルが大きく，継続時間も500 sを超える地震動に対する検討を行うケースもみられる．

告示波を含むレベル2の設計用入力地震動の加速度波形と加速度応答スペクトルを図6に示す．

3.3.4 積雪荷重・風圧力

a. 積雪荷重

多雪地帯では，積雪単位荷重・屋根水平投影面積・垂直積雪量に基づいて**積雪荷重**を算出する．

近年の記録的な大雪で，建物・工場・倉庫・アーケード・カーポートなどの構造的な被害が報告されている．そのため，垂直積雪量は各行政機関でも数値が更新されることが多い．

b. 風圧力

風圧力は，風力係数と速度圧の積により算出する．風力係数は建物形状や閉鎖性（建物がどれだけ密封されているか）によって風圧が変化することから，図7の状況に基づいて決定する．一方，速度圧は日本列島を地方区分で想定される風速ごとにコンター表現した基準風速（図8）や，地表面の開発状況や海岸線や湖岸線からの距離で決定する地表面粗度区分により算出する．なお，地表面粗度区分は，特定行政庁が定める地域もあり，Ⅰ～Ⅳの4段階が定義されている（図9）．

図7 建物形状と風圧分布の関係

図8 基準風速分布図[1]

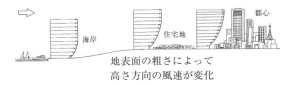

図9 地表面の状態と風速分布の変化[2]

3.4 外皮の熱性能

外皮の熱の逃げやすさ

冬季に暖房を行うと，外壁や窓，屋根などの外皮から外部に向かって熱が流出する．外皮の断熱性を高くすることによって外部に向かう熱損失が低減し暖房用エネルギーの削減が図られるほか，室内の快適性も向上する．断熱性の向上は夏季においても一定の効果がある．外皮の断熱性は，室内外の温度差が1Kのときに通過する単位面積あたりの熱流［W/(m²·K)］（熱貫流率）で評価できる．

図1は，国立西洋美術館の主要な外皮の熱貫流率を示したもので，窓ガラスの熱貫流率が高く，熱が逃げやすい（夏季は侵入しやすい）部位であることがわかる．この建物では改修時に外壁に断熱材を新たに吹き付けたり，一部の窓を複層ガラス（2枚のガラスの間に中空層を設ける）に取り替える工事が行われており，これらの部位の熱貫流率が減少している．

建物全体の断熱計画

建物全体の断熱性能を高めるためには，面積が大きい部位，および熱的な弱点となりやすい窓の断熱性を高めることが重要である．

国立西洋美術館の外皮の概略の面積割合は図2に示すとおりであり，屋根の面積割合が大きい．一方，内外温度差が1Kのときの部位の熱損失［W/K］は，熱貫流率［W/(m²·K)］とその部位の面積［m²］を乗じることによって得られる．この熱損失の部位別内訳（図3）によると，屋根および窓の断熱性を高めることが暖房用のエネルギー削減に効果的であることがわかる．なお，断熱改修には冬季，夏季の外皮近傍の室内環境改善効果，および冬季における室内側表面での結露防止の効果もある．また，電力消費等に起因する室内の発熱が多かったり，大型建物の場合には，断熱性をやみくもに高めても冷房用を含む年間の省エネルギーにつながらないことがある．

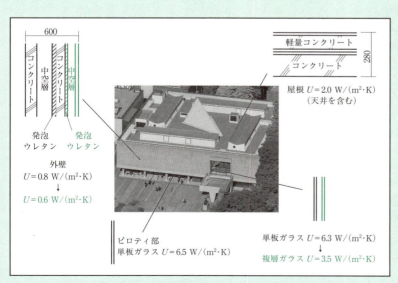

図1 外皮の主な構成と熱貫流率 U ［W/(m²·K)］（緑は改修後の仕様）

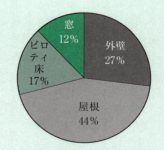

図2 外皮面積の内訳（創建時）

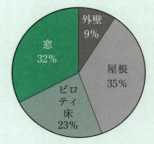

図3 外皮の熱損失の内訳（創建時）

3.4.1 外皮の熱性能の重要性

厳しい外部環境（や外敵）から身を守るシェルターという建築本来の目的に立ち返るまでもなく，外壁・窓など建築外皮の熱性能は，室内温熱環境や冷暖房エネルギー消費のみならず建築意匠との関連も深い重要な項目である．地球温暖化対策の観点からは，工業・農業・交通など人類活動の全分野の中で建築（住宅含む）分野の影響は大きく，CO_2排出削減ポテンシャルも最大と期待されている[1]．それだけ建築内での生活・活動に係るエネルギー消費が全体として大きいことを意味しているが，中でも冷暖房用エネルギーが大きな割合を占めていることを考えると建築外皮の熱性能の重要性は明白である．断熱性，日射遮蔽性・取得性，気密性などについて十分な熱性能を確保すれば，外が厳しい環境であっても室内を快適に保つこと，あるいはより少ないエネルギー消費で快適に保つこと，が可能となる．また各部位の基本性能が高いほど，窓の開閉や遮蔽物の調整などにより，内外のより幅広い状況に対して対応できることになる．

a. 断熱性能

特に内外温度差の大きい冬季など，断熱性能が低い場合は，単に室温維持により多くの暖房用エネルギーを要するだけでなく，室温を維持したとしても外壁等の室内側表面温度は低下し，コールドドラフト，冷放射，結露，大きな室温上下温度分布（足元の寒さ）など室内温熱環境の水準は低いものとなる（**図4**）．

外壁や窓など建築部位の断熱性能の指標には**熱貫流率**が用いられる．

熱貫流率Uは，式(1)のように，熱貫流抵抗R_t（壁体を構成する各層の**熱抵抗**と内外の表面熱伝達抵抗の和）の逆数として表され，内外の気温1 K差あたり単位面積[m²]あたり流れる熱流を表している．部位別の熱貫流率の代表例を**図5**に示す．

$$U = \frac{1}{R_t} = \frac{1}{R_o + \sum R_j + R_i} \ [\mathrm{W/(m^2 \cdot K)}] \quad (1)$$

ここで，R_t：熱貫流抵抗，R_o：屋外表面熱伝達抵抗 $= 1/\alpha_o$（α_o：外側総合熱伝達率），R_j：第j層の熱抵抗 $= l/\lambda$（l：材料の厚み，λ：**熱伝導率**），R_i：室内表面熱伝達抵抗 $= 1/\alpha_i$（α_i：室内側総合熱伝達率）

式中にある各層の熱抵抗R_jは，層の厚みと材料の熱伝導率で決まる．建築で用いる代表的な材料の熱伝導率λはおおむね四つのグループに大別でき，鋼材・アルミなどの金属，コンクリート・タイルなどの石材系材料，木材などの木質系材料，断熱材の四つのグルー

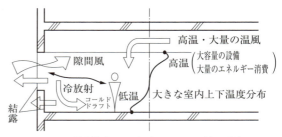

図4 外皮性能が不十分なケース（冬の例）

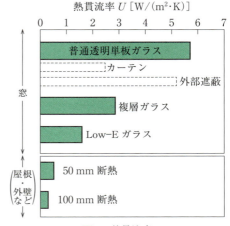

図5 熱貫流率

表1 主な建築材料の熱伝導率

材料名		熱伝導率 λ [W/(m·K)]	
		乾燥	湿潤
金属	鋼材	45	—
	アルミニウム	210	—
	銅	370	—
石材系	コンクリート	1.3	1.5
	タイル	1.3	
	ガラス	0.78	
木質系	合板	0.15	0.18
	木材	0.12	0.14
	木毛セメント板	0.15	0.18
断熱材	グラスウール	0.041〜0.051	0.045〜0.056
	フォームポリスチレン	0.037	0.038
	硬質ウレタンフォーム	0.027	0.028

プ間には，文字どおり桁違いの差があることがわかる（**表1**）．金属＞石材＞木質材＞断熱材，であることは容易に想像がつくにしても，定量的には，コンク

リートなど石材系材料を基準にすると，木質系材料の熱伝導率はおおむね1/10程度，断熱材ではさらにその数分の一程度であり，逆に金属では，石材系の数十から数百倍の値である．これは，断熱材の断熱性能が圧倒的であり，他の材料で同じ熱抵抗を確保するためには，木質系材料であっても数倍程度，石材系では数十倍（金属では数百倍以上とさらに非現実的）の厚さを要することを示している．断熱材の仕様（種類・厚さ）がきわめて重要な役割を果たすことがわかる．

また図5にも明らかなように，一般に建築外皮の中で断熱上最も弱点となる部位は，断熱材を用いることができない窓など透明部位である．まず単板ガラスを複層ガラスにすることで熱貫流率はおおむね半減し断熱性は大幅に向上する．さらにガラス間中空層内の対流による伝熱を抑えるためのアルゴン（Ar），クリプトン（Kr）など不活性ガスの封入や真空化，長波長放射による伝熱を抑えるための中空層内ガラス表面の低放射率化（Low-E化），などにより一層断熱性を向上させた高性能ガラスも広く用いられている．

b．日射遮蔽性能・取得性能

人類のエネルギー大量消費が問題とされる現時点においても，太陽から地球に降り注ぐエネルギーはその約1万倍と圧倒的に大きいことを考慮すると，建築における太陽エネルギーの制御・活用の重要性は明白である．そのためにはまず，緯度・季節・時刻ごとの太陽位置，日射の方位特性，紫外・可視・近赤外域の波長特性，などを正しく把握することが肝要である．

一般に，温暖・蒸暑地域では日射遮蔽性能，逆に寒冷地域では日射熱取得性能に，また用途別では，冷房が主体のオフィス等では日射遮蔽性能に，パッシブソーラーハウスはもとより住宅系用途では冬季を中心に日射熱取得性能に，より重点が置かれる．これら建築外皮の日射遮蔽性能・熱取得性能の指標にはともに**日射熱取得率**（省エネルギー基準の日射侵入率も同じ）が用いられる．

日射熱取得率とは，入射する日射のうち，室内に侵入する割合を示し，窓など透明部位では，図6のように，透過する成分のみならずいったんガラス等に吸収された後，室内に侵入する成分も含まれることに注意する必要がある．

$$\eta = \tau + a \cdot \frac{\alpha_i}{\alpha_o + \alpha_i} \tag{2}$$

外壁・屋根など不透明部の日射熱取得率は，式(3)で表される．

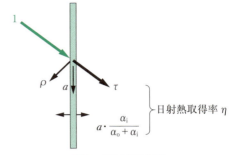

図6　日射熱取得率

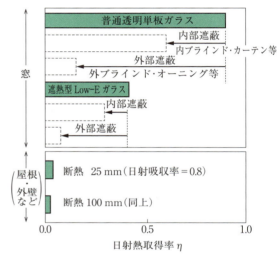

図7　主な外皮の日射熱取得率

$$\eta = \frac{\varepsilon \times U}{\alpha_o} \tag{3}$$

日射遮蔽性能を高めるため，すなわち日射熱取得率を小さくするためには，外表面日射吸収率 ε または熱貫流率 U を小さくすればよいことがわかる．

主な外皮仕様の日射熱取得率を図7に示すが，日射遮蔽性能においても，窓が弱点であり注意を要する部位であることが明らかである．日射のうち近赤外域成分を反射させる遮熱型Low-Eガラスなども有効であるが，自然な視界・開放感や採光を確保しようとする限り，ガラスのみの対応だけでは限界がある．また，カーテンやブラインドなど室内で日射を遮蔽しても，これらに吸収された太陽熱の大部分は室内に放熱され，冷房負荷となる．これに対し，庇，すだれ，外ブラインド，オーニングなど外部で遮蔽することは，吸収された熱の大部分が外界に放熱されることになり，きわめて効果的である．アサガオ，ゴーヤなどによる緑のカーテンや樹木も同様に大きな効果が期待でき

3.4 外皮の熱性能

図8　外皮の多層化・重層化の例（欧州ホテルの窓）

図9　エアフロー型窓，自動制御ブラインドなどの例
　　　（丸の内パークビル）

る．オフィスビル等においては，空調と連係させるエアフロー型窓やダブルスキンなどの手法も用いられている．

3.4.2 建築外皮における熱・光のコントロール事例

a. 外皮の多層化，重層化による対応事例

内倒しと縦軸回転での開閉が可能な複層ガラス窓の外側にブラインドシャッターとオーニング，室内側には薄手と厚手のカーテンが備えられており，これらの組合せを変えて，気温，日射，風向・風速，春夏秋冬，昼夜，天候など，さまざまな状況に対応することができる（図8）．

b. エアフロー型窓，自動制御ブラインド，照明などの制御と連携する事例

図9の超高層オフィスビルでは，庇・縦ルーバーなど外部遮蔽物，遮熱型Low-Eガラスを外側ガラスに用いたエアフロー型窓が用いられ，さらにガラス間中空層には明色の自動制御ブラインドが内蔵されており，日射を遮蔽しながらも自然な視界・眺望・開放感を確保しつつ昼光を導入し，照明用エネルギー，あわ

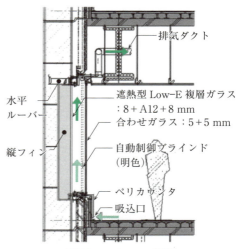

図10　エアフロー型窓

図11　ロレックス・ラーニングセンター

せて空調負荷も大幅に削減している（図9，図10）．

c. 臨機応変に外皮性能を変えて環境形成を図る事例

十分な断熱性能（床：15〜40 cm厚，天井：20 cm厚の断熱材，窓はLow-E複層ガラス）に加え，気温，日射，風向・風速など内外状況に応じて外ブラインドや自動開閉窓・トップライトを開閉し，室内の環境形成を図っている（図11）．

以上の日常の快適性・健康性の確保や地球温暖化対策とも直結する省エネルギー化という視点に加え，建築の長い寿命の中で遭遇しうるさまざまな状況，例えば巨大地震，台風，異常気象等の自然災害，事故，テロ等による電力・ガス等ライフラインの長期途絶などへの備えという視点からも，建築外皮が十分な基本性能を有し，幅広い状況に対応できることは強靭で持続可能な社会の構築のためにもきわめて重要と考えられる．

3.5 昼光照明計画

照明ギャラリーを中心とした開口部の役割

国立西洋美術館本館は，本来は各外壁面に平行に設置された照明ギャラリーから豊かな昼光が注ぎ込む設計となっている．照明ギャラリーの光は2階展示室のみならず，19世紀ホールにも流れ込むが，この光が単調な空間構成に時々刻々と変化を生み出し，かつ空間内における方向感覚を生み出す要因になっていたと考えられよう．また照明ギャラリーのみならず，19世紀ホールには北側に向いたトップライトが設けられ，また2階展示室の外壁2カ所には大きな開口部（窓および出入口）が用意されていたため，直射日光を含めた外界の変化を複雑に反映する光環境となっていたことが図1からは予想される．

国立西洋美術館本館の光環境実測調査

1990年代に照明ギャラリーのガラスが遮光塗膜で覆われ，自然光が遮断されることになった．2011年冬期にこの遮光塗膜を一部剝がして照明ギャラリーからの自然光の導入に関する実測調査を行った．晴天と曇天の昼間に，原則として人工照明をOFFにした状態で，2階展示室および19世紀ホールの光環境を測定した．外周壁面の鉛直面照度，つまり絵画を展示する壁面の照度は，晴天の場合（1月30日）は約1000 lxまで達していたが，曇天で直射日光が照射しない場合は日中でも200 lxを下回る値となっていた．壁面の輝度分布をみると，晴天下では400 cd/m^{2}を超える場合もあるが，曇天の場合は日中でも1〜10 cd/m^{2}程度と大きく落ち込んでいる．直射日光の制御を行っていないため，天候によって明るさが劇的に変化する空間になっている（図2）．

図1 19世紀ホールの光の流れ（モデリング：前田建設工業）

図は，竣工当時の開口部を再現して冬至15時で晴天を想定した場合の昼光シミュレーションを行った結果である．緑色の点がトップライトから入ってくる光（フォトン）の流れで，白い点は現在は閉じられている他の開口部からの光の流れを捉えたものである．現在よりも昼光が複雑に入射していたことを読み取ることができる．

図2 自然光導入実験時の写真（左から，トップライト外部，照明ギャラリー内部，2階展示室，19世紀ホール）

3.5.1 自然光の指標

a. 昼光率

昼光による照明設計をする際に厄介なことは，室内の照度や輝度分布が天候に左右されて安定しないことである．したがってある照度値を目標として照明設計する代わりに，天候に左右されにくい，より安定した値を基準とすることが考え出された．それが**昼光率**である．昼光率の算出式に含まれる**全天空照度**とは，天空光のみによる屋外の水平面照度を意味する．つまり昼光率はより不安定な**直射日光**は考慮に入れずに，室内のベースとなる明るさを確保するための指標となっている．

$$昼光率\ D = \frac{室内のある点の照度}{全天空照度} \times 100\ [\%]$$

開口部を含めた空間の形状・反射率などが変わらず，さらに天空が一様な輝度であれば，室内のある点の昼光率は，屋外の明るさが変化しても変わらない．ところが実際の天空は晴天・曇天を通して輝度分布は大きく変化するため，実際には昼光率は30％以上変化する場合もある．さらに昨今の昼光利用は直射日光の効果も考慮に入れることが増えているため，昼光率という指標の意義そのものが薄れつつある．

b. 新しい昼光指標

昼光率に変わる指標としてDaylight AutonomyやUDI（useful daylight illuminance）が提唱されている．いずれも直射日光の影響を考慮した指標である．

3.5.2 自然光の色

色温度は，その光源と同じ色の光を放つ黒体の絶対温度［K］で表す．黒体とはすべてのエネルギーを吸収かつ放射することが可能な仮想的な物体（完全放射体）で，温めると光り始め，温度が高くなるにつれて，オレンジ色 → 黄色 → 白 → 青白へと変化していく（図3）．

北窓から入る昼光は6500 Kを基準とするが，晴天日中や曇天時には10 000 Kにも達し，反対に日の出・日の入時には2000 Kのオレンジ色になる．最近では，昼光の色温度に合わせて室内の人工照明の色温度を変化させる制御も注目されている．

3.5.3 昼光利用制御

コンピュータ技術の発展や調色・調光の容易なLED照明の普及に伴い，昼光利用においてもより精緻なコントロールを可能とするシステムの開発・導入

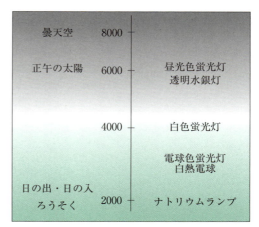

図3　昼光・各種光源の色温度[1]

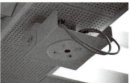

図4　昼光利用制御例
左：全体写真，右：照度センサー．

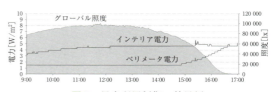

図5　昼光利用制御の効果例

が進んでいる（図4）．ペリメータ（窓側）の領域の照明消費電力量を日中は削減することができる（図5）．**昼光制御**においては**センサー**も重要となる．照度センサーが最も普及しているが，輝度画像センサーも使われるようになってきた．従来の照度センサーは室内の床面・机上面照度をJIS照明基準に定められた値以上に保つことを目的にしていたものが多いが，2016年建築学会照明環境規準では，昼光は主としてアンビエント照明を補助する役割と捉えて，壁面などの輝度分布によって環境を担保するように規準のあり方を切り替えている．その場合は壁面の照度さらには輝度分布を捉えていく必要があるため，センサーのあり方にも再考が求められよう．昼光の制御は自動ブラインドや開口部面積の操作によってなされることが多い．ただしメンテナンスについては十分に注意する必要がある．

3.6 音響設計

　美術鑑賞というと，美術館という静かな佇まいの中でゆっくりと名画を鑑賞する図が浮かぶ．押すな押すなの大混雑の中で著名な絵画の特別展を見るのは本来の姿ではない．

　もとより，美術館は音を聞くための空間ではなく，絵画や彫刻を見るための空間であるが，音環境がどうでもよいわけではない．その音響的雰囲気が美術鑑賞に寄与するところは大きい．

　例えば，石造の美術館に来場者が少ないとき，自分の靴音だけが空間に響き渡り，かえって静けさや空間の広がりを感じることがある．そうした音の響きに逆に静寂を感じ，心頭を減却して芸術に没入できるということもあるだろう．

　しかし，展示を見ることさえ満足にできない大混雑の中での美術鑑賞において，喧騒感を抑制するためには天井も壁も床も完全に吸音する以外打つ手がない．ただ，そのような響きのない空間で一人ぽつねんと絵画を見ても味気ない．

　コンサートホールのように名演奏（目的音）を聴く空間と異なり，美術館において音は主役ではなく雰囲気づくりをする脇役である．空間で音を聞く必要はないが音で空間を聴くことでさまざまな心象が形成され，美術鑑賞に大きな影響を与える．

　外部騒音や空調騒音は可能な限り低減するとしても，来場者の歩行音や会話音，ざわめきをゼロにすることはできない．逆に無音無響の空間は不自然で美術鑑賞の場としてもふさわしくない．空間の形や大きさに見合った響き，適度な反射音のあることが望まれる．

　展示室を連接する通路を狭くし，床，壁，天井に高度な吸音処理を施せば混雑時の騒音は確実に低減できるが，やはり過度な吸音は雰囲気を損なう．自身の存在が確認できる程度の反射音が返ってこないと人間は落ち着かない．音のない無響の実験室に数分間閉じ込められると身体に変調を来すという報告もある．

　狭い残響過多の空間では喧騒感が募るだけであるが，大空間では同じ残響時間であっても反射音はまばらにしか返ってこないので，広がり感はあっても喧騒感は少なく空間の豊かさを感じるものである．逆に狭い完全吸音の空間では無音の圧迫感さえ感じる．このようにみてくると，美術館においても音響的雰囲気づくりは重要な課題である．

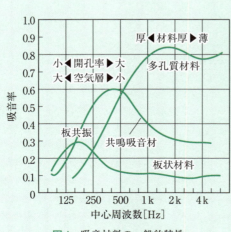

図1　吸音材料の一般的特性

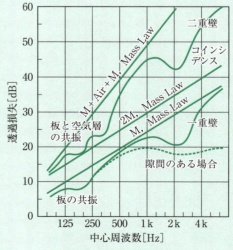

図2　壁体の一般的な遮音特性

3.6.1　音環境計画総論

建築分野における音環境計画とは，一口にいえば空間における音のふるまいをただすことだといえる．

音環境計画には，一般に聞きたい音をよりよく聞くための音響制御技術，すなわち「音生かし術」と，聞きたくない音や騒音を低減し静謐な環境をつくるための騒音防止技術，すなわち「音殺し術」があり，前者を室内音響計画，後者を騒音防止計画という．

例えばコンサートホールでは目的音である演奏が大きく明瞭に豊かな響きを伴って聞こえるように，規模，室形，床や天井，壁面の形状や反射特性を調整する．

一方，喧騒な空間の代表である保育室には騒音の抑制が求められるが，適切に吸音処理をすれば物理的に期待される低減量 $10\log(A/A_0)$[dB] 以上に室内レベルが低下したという報告がある．周囲の騒音に負けてなるかと大声を出していた児童が場の雰囲気に合わせて声をコントロールして出すようになったということである．

3.6.2　室内音響計画

美術館の音環境計画は，全面石張りやガラス張りといったことをしなければ，建築的に難しいことではなく，最低限天井に岩綿吸音材を使えばよい．

データブックの吸音率表を参照して室内各面の仕上げから吸音率 α_i を設定し，それぞれの使用面積 S_i を掛けて室内の総和・全吸音力 $A = \Sigma S_i\alpha_i$ を求め，全表面積 $S = \Sigma S_i$ で除して平均吸音率 $\bar{\alpha} = A/S$ を算出する．その値が 0.2 程度なら問題ないが，0.1 を下回ると喧騒な空間となる．よほど吸音材を使わない限り 0.5 を超えることはないが，吸音し過ぎると違和感を覚えることもある．概略のチェックは図1から 500 Hz 近辺の値を読み取って行うことができる．

日光東照宮の鳴竜，セント・ポール大聖堂のささやきの回廊などは音が異常によく伝わることが観光資源になっているが，コンサートホールなどでフラッターエコー（鳴竜現象）が発生すると命取りになる．これは吸音処理をしても完全に聞こえないようにはできない．

ほかに，室内の響きを表す指標に残響時間 RT（室内の響きの程度．室内の音のエネルギーが 100 万分の 1 になる時間[s]）があり室の用途によって最適な値となるように設計されることが多い．前出の吸音力 A と室容積 V[m^3] を使って次式で概略算出できる．

$$RT = 0.161V/A$$

この値が 2 秒程度となるようにコンサートホールは設計され，4 秒にもなると石造りの教会のような長い響きとなる．

3.6.3　騒音防止計画

外部騒音に対しては，立地条件によって異なるが，窓が弱点となるので遮音性能の高いサッシが用いられる．しかし，断熱性能向上のために同厚 2 枚の複層ガラスを用いると単層ガラスよりもかえって中音域での遮音性能が低下する．交通量の多い幹線通路に面する場合は，空気層を十分にとった二重窓とする必要がある．

外部からの音が室内にどの程度入ってくるかは，壁体の音響透過損失や室内外音圧レベル差などを用いて遮音性能として評価する．

壁体の音響透過損失 $TL = 10\log 1/\tau$[dB]（τ：透過率）は図2のように壁の面密度[kg/m^2]によって決まり，周波数によって増減する．

内外音圧レベル差は $L_0 - L_i = TL + 10\log A/S_t$（$TL$：壁の音響透過損失，$S_t$：面積，$A$：室内吸音力）によって決まり，基準曲線を用いてD値で評価される．

集合住宅では住戸間の音の伝搬を防ぎ，プライバシーを確保する必要がある．一般的に問題となるのは隣戸から界壁などを通じて漏れてくる音と上階住戸の床に加わる衝撃によって床スラブや天井が振動して下階に発生する音である．前者は室内音圧レベル差（D値），後者は床衝撃音レベル（L値）によって評価され，基準値が示されている．

美術館の回廊が上下に重なる場合は，床衝撃音（床に靴などで衝撃を加えたとき下室に発生する音）に注意する必要があり，絨毯などの軟質床仕上や必要な場合は浮き床構造を用いる．軟質床仕上材は自室内の発生音に対しても有効である．

空港や工場では発生音を低減し音の伝搬を制御する．商業空間では反射音を抑制して静かな空間を創出する．

道路や鉄道などの発生音を抑制し，防音塀などによる伝搬防止や用途規制などゾーニングによって都市空間の音環境を保全することも重要な課題である．

音環境制御技術として，逆位相の音で音を消すアクティブ制御も特殊な空間で音源を殺す手段として使われ始めているが，主流は音エネルギーの反射，吸収，透過を制御するパッシブ制御技術である．

もちろん目的音を拡声する電気音響技術は古くからありその進歩も著しい．それもマイクロフォンで拾ってエネルギーを増強してスピーカーから出す単純な仕組みから，音場そのものを制御して空間伝搬特性を調整するパッシブ，アクティブな音場支援システムが実用に供されている．

3.7 避難計画と設計

建築防災計画と避難計画

災害時に建築物内から安全な場所に避難できるよう計画・設計を行うことは不可欠である．特に，大規模な建築物や高層の建築物を計画する際，潜在的な危険性を低減するために優先されるべきことの一つに，**建築防災計画**の策定が挙げられる．建築防災計画では，建築火災時の安全性を確保するために火災安全設計のコンセプトや基本方針を明示し，火災安全性の評価・検証などを行う．建築防災計画の中で，建築物の在館者の人命安全のための**避難計画**も検討される．

避難計画を検討するうえで，はじめに建築物の個々の空間条件，可燃物条件，在館者条件などに基づき建築物の**火災シナリオ**を想定する．火災シナリオは，在館者の特性（表1）や時々刻々変化する火災性状の特性（表2）などを踏まえ，組み立てられる．

避難計画では，火災から在館者を保護するために，適切な避難方法と救助活動方法を検討する．避難方法は，建築物内のすべての居室から安全な場所に至るまでの避難経路等の避難手段の検討が必要である．救助活動方法は，幼児や高齢者などの災害時要援護者や避難が困難となった人々を救助するために検討され，消防隊の進入経路や非常用エレベーター，消防活動拠点を適切に計画する必要がある．

美術館の避難計画

国立西洋美術館のような建物は，入館者の導線を考えながら絵画や美術品などの作品の展示空間を計画する．展覧会やイベントごとに効果的な展示空間を構成するため，間仕切りやパネルなどを使用して空間構成が複雑になる可能性がある．また，空間の熟知度が低い在館者が想定されるため，避難方向を見失わない**避難経路**を計画する必要がある．展覧会やイベントによって，入館者の数が変動するため，人数に応じた避難計画を検討することが重要である．図1は外気に開放することができるテラス付きの階段であり，2階展示室から地上階への避難経路としても有効である．

表1 用途による在館者の特性

特性＼分類	高	中	低
就寝の割合	住宅，病院病室，老人施設居室 など	ホテル客室，寮，託児所 など	事務所，集会室，物販店舗 など
避難行動能力	事務室，店舗，学校，集会室，寮 など	住宅，保育所，小学校 など	病院病室，老人施設，乳幼児施設 など
建物熟知度	事務室，住宅，独身寮，教室 など	会議室，病院病棟，体育館 など	物販店舗，ホテル，劇場，博物館 など
在館者密度	劇場，集会室，教室，待合室 など	事務室，物販店舗，飲食店 など	ホテル客室，住宅，病室，体育館（客席除く） など

表2 用途による火災性状の特性

特性＼分類	高	中	低
火災発生危険性	厨房，化学実験室，舞台 など	事務室，住宅，ホテル客室，病室 など	教室，体育館，待合室，廊下，ロビー など
収納可燃物密度	衣料品売り場，家具売り場 など	事務室，住宅，ホテル客室，病室 など	会議室，体育館，集会室，廊下，ロビー など

図1 2階展示室から地上階への階段

3.7.1 避難行動特性

避難者は，火や煙に直面し人命に危険を感じると，不安や恐怖などによって理性的な判断に基づく行動が困難となる．したがって，本能的あるいは感情的な行動をとる可能性が高い．不安や恐怖などに対する感受性には個人差はあるが，思考能力が低下すると，在館者は **群集** の一員として行動する可能性が高くなる．群集の密度が高くなると，身体の接触などにより不快感や恐怖心が生じ，興奮状態になる．このような状態の群集は，情報に過度に反応し，いわゆる **パニック状態** に陥りやすい．そのため在館者に対する火災に関する適切な情報の提供，あるいは避難誘導を行うことが重要になる．

火災時の在館者の避難行動は，避難心理状態と関係する．過去の火災事例などから **表3** に示す在館者の避難行動特性が明らかとなっている．避難計画を検討する際には，これらの特性を利用した計画が望ましい．

3.7.2 避難経路

避難経路 は，安全な場所に至るまで，火災の発生場所に関わらず，連続し，明快で，十分な広さを確保し，

表3 避難行動特性

避難行動特性	行動内容
日常動線志向性	日頃から使い慣れた経路や階段を使って逃げようとする．
帰巣性	入ってきた経路を逆に戻ろうとする傾向で，特に初めて入った建物で内部の状況をよく知らない場合に多く表れる．
向光性	一般に暗闇に対しては不安感を抱くことから，明るい方向を目指して逃げる．
向開放性	向光性と類似した特性だが，開かれた感じのする方向へ逃げようとする．
易視経路選択性	最初に目に入った経路や目につきやすい経路へ逃げようとする．
至近距離選択性	自分のいる位置から最も近い階段を選択する（近道を選択しようとする）．
直進性	見通しのきく真っ直ぐな経路を逃げる（突き当たるまで経路を真っ直ぐ進む）．
危険回避性（本能的）	危険現象（煙や火炎）からできるだけ遠ざかろう（視界に入らないところまで逃げよう）とする．
安全志向性（理性的）	自分が安全と思い込んでいる空間や経路に向かう．
追従（付和雷同）性	避難先頭者や人の多くが逃げる方向を追っていく．

在館者が，火や煙にさらされないよう **安全区画**（図2）とすることが原則である．安全区画を構成する壁や扉には，一定の防煙性能をもたせ，排煙設備等を設けることが原則となる．避難経路がいくつかの空間で構成される場合，それぞれの避難経路ごとに安全区画を分け，避難階段に近づく安全区画ほど，高い安全性が求められる．

a. 配置

在館者が多い居室で火災発生が想定される場合，二つ以上の出入口を相互にできる限り離して配置することが望ましい．居室の各部から **避難階段** までの避難経路は，在館者の混乱防止のため明快にする必要があり，不必要な曲がりを少なくする，見通しを確保する，行き止まりを少なくする，などに配慮する．

b. 容量

避難経路となる廊下や階段は十分な広さが必要であり，出入口の幅などへの配慮が必要である．建築物の用途によって決まる在館者の人数に応じた避難経路の容量を確保し，避難経路の途中には，避難群集の流動を妨げるボトルネックとなる部分を設けず，過大な滞留が生じないよう計画する．

c. 保障

避難経路は，在館者の避難可能な時間を延ばすために，火や煙を制御できる構造とする必要がある．安全な避難経路を確保するためには，避難経路の防火防煙対策を行い，避難経路の内装を不燃化する．避難階段は，避難経路として重要な位置づけにある（図3）．建築基準法では，15階以上あるいは地下3階以下に通じる直通階段は，特別避難階段とすることが規定されており，避難階段よりさらに火災に対する安全性が要求される．

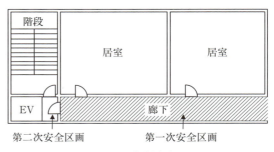

図2 安全区画

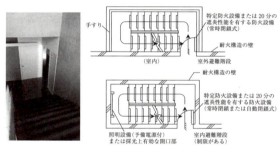

図3 避難階段の構造

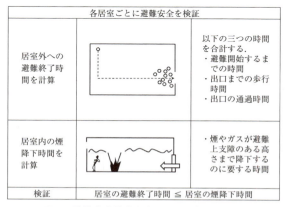

図4 避難安全性能評価フロー（居室避難）

3.7.3 避難設計

避難設計とは，避難計画に基づき，目標とする避難安全性能を満足するような建築空間の設計案を検討することである．すなわち，一連の設計実務の中で，建築基準法で明文化された避難規定に適合することの確認作業と避難設計は区別される．避難設計では，一般に火災シナリオを想定し，設計案が目標とする避難安全性能を満足するか検証する．

a. 避難安全検証

建築基準法の防火関係規定が性能規定化された際，避難安全検証法が導入された．建築基準法の避難安全検証法では，避難開始から安全な場所に至るまでの避難終了時間を計算し，一方で，建築空間ごとに在館者が煙により避難不能になるまでの煙降下時間の計算を行う．これらを比較し，避難終了時間が避難不能になるまでの煙降下時間より短ければ避難安全性能は満足するとみなし，逆に長ければ，設計案の見直しを行う（図4）．なお，一般に避難安全性能の検証では，火災室からの避難（居室避難），火災階からの避難（階避

表4 在館者密度

居室の種類		在館者密度[人/m²]
住宅の居室		0.06
住宅以外の建築物における寝室	固定ベッドの場合	ベッド数を床面積で除した数値
	その他の場合	0.16
事務室，会議室その他これらに類するもの		0.125
教室		0.7
百貨店または物品販売業を含む店舗	売場の部分	0.5
	売場に付属する通路の部分	0.25
飲食室		0.7
劇場，映画館，演芸場，観覧場，公会堂，集会場，その他これらに類する用途に供する室	固定席の場合	座席数を床面積で除した数値
	その他の場合	1.5
展示室その他これに類するもの		0.5

難），火災が発生した建築物からの避難（全館避難）に分けて検討される．

b. 火災シナリオ

火災シナリオは，目標とする避難安全性能に応じて決定され，建築物内の空間で発生する火災性状，火災に対する在館者や消防隊の対応，防火設備の作動状況などを組み合わせて検討される．避難設計では，火災フェーズ（3.8節）を考慮し，火災シナリオを与えることが重要である．また，避難安全性能のほかに構造耐火性能，消防活動支援性能を検討する際にも，火災シナリオを想定することになる．

3.7.4 在館者密度

一般に，避難安全性能を評価する場合，建築物内のすべての在館者が避難の対象となる．避難者数は，在館者密度から計算できる．実態調査などの結果から，空間用途ごとにおよその在館者密度が決められる（表4）．在館者密度にその空間の床面積を掛け合わせることにより，対象とする空間内の避難者数が計算できる．

3.7.5 避難計算

a. 避難開始時間

出火室の在館者は，火災を覚知して避難行動を開始する．出火室の在館者が火災覚知する要因は，火災により生じる煙の発見や火災警報システムの作動などで

3.7 避難計画と設計   105

表5 避難開始時間の算定式の例

	算定式	凡例
居室避難（出火室）	$t_{start} = \dfrac{2\sqrt{\sum A_{area}}}{60}$ $= \dfrac{\sqrt{\sum A_{area}}}{30}$	t_{start}：火災が発生してから在室者が避難を開始するまでに要する時間 [min] A_{area}：当該居室および当該居室を通らなければ避難することができない建築物の部分の各部分ごとの床面積 [m²]
階避難（出火階）	・共同住宅，ホテルその他これらに類する用途 $t_{start} = \dfrac{\sqrt{A_{floor}}}{30} + 5$ ・その他の用途 $t_{start} = \dfrac{\sqrt{A_{floor}}}{30} + 3$	t_{start}：火災が発生してから階に存する者が避難を開始するまでに要する時間 [分] A_{floor}：当該階の各室および当該階に設けられた直通階段への出口を通らなければ避難することができない建築物の部分の床面積の合計 [m²]
全館避難（建物全体）	・共同住宅，ホテルその他これらに類する用途 $t_{start} = \dfrac{2\sqrt{A_{floor}}}{15} + 5$ ・その他の用途 $t_{start} = \dfrac{2\sqrt{A_{floor}}}{15} + 3$	t_{start}：火災が発生してから在館者が避難を開始するまでに要する時間 [min] A_{floor}：当該階の各室および当該階を通らなければ避難することができない建築物の部分の床面積の合計 [m²]

表6 歩行速度

建築物または居室の用途	建築物の部分の種類	避難の方向	歩行密度 [m/min]
劇場その他これに類する用途	階段	上り	27
		下り	36
	客席部分	—	30
	階段および客席部分以外の部分	—	60
百貨店，展示場その他これらに類する用途または共同住宅，ホテルその他これらに類する用途（病院，診療所および児童福祉施設等を除く）	階段	上り	27
		下り	36
	階段以外の建築物の部分	—	60
学校，事務所その他これらに類する用途	階段	上り	35
		下り	47
	階段以外の建築物の部分	—	78

ある．火災警報システムの作動による避難開始時間は，感知器の作動時間，火災警報システムの発報時間，**防災センター**等の管理者が感知器作動の警戒区域に到達し出火位置を防災センター等へ連絡する時間，防災センター等から避難誘導放送をする時間などに分けて考えることができる．なお，建築基準法では，空間の床面積から算出する方法が採用されている（表5）．

b. 避難行動時間

避難行動時間は，在館者が避難を開始し，避難を終了するまでの時間である．避難行動時間は，出火室からの避難（居室避難），出火階からの避難（階避難），出火建物からの避難（全館避難）に分けて考えることができる．それらの避難行動時間の算定方法は，**避難**

歩行時間と**滞留解消時間**から算定される．

（i）避難歩行時間

一般に，対象とする空間の各部分から出口（居室避難の場合には居室の出口，階避難の場合には直通階段の出口，全館避難の場合には地上への出口）に至る避難経路の**最大歩行距離**を L [m]，在館者の**歩行速度**を v [m/s] とすれば，避難歩行時間 t_L [s] は式(1)で求められる．

$$t_L = \frac{L}{v} \text{ [s]} \quad (1)$$

歩行速度の代表的な値は表6のとおりである．

（ii）滞留解消時間

居室や付室の出口付近に，多くの在館者が短時間で集結した場合，出口付近がボトルネックとなり，在館者の滞留が発生する．幅 B [m] の出口付近に在館者 P [人] が滞留した場合，その滞留解消時間 t_B [s] は式(2)で求められる．

$$t_B = \frac{P}{NB} \text{ [s]} \quad (2)$$

式(2)において，N は出口単位幅あたりの通過できる人数で**流動係数**[人/(m s)]とよばれ，おおむね 1.5 人/(m s) 程度の値が用いられる．

3.8 火災性状

火災性状

建築物で火災が発生した場合，その火災性状は，建築物の構造種別などと関係する．国立西洋美術館のような鉄筋コンクリート造の床や壁で囲われた空間で火災が発生した場合，火災が終了するまでに壁や床が燃え抜ける可能性は低い．火災が継続している間に壁や床が燃え抜けない場合，その火災性状は，空間の開口部の大きさ，周壁の面積や材質，空間に持ち込まれる可燃物量や表面積などに支配される．一方，在来工法の木造の住宅で火災が発生した場合，火災が継続している間に周壁が燃え抜ける可能性は高い．このような火災では，前者の火災に比べ，急激に 1000℃ を超える高温状態になり，周壁が燃え抜けた以降は，火勢は衰え始める傾向があり，高温状態は比較的短時間で終了する．

火災性状を空間内に持ち込まれる可燃物の**発熱量密度**（火災荷重）と**開口因子**を床面積で除した値の関係で表すと**図1**のように分類できる．火災性状は，開口から流入する空気量に依存する**換気支配型**と，空間内に持ち込まれる可燃物量に依存する**燃料支配型**に大別できる．美術館の展示スペースは，比較的，単位面積あたりの可燃物量は少ないが，展示品を飾る間仕切りや内装材料に可燃材料を使用すれば，換気支配型の火災性状を示す可能性がある．

火災フェーズ

建築空間で発生した火災は，**図2**のとおり，その進展過程を初期，成長期，盛期，減衰期の火災フェーズに分けることができる．建築防災計画は，この火災フェーズに応じ検討される．火災の初期のフェーズでは，出火室で着火した可燃物上に**火災プルーム**が形成され，壁，天井で構成された空間では，天井に沿って水平方向に煙が伝播した後，出火室の上層から煙層が降下し始める．成長期のフェーズでは，可燃物上の火炎が急激に大きくなり始め，複数の可燃物が燃焼し，**フラッシュオーバー**（FO）を発生することがある．盛期のフェーズでは，空間内全体が火炎などに覆われ，高温状態となり，開口から火炎等が噴出する状態となる．減衰期のフェーズでは，空間内の燃え残っている可燃物も少なくなり，火災温度は低下していく．

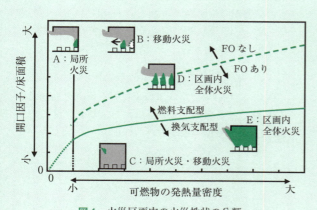

図1　火災区画内の火災性状の分類
開口因子：$A\sqrt{H}$ （A：開口面積，H：開口高さ）

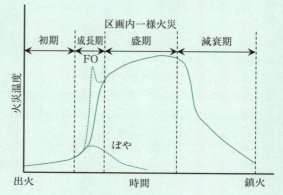

図2　火災進展と火災フェーズ

3.8.1 火災性状の評価

a. 火災荷重

建築空間の用途ごとにその使用方法が異なるため，可燃物量も異なる．建築物の空間内にある可燃物を**火災荷重**とよび，空間内の総量，単位床面積あたりの可燃物重量や発熱量で表される．用途別の単位床面積あたりの可燃物重量について火災荷重分布を**図3**に示す．

b. 発熱速度

燃焼する可燃物から単位時間あたりに発生する熱量を**発熱速度**とよぶ．発熱速度は集煙フードを使用した実験により測定することができる（**図4**）．

c. 火災プルーム

火災の初期のフェーズでは，燃焼している可燃物が火源となり，火源上に火災プルームとよばれる上昇熱気流が形成される．火源面から近い高さには，**乱流拡散火炎**が形成され，さらにその上に煙などの高温の熱気流が形成される．火源上の火災プルームは，**連続火炎領域**，**間欠火炎領域**，**プルーム領域**に分けられる（**図5**）．

d. 煙降下

図6のとおり，初期から成長期の火災フェーズにかけて，出火室の上部に高温の**煙層**が形成され，下部の空気層とおおむね2層に分かれる．煙層は，火災プルームにより継続的に煙などが供給され降下する．火災室の煙層の降下速度は，煙層に貫入する火災プルームの流量と空間の床面積などによって決定される．

e. 区画火災

壁，天井，床で囲われた空間で進展する火災を**区画火災**という．区画火災は，開口の大きさに対し可燃物量が比較的少ない場合などは，空間内に持ち込まれる可燃物条件が可燃物の**燃焼速度**（単位時間あたりの可燃物の熱分解速度）を支配する燃料支配型の火災となる．一方，開口の大きさに対し可燃物量が多い場合などは，開口条件が可燃物の燃焼速度を支配する換気支配型の火災となる．**開口因子** $A\sqrt{H}$（開口面積 A，開口高さ H）を可燃物の表面積で除した**燃焼型支配因子**が小さい場合には**換気支配型火災**，大きい場合には**燃料支配型火災**になる．

なお，換気支配型火災は，燃料支配型火災に比べ，空間内の可燃物の燃焼が激しくなる傾向があり，隣接室への延焼や開口から噴出した火炎による上方階や隣接建物への延焼の可能性が高くなる．

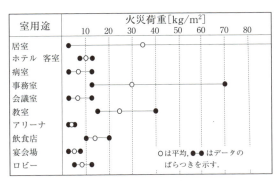

図3 火災荷重分布

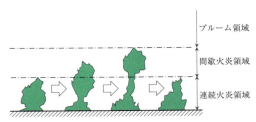

図5 火災プルームの領域

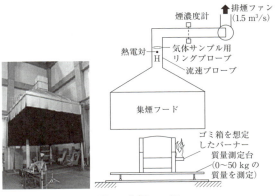

図4 集煙フード

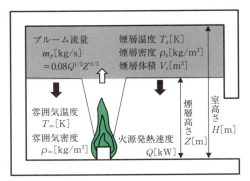

図6 煙降下（2層ゾーンモデル）

3.9 煙制御

煙制御の考え方

火災が発生した建築物内で，在館者が使用する経路を煙から避難に支障のない状態に保ち，また，消防隊が円滑に消防活動を行えるような状態を維持できるよう，煙制御の方法を計画する必要がある．

火災時に発生する煙は，静穏な状況が保たれる場合には，火災室上方から煙層が形成され降下するため，在館者が避難中の空間で，煙層が避難に支障のある高さまで降下しないように煙制御する．また，火災室の開口や隙間から隣接する空間に煙が流入するような場合，隣接する空間を避難する在館者が，避難に支障のない状態に保つよう煙制御を行う必要がある．

煙制御の方法は，火災室から隣接空間への煙の伝播を防止する**防煙**の考え方と火災室から外部へ煙を排出する**排煙**の考え方があり，対象となる空間の特徴などを踏まえ，それらを組み合わせて計画する．

煙制御の方法

煙制御の方法には，①**区画化**，②**排煙**，③**遮煙**，④**蓄煙**などがある．①区画化は，防煙性能のある壁や垂れ壁で区画し一定範囲の中で煙伝播をとどめること，②排煙は，火災室から煙を外部に排出すること，③遮煙は，火災室に隣接する空間などの圧力を高め，火災室の開口や隙間から隣接する空間に侵入する煙を防ぐこと，④蓄煙は，天井が十分高い空間などで空間上部に煙をためるだけで在館者に支障のない状態をつくり出すことである．それらの煙制御の方法を有機的に組み合わせることにより，実効性の高い煙制御システムを構築することが求められる．

図1は，国立西洋美術館に設けられている**防煙垂れ壁**による区画化の例である．図1(a)は，線入りガラスを用いた防煙垂れ壁，図1(b)は，可動式の防煙垂れ壁である．図2は，国立西洋美術館に設けられた自然排煙設備の排煙口である．

(a) ガラスの防煙垂れ壁　(b) 可動式防煙垂れ壁　　　(a) 内部からみた排煙口　(b) 外部からみた排煙口

図1　防煙区画　　　　　　　　　　　　　　図2　自然排煙設備

3.9.1 区画化

煙拡散を防止するため，防煙垂れ壁や**防煙間仕切り壁**を設置することは煙制御の基本的な考え方の一つである（図1，図3）．建築基準法では，一定の面積ごとに防煙垂れ壁や防煙間仕切り壁による**防煙区画**を設けることが規定されている．

防煙垂れ壁の設置は，出火室の火災の初期の煙伝播を遅延させる有効な対策である．一般に防煙垂れ壁による防煙区画は，排煙設備が併設された場合，その排煙効率が高まる．また煙感知器の作動を確実にする効果が期待できる．なお，防煙間仕切り壁は，防煙垂れ壁より長い時間，煙拡散を制御でき，防煙シャッターなどに比べ煙拡散を制御するうえで信頼性が高い．

3.9.2 排煙

排煙とは，火災で発生した煙を建物外へ排出することである．煙を建物外へ排出することにより，煙の降下や拡散を防止し，また煙濃度の低下を図り，在館者の避難可能時間を確保する．**排煙設備**は，区画化と合わせることにより，実効性のある煙制御が可能となる．排煙方式として，自然排煙（図4(a)）と機械排煙（図4(b)）がある．

自然排煙は，空間上部に煙を排出するための排煙口を設け，火災時にその排煙口を開放し，煙の浮力を利用して煙を建物外へ排出する方法である．自然排煙方式を用いる場合，外気を空間内部に取り入れるための給気口を設けることが必要である．給気口の位置は，空間上部に形成される煙層を乱さないよう，また，効果的に給気量が確保されるよう空間下部に設けることが望ましい．

機械排煙は，排煙機，排煙口，排煙ダクト，防火ダンパーなどで構成され，排煙機を作動させ，建物外へ煙を排出する方法である．自然排煙方式と同様に，排煙口位置は，空間上部に設け，排煙機は，排煙口位置より高い位置に設ける（図3）．

3.9.3 遮煙

遮煙とは，煙による汚染を防ぎたい空間へ機械的に給気し，空間の開口部や隙間を介した煙の侵入を防止する煙制御の方法である（図5）．煙の汚染を防ぎたい空間とその隣接する空間の間に圧力差を生じさせ，隣接する空間が煙に汚染されても，煙が侵入しない遮煙条件を満足するよう外気を機械的に供給する．一般に，遮煙方式は，避難経路となる空間に用いられ，階段，階段付室，廊下などが対象になる．避難経路となる空間に給気する場合，避難方向への扉の開放が困難とならないような配慮が必要である（図6）．

3.9.4 蓄煙

蓄煙とは，在館者が避難中，避難に支障のある高さまで煙が降下しないよう，空間上部に煙をためる煙制御の方法である．空間の容積がきわめて大きく，天井が十分に高い空間で用いられ，天井が高いほど，また空間容積が大きいほど，空間上部から避難に支障のある高さに至るまでの時間を遅らせることができる．

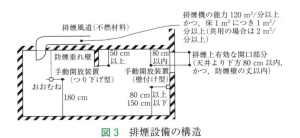

図3 排煙設備の構造

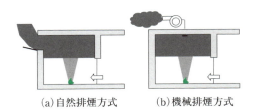

(a) 自然排煙方式 　　(b) 機械排煙方式

図4 排煙方式

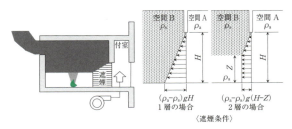

図5 遮煙方式

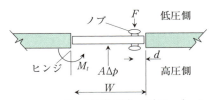

$M + A\Delta p(W/2) - F(W-d) = 0$

F：扉の開放力[N]，M：ドアクローザーのトルク[N]，W：扉幅[m]，A：扉面積[m²]，Δp：扉にかかる差圧[Pa]，d：扉の端からノブまでの長さ[m]

図6 扉にかかる圧力と開閉力

3.10 防火区画

区画設計

建築物は，日常の利用を考え，天井，壁，床，扉などで空間を区切り使用される．一方で，建築物の火災安全性能を確保するうえで，空間を分節し区画化することは重要な意味をもつ．火災安全性能に関係する区画には，**防火区画**，**防煙区画**，安全区画などがある．それら区画は，避難計画，消防活動支援計画，構造耐火計画などとの関連を十分考慮し適切に計画する必要がある．

防火区画

一般に，防火区画は，**層間区画**，**竪穴区画**，**面積区画**，**異種用途区画**などに分類される（図1）．

防火区画は，火災による被害の範囲を限定するために，建築物の用途，規模，構造，使用形態などに応じて計画され，防火区画の種類に応じて，所定の耐火性能を有する床，壁，開口部で構成される．

防火区画は，火災が発生した防火区画から隣接する防火区画への延焼を防止し，被害を限定する延焼防止性能が求められるが，火災が発生した初期段階では，建物内の在館者に安全な避難経路を提供することに寄与する．

建築基準法では，複数階にわたる吹抜け空間や階段などは竪穴区画が要求され，煙伝播を防止する防煙性能が防火区画の性能に付加され，在館者の避難安全に配慮されている．

防火区画を形成するために，**防火防煙シャッター**，**防火シャッター**，**防火扉**が使用される．図2は，国立西洋美術館内にそれらが使用された例である．図2(a)は，2層にわたる空間に面して，2階に設けられた防火防煙シャッターである．1階の展示スペースで火災が発生した場合，吹抜け空間の2階部分への煙伝播が速いことに配慮し，防火防煙シャッターを用いている．図2(b)は，展示スペースや通路において一定の面積ごとに防火シャッターが設置されている例である．防火シャッターの閉鎖機構を考慮し，防火シャッター下部の案内表示が分けられ，防火シャッターの閉鎖を可能にしている．

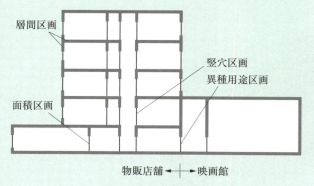

図1　防火区画の種類

(a) 防火防煙シャッター

(b) 防火シャッター

図2　防火区画

3.10 防火区画

3.10.1 層間区画

層間区画は，所定の耐火性能を有する床などの水平部材や**スパンドレル**等の鉛直方向の部材を用い，上下階への延焼拡大を防止するための区画である（図3）．火災が発生した防火区画に開口部がある場合，開口部から噴出する火炎による延焼拡大を防止するため，庇やスパンドレルを適切に設けることが必要になる．

3.10.2 竪穴区画

竪穴区画は，階段，エレベーターシャフト，吹抜け，ダクト・配管・電気シャフトなどの竪穴空間を，所定の耐火性能を有する壁や防火戸などの**防火設備・特定防火設備**で構成する区画である（図4）．竪穴空間は，火や煙が侵入すると，急速に上方へ伝播する可能性が高い．そのため，竪穴空間を形成する周囲の壁や扉から，竪穴空間に火や煙が侵入しないように隙間などへの配慮が必要である．また，階段等の竪穴空間は，消防隊の**消防活動拠点**や移動を考慮した安全性が求められる．

3.10.3 面積区画

面積区画は，主に火災規模の限定を目的として，一定の床面積以内ごとに設けられる区画である．火災規模が拡大すると，多層に延焼しない場合であっても消火活動は困難となる．また，同時に加熱を受けるが範囲が大きいほど，梁などの変形が大きくなり，火災被害を大きくする可能性が大きくなる．高層部分では，消火活動が困難になるため区画の面積を小さくする．各区間の延焼を防止するためには，設備シャフトが貫通する壁や床スラブ等の防火的処置も確実に行うことが重要である（図5）．

3.10.4 異種用途区画

異種用途区画は，一棟の建築物でも，いくつかの用途で使用される場合，用途が著しく異なる空間ごとに設けられる区画である．管理形態や利用形態が異なる用途が隣り合わせになる建築物で火災が発生した場合の混乱を防止する意味がある．すなわち，利用時間や営業時間，在館者の特性などが異なり，火災時の情報伝達や避難誘導の方法，消火活動の体制などが複雑になるため，異なる用途を区画で分けることにより，信頼性の高い防災対策の策定が可能となる．例えば，一

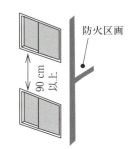

図3 層間区画

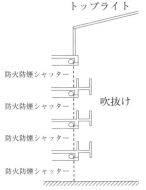

図4 竪穴区画

図5 区画貫通部の処理（防火ダンパー）

つの建築物の中に，物販店舗と映画館が併設される場合，在館者の特性や管理形態などが両者で異なるため，それら用途間を防火区画する必要がある（図1）．また，レストラン厨房など，潜在的に出火危険性が高い空間は，隣接する空間と防火区画することが望ましい．

4. 建物を設計する

　建築家は建築を実現させるために，どのような建物が求められているのかを精査し，建物が建ちあがる敷地やその周辺の状況を観察，調査することから構想を始める．そして，具体的な建築的思考に根差した「パルティ（基本方針）」を得ることが肝要となる．この「パルティ」とほぼ同様な意味でよく使われるのが「コンセプト/コンセプション（概念，観念）」である．これは全体に貫かれた主軸となる考えのことをいい，具体的な建物をつくる建築設計において重視される段階となる．

　建築設計においては大きく基本設計と実施設計の2段階があるが，この「パルティ」を確認し「コンセプション」を見出していく段階を基本設計とよぶ．つまり，基本設計とは，用途を見定め各空間の配列を探求したり，それらの空間の大きさを見定めたり，入口からどのように各空間へたどり着くかの動線を考えて階段やエレベーターの位置を決めたり，骨組となる構造が鉄筋コンクリートなのか，鉄骨なのかなどを定める．つまり，平面/断面/立面計画，構造計画などを探求する段階をいう．

　基本設計を経て，次に実施設計の段階に移る．実施設計においては，工事の見通しが理解でき，見積り（見積予算書）が作成できる，つまり，実際の工事が可能となるために必要な図面を描く．構造設計，設備設計などのエンジニアリングを経て，具体的に材料，大きさなどを決定し，壁や屋根のつくり方をデザインし，建設工事費の積算を行う段階までを実施設計とよぶ．この段階においては予算に照らし合わせ，多くの具体的な設計内容を決定しなくてはならないが，矛盾する多くの事柄を，「パルティ」から見出された「コンセプション」に照らし合わせ，一つ一つ課題を解決することが必要となる．

　国立西洋美術館においては，ル・コルビュジエは基本設計までの段階をパリのアトリエ（設計事務所）で行い，その基本設計に基づいて，実施設計を日本の現状に対応するように弟子である坂倉準三が意匠設計を，前川國男が構造設計と設備設計をまとめ，吉阪隆正がそれらをサポートする体制で東京に国立西洋美術館設計事務所を組織し進められた．もちろん実施設計の段階でさまざまな課題や疑問点が浮かび上がるが，そのつど，パリのアトリエにそのコンセプションを確認しながら進められていったのである．

4.1 実施設計

国立西洋美術館の設計過程において，基本設計と実施設計を厳密に線引きすることは難しいが，残された資料をみる限り，事実上ル・コルビュジエが基本設計，坂倉，前川，吉阪の日本側チームが実施設計を行ったと解釈してよいだろう．設計を受託したル・コルビュジエは，1956年7月，基本設計図3枚を日本側に手渡す．この案に対する日本側の要望は，建築面積の縮小，仕上げ材等の予算縮小，展示室への採光方法の再検討など多々あった．坂倉，前川，吉阪は時に渡欧し，ル・コルビュジエや，彼の事務所のチーフスタッフであったアンドレ・メゾニエと協議を繰り返している．特に展示室に自然光を導入するスカイライトの方式に関しては，美術館の運営側も含めた議論が大いに行われた．

日本側の要望に対して結果的にル・コルビュジエが受け入れたのは，講堂棟と貴賓室の中止のみで，1957年の4月から6月に掛けて，実施設計図11枚が日本に到着する．この図面は地階の平面図がないなど不完全で，また構造や設備の図面は含まれておらず，当然これでは実際に建築を建てることはできない．何より建設コストの正確な算定ができないから，施工者を決定するための入札を行うことができない．

結局，坂倉を代表とする「国立西洋美術館設計事務所」が設立され，坂倉，前川，吉阪の3事務所で業務を分担し，入札を行うことのできる実施設計図を作成することになった（図1）．当時坂倉事務所のスタッフであった藤木忠善（東京芸術大学名誉教授）の回想によると，ル・コルビュジエの図面には寸法の記載が少なくモデュロールの説明もなかったため，図面を物差しで測り，日本側で作成したモデュロールの表を用いて寸法を決定し，実施設計図を作成したとされる．

その後，完成した実施設計図をもとに，1958年2月に工事入札が行われた．入札の結果，清水建設が工事を受注し，同年3月に起工式が行われた．

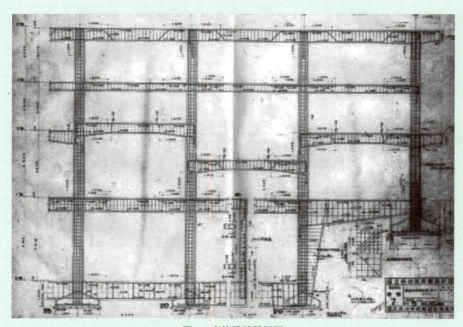

図1　実施設計詳細図

4.1.1 実施設計

建築設計業務は，基本設計と実施設計という二つのフェーズに分かれる．基本設計では平面図，断面図，立面図といった基本図に加え，内外のおおまかな仕上げ材料を指定し，計画の大枠を決める．この時点で建築基準法，都市計画法など関連法規に適合していることと，概算レベルでプロジェクトの予算内に収まっていることを確認する．

実施設計では，すべての仕上げ材料や各部位の詳細な納まりを決定し，建設コストが算定できる図面を作成する．実施設計図は，意匠図，構造図，設備図に大別される．意匠図は基本図に加え，平面詳細図，矩計図，建具図，家具図，外構図といった詳細図からなる（図2）．構造図は，建築の構造のみを抜き出した図面で，構造計算から割り出された柱，梁など部材の断面寸法や配筋等を指定する（図3）．設備図は，電気，給排水，空調といった設備のシステム，機器が指定される（図4）．人体に例えると，意匠図は人の姿かたちや肌の色つやなどを指定し，構造図は骨格，設備図は呼吸器系や循環器系といった内臓のありようを指定するというイメージである．

公共工事の場合，実施設計図ができあがると，積算を行う．積算とは，設計図をもとにコンクリートや鉄筋，型枠等の数量を算定する作業である．この数量に，自治体が定める公共単価やメーカー等から徴取した見積り単価を掛けて総計し，予定価格を定める．

4.1.2 入札

公共建築の場合，施工者の決定は入札による．入札に参加する建設会社は，設計図書をもとに，工事を請け負う金額を算出して発注者に提示する．原則として最も安い金額で入札した建設会社が工事を落札し，発注者と工事契約を結ぶ．近年では，金額だけでなく工事計画や工法の提案などを含めて評価する**総合評価落札方式**が採用されることも多い．参加者全員の入札金額が予定価格を上回った場合（入札不調）は，設計の仕様を変更するなどして，再度入札を行う．

4.1.3 さまざまな発注方式

建設に関わるコストは，社会状況に応じて変化する．東日本大震災後，東北地方各地で土木，建築工事が大量に発生し，資材，人手不足の状況に陥った．この事態は東北地方だけでなく全国に波及して建設費が高騰し，公共工事の入札不調が相次いだ．工事発注に関わるこうしたリスクを避けるために，設計段階から

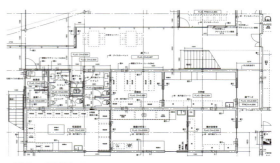

図2　意匠図（「群馬県農業技術センター」，設計：SALHAUS）

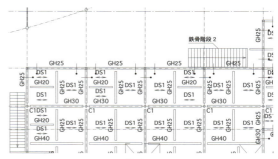

図3　構造図（同上）

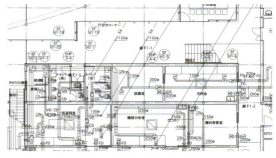

図4　機械設備図（同上）

建設会社が参画して計画の施工性やコストを検証する **ECI（early contract involvement）** や，設計と施工を一括で発注する**デザインビルド**方式など，多様な発注方式が試みられている．施工者が設計段階で関わりさまざまなアイデアを出せることはメリットも大きいが，一方でコストを最重視することで建築の質が低下する可能性や，入札による競争原理が働かないことで，かえってコストが割高になる懸念も指摘されている．

日本の現代建築のクオリティは，設計者の創意と施工者の高い技術力に支えられている．設計，施工の発注形式は，その文化の行方を左右する重要な問題なのである．

4.2 構造解析と時刻歴応答解析

国立西洋美術館の構造解析

建物の構造設計や耐震補強を実施する場合，それが将来発生する大地震に対し十分な耐震性を有することを確認する必要がある．この際，建物を構成する耐震要素等を適切にモデル化し，ある荷重条件下で発生する応力を算定する**構造解析**を実施する．この基礎理論となるのが，**建築構造力学**である．図1は国立西洋美術館の構造解析に用いられるフレームモデルとよばれる解析モデルであり，柱と梁，耐震壁が個々にモデル化されている．さらに基礎には免震装置を模擬する要素が付与されている．

静的解析

図1に示すフレームモデルを用いた応力計算を**フレーム解析**とよぶ．許容応力度設計等では，地震荷重を模擬する外力を各階に与えることにより，上部構造を構成する部材の応力を算定する．これを**静的解析**とよぶ．計算機が発達していなかった時代には，固定モーメント法や武藤のD値法とよばれる簡便な方法を利用して，手計算で確認していた．現在では，PCレベルでもフレーム解析が可能であり，より複雑な形状を有する構造物の計算も可能となっている．

時刻歴応答解析

地震大国である日本では，大地震時における建物の揺れ方が問題となる．免震層を含めた応答特性を確認するために，設計用の入力地震動を用いた**時刻歴応答解析**もしくは動的解析が必要となる．この場合も，フレームモデルを用いることができるが，より簡便な方法として，これを簡略化した図2に示す質点とばねから構成される質点系モデルも用いられる．

建物の揺れ方に関する理論は**建築振動学**を通じて学ぶことができる．このときに重要となるのは建物の固有周期と減衰である．固有周期とは，建物が最も揺れやすい周期である．大地震発生時に地震動の周期と合致すると，建物が大きく揺れることになる．減衰は建物を揺れにくさや揺れの収まりやすさを示す．

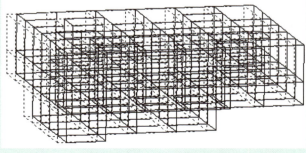

図1 国立西洋美術館のフレームモデルと一次固有モードによる変形図

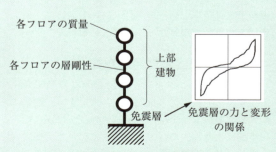

図2 国立西洋美術館の振動解析モデル

4.2.1 建築構造力学

建築構造力学は建築構造の教育カリキュラムの最初に習う場合が多く，その後の構造系すべての講義の基礎となる．建築構造力学では，荷重を受けた建物が内部を構成する部材にどのように力を伝え，建物を支える地盤に伝えるか，またその過程で部材がどのようにたわむかを学ぶ．建築構造力学は後で述べる大規模マトリックス演算の基礎理論ともなっている．

a. 梁と応力

構造力学で最も簡単なモデルは，1本の梁の左右がピン（回転支点）とローラー（移動支点）で支持された単純梁である．単純梁に鉛直荷重が作用すると，図3に示すように材が下方にたわむ．このときに材全体に働く力が**応力**であり，向きが異なる二つの力の組合せで表現される．一つは**せん断力** Q であり，もう一つは**曲げモーメント** M である．位置による応力の大きさの違いを表現した図を応力図とよぶ．例えば図3の材として割り箸を使った場合，荷重を大きくするとその中央部が最初に割れるだろう．これは曲げモーメントが最も大きい位置が中央部となるためである．

b. トラス構造と応力

トラス構造は図4に示すように多数の部材をピン節点でつなぎ，複数の三角形で構成した構造である．このときに発生する応力は**軸力** N（図中白抜き矢印）のみであり，引張材もしくは圧縮材となる．比較的断面が小さく少ない部材で構成可能なことから軽量であり，図5に示すような大空間建築の屋根などに用いられる．

c. ラーメン構造と応力

ラーメン構造は図6に示すように柱と梁を組み合わせ，剛節で結んだ構造である．国立西洋美術館の基本構造もラーメン構造である．最も単純な構成は図6に示す門形ラーメンである．ラーメン構造は自重を含む鉛直荷重に抵抗するだけではなく，地震時に発生する水平力にも抵抗することができる．ラーメンには曲げモーメント M，せん断力 Q，軸力 N の応力が生じる．

ラーメン構造は，建物の基本構造として最も一般的に利用される架構であり，日本で初めて建設された超高層ビルである霞が関ビルディングの基本構造もラーメン構造である（図7）．

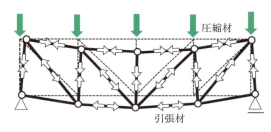

図4 鉛直荷重を受けるトラスのたわみと応力図

図5 工場の屋根に使われるトラス
（富岡製糸場，操糸場屋根）

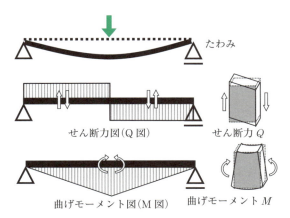

図3 鉛直荷重を受ける単純梁のたわみと応力図

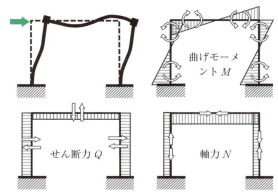

図6 水平荷重を受ける門形ラーメンのたわみと応力図

図7 超高層建物の基本構造として用いられるラーメン構造（霞が関ビルディング）

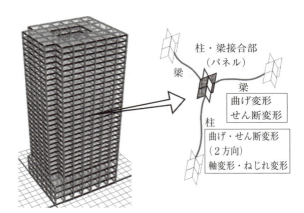

図9 柱，梁のモデル化とフレームの構築の一例

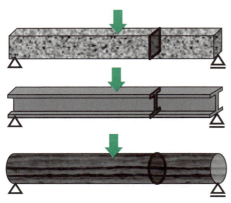

図8 材質と断面

4.2.2 構造解析

a. 柱，梁のモデル化とマトリックス表現

柱，梁は線材でモデル化される．式(1)の微分方程式を解くことによって，部材両端の曲げモーメント M と，両端のたわみ角である回転角 θ の関係式が得られる．これをベースに1本の材について材端での力（曲げモーメント，せん断力，軸力，ねじれモーメント）$\{p^e\}$ と変形 $\{u^e\}$ の関係が次のマトリックスの形で表現される．

$$\{p^e\} = [k^e]\{u^e\} \qquad (2)$$

この際に，曲げ剛性 EI のほか，ヤング係数 E と断面積 A を用いた軸剛性 EA，せん断剛性 G とせん断断面積 A_S を用いたせん断剛性 GA_S，断面極二次モーメント J を用いたねじれ剛性 GJ も利用される．

b. 架構全体のモデル化と大規模マトリックス演算

上記で得られた関係を柱，梁の1本1本に適用する．これにより得られた要素マトリックスを，図9に示すように材の方向を考慮し，柱・梁接合部のモデルを介して重合せの原理を利用すると，架構全体でマトリックスが構築される．

架構全体の力と変位の関係は次の線形方程式で表現される．

$$\{P\} = [K]\{U\} \qquad (3)$$

ここで $[K]$ は剛性マトリックスとよばれ，架構全体で大規模な行列となる．このような形での解析法はフレーム解析とよばれる．

式(3)の形にすれば，ほとんどのケースで構造解析が可能となる．非線形解析や後に述べる振動解析にも適用できる．ある荷重 $\{P\}$ を想定したときの変位 $\{U\}$ は，式(3)の連立一次方程式を解くことにより得られ

d. 単純梁のたわみと断面性能，弾性曲線式

図3に示した単純梁のたわみ量は，材長が同じであっても，図8に示すようにコンクリート，鋼材，木材などの材質によって異なる．また長方形，円形，H形，口形などの断面の形状によっても異なる．前者については材質の伸び縮みの指標となるヤング係数 E で，後者については断面性能として材の曲がりにくさの指標となる断面二次モーメント I で評価される．

単純梁のたわみ δ は，ヤング係数と断面二次モーメントの積である曲げ剛性 EI を利用した，次の弾性曲線式とよばれる微分方程式で表現される．

$$\frac{\partial^2 \delta}{\partial x^2} = -\frac{M}{EI} \qquad (1)$$

たわみの1階微分はたわみ角，2階微分は曲率とよばれ，曲率が曲げモーメント M に比例する形となる．

 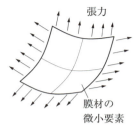

図10 膜構造の一例と応力

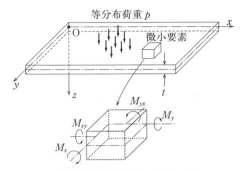

図12 平板構造の力学と応力

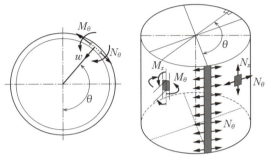

図11 シェル構造の力学と応力

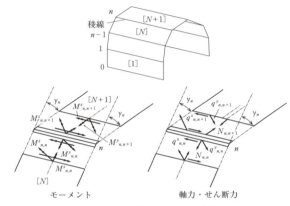

図13 折板構造の力学と応力

る．このマトリックス演算はコンピュータが最も得意とする分野である．現在ではPCレベルでも計算速度やメモリが大きくなったことから，構造解析ソフトのほとんどでこのアプローチが採用されている．

4.2.3 特殊構造の力学と応力

a. 膜構造の力学と応力

建築分野の**膜構造**は，一般に**空気膜**と**張力膜**に大別される．膜材は，曲げや圧縮に抵抗することができず，張力（引張力）によって安定させる．

曲率と張力が与えられた膜材は，その微小要素を取り出すと，図10のような応力（張力）が発生している．

b. シェル構造の力学と応力

シェル（殻）構造は，曲面の板の構造であり，形状によって**球形シェル，円筒シェル，円錐シェル**などに分類される．シェルの力学として，微小要素を取り出すと，図11のような応力が発生しており，外力に対して面内の力で抵抗する．このうち，軸力とせん断力による膜理論と，曲げモーメントも加えた曲げ理論に分類される．膜理論は数学的な扱いが簡単であるが，集中荷重などによって曲げが発生するケースでは誤差が生じるため，曲げ理論で扱う必要がある．

一様荷重を受ける対称なシェル構造の場合，たわみに関する基礎方程式は微分方程式で表され，数学的に解くことができる．

c. 平板構造の力学と応力

板（平板）は，厚さによって扱いが異なるが，薄い板は微小変形理論が適用できる．いわゆるキルヒホッフの仮説に従う板の場合，その微小要素を取り出すと，図12のような応力が発生している．同図から，たわみに関する基礎方程式を数学的に表現することができるが，2変数の4階偏微分方程式となり，境界条件を満たす解を得ることは困難な場合が多く，さまざまな解法が提案されている．

d. 折板構造の力学と応力

折板構造は，平板を組み合わせて，折れ線（稜線）を共有して構造体を構成する．折板構造の力学的な扱いとしては，図13に示すように平板の力学を基本とし，境界条件として，稜線における力の釣合いと変形の適合を満足する解を求めることになる．単純な形状のパターンの場合，数式による表現が可能である．

4.2.4 時刻歴応答解析

建物に地震動が入力すると，図14(a)に示すように建物の変位が時間 t とともに変化する．これを建物の**地震応答**とよぶ．建築構造力学ではこれを等価な水平力で置き換え，図14(b)に示す静的解析を行う．しかしながら，実際には建物の揺れが時間によって変化する．これを**時刻歴応答解析**によって評価する．先の静的解析に対し，動的解析ともよばれる．耐震改修後の国立西洋美術館のような免震構造では，時刻歴応答解析による検証が必須となる．これらは**建築振動学**の体系で学ぶことができる．

a. 一質点系の運動方程式

振動学で最も基本となるのが図15に示す一つの質量とばね，ダッシュポット（ダンパー）から構成される**1質点系モデル**である．振動問題で重要となるのが，建物質量 m に加速度 $\ddot{u}+\ddot{y}$ を掛けた $-m(\ddot{u}+\ddot{y})$ で表現される慣性力である．ドットは時間 t に関する微分を示す．ここで，$\ddot{y}$ は入力地震動の加速度である．この慣性力が静的解析で用いる地震荷重の正体であり，建物が振動する原因ともなっている．

これと，建物のばね定数 k に相対変位 u を掛けた復元力 $-ku$，減衰係数 c に相対速度 $\dot{u}$ を掛けた減衰力 $-c\dot{u}$ の力の釣合いより，以下の式が得られる．

$$m\ddot{u}(t)+c\dot{u}(t)+ku(t) = -m\ddot{y}(t) \quad (4)$$

(t) は時間に関する変数を示し，建物変位等が時間によって変化することを意味する．式(4)の2階の微分方程式を解くことにより，建物の時刻歴応答波形が計算される．

b. 多質点系の運動方程式

実際の耐震設計等では，架構全体を対象に振動解析を実施する．このときには，静的解析で利用した図1のフレームモデルやこれを簡略化した図2の等価せん断モデルを利用することができる．このようなモデルは先の1質点系に対し，**多質点系モデル**とよばれる．

動的解析に用いる運動方程式は，式(3)の剛性マトリックスを利用して，次の形で表現される．

$$[M]\{\ddot{U}(t)\}+[C]\{\dot{U}(t)\}+[K]\{U(t)\} = -[M]\{1\}\ddot{y}(t) \quad (5)$$

ここで $[M]$ は質量マトリックス，$[C]$ は減衰マトリックス，$[K]$ は剛性マトリックス，$\{1\}$ は単位ベクトルである．これを解くことにより，建物変位の時刻歴やその最大値である最大変位応答等を算定することができる．

4.2.5 建物の振動特性

a. 固有周期

建物が最も揺れやすい周期は**固有周期** T_0 とよばれ，建物の振動特性で最も重要となる．固有周期 T_0 は建物の高さ，種別から推定することができる．耐震構造の建物では，階数を N とすると鉄骨造（S造）の場合は $T_0 = 0.1N$ [s]，鉄筋コンクリート造（RC造）の場合は $T_0 = 0.06N$ [s] で概算される．図16に各種規模の建物の固有周期を示す．大地震時の免震建物の固有周期は，規模にかかわらずおおむね2〜4sとなる．国立西洋美術館の上部建物だけの固有周期 T_0 は約0.2sであった．免震改修後については免震層が20 cm水平変形した場合の固有周期は約2.7 sとなり，大きく長周期化する．

b. 固有モード

固有周期は建物が揺れやすい周期であるが，このときの建物の揺れ方は，図17に示す**固有モード**に対応する．免震層のない上部建物だけの固有モードは逆三角形もしくは正弦波に近い形をしている．この揺れ方は耐震構造等の多くの建物でみられる．一方，免震改

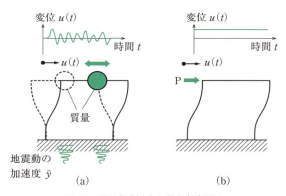

図14 動的解析(a)と静的解析(b)

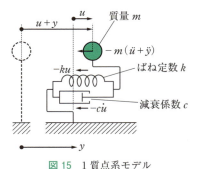

図15 1質点系モデル

東京理科大学野田2号館 (4階建RC造) $T_0 ≒ 0.2$ s

東京理科大学葛飾研究棟 (11階建SRC造) $T_0 ≒ 0.7$ s

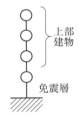 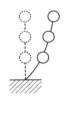 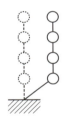

東京理科大学神楽坂1号館(17階建SRC造), $T_0 ≒ 0.9$ s

ランドマークタワー(70階建S造), $T_0 ≒ 6.0$ s

東京スカイツリー(高さ634 mのS造), $T_0 ≒ 10$ s

図16 各建物の一次固有周期の推定値

(a) 免震改修前 ($T_0 = 0.20$ s)　　(b) 免震改修後 ($T_0 = 2.65$ s)

図17 国立西洋美術館の固有モードの変化

修後の固有モードは免震層で大きく変形し，上部建物はあまり変形しない．免震層で地震のエネルギーが吸収する様子がわかる．

c. 減衰定数

固有周期とともに重要な振動特性が減衰である．通常は**減衰定数** h で表す．減衰定数が大きいほど，地震を受けた建物が揺れにくく，かつ揺れが収まりやすい．耐震設計時に行われる時刻歴応答解析では，S造で $h = 2\%$，RC造で $h = 3\%$ が慣用的に用いられる．

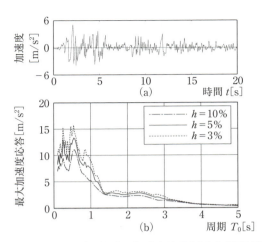

図18 El Centro (NS) 波の加速度波形(a)と加速度応答スペクトル(b)

国立西洋美術館のような免震構造の場合は，免震層でエネルギー吸収能力をもたせるため，図17のように免震層が大きく変形する場合には，高い減衰性能を得ることができる．免震改修前の減衰定数は 1～3% 程度であるが，免震改修後の等価な減衰定数は 10～15% 程度となる．

d. 地震動の加速度応答スペクトル

建物応答で最も重要となる指標は，地震中に最も大きな応答となる**最大応答値**である．ある地震動が入力したときの1質点系の最大応答を含む建物応答は，建物の規模に関係なく，固有周期 T_0 と減衰定数 h のみで評価できる．地震時に建物に発生する最大加速度応答は，揺れの激しさや建物に作用する地震荷重の大きさの指標となる．横軸を固有周期 T_0，縦軸を最大加速度応答としてプロットした図を**加速度応答スペクトル**とよぶ．

図18は耐震設計で標準的な入力地震動として用いられる，El Centro (NS) 波の加速度波形と加速度応答スペクトルである．スペクトルの横軸は建物の固有周期 T_0 であり，減衰定数 h ごとに1質点系の最大加速度応答が示されている．耐震改修前の固有周期は $T_0 = 0.20$ s，減衰定数は $h = 3\%$ である．一方，免震改修後の固有周期を $T_0 = 2.65$ s，減衰定数を $h = 10\%$ とすると，最大加速度応答が小さくなることがわかる．

4.3 構造設計

国立西洋美術館の構造設計

国立西洋美術館の既存部分は建設当時の建築基準法・同施行令・同関連告示および通達に準拠し設計されている．この改修設計では，現行の建築基準法・同施行令・同関連告示および通達に照らし合わせて確認している．

構造設計方針としては，既存部分が建設当時の基準により設計されているため，地下1階を含む全階についてせん断力係数0.2の一様分布としている．免震改修後の耐震性検討では，時刻歴応答解析による設計が行われた．その際に用いられた設計用入力地震動の大きさは，特性の異なる強震記録4波を入力位置において2段階のレベルで最大速度値により基準化している．この二つのレベルの地震動に対する構造設計クライテリア（判定規準）は以下のとおりである（図1）．

レベル1　建物の耐用年限中に1〜2度遭遇する可能性のある地震動に対し，最大速度を25 cm/sとする．これに対し，建物の構造体が短期許容応力度以内であることを目標とする．設備配管・電気配線も無被害であることを目標とする．

レベル2　建物耐用年限中において予想される工学的に妥当な最大級の地震に対し，最大速度を50 cm/sとする．これに対し，建物の構造体が弾性限耐力以内であることを目標とする．積層ゴムには引き抜きを生じさせない．重要度の高い設備配管・電気配線は変形に追随可能なディテールとし，無被害であることを目標とする．

風荷重については，建築基準法により求めた設計用風荷重に対して構造体が許容応力度以内であることを目標としている．

国立西洋美術館の構造設計体制と構造設計者の役割

建物の設計には，施主をはじめ，その専門分野ごとに多くの設計者や監理者が関わるのが一般的である（図2）．国立西洋美術館の構造設計は，建設省関東地方建設局営繕部，横山建築構造設計事務所，清水建設が担当している．構造設計者は，適切な構造計画を立てると同時に，法的に適合・準拠するための構造設計のルートを選択し，構造計算を通じて建物の耐震安全性等を確保する必要がある．法的な手続きだけではなく，構造計画，意匠，設備との協働，施主への説明，施工現場での品質確保等，構造設計者の役割は多岐にわたる．

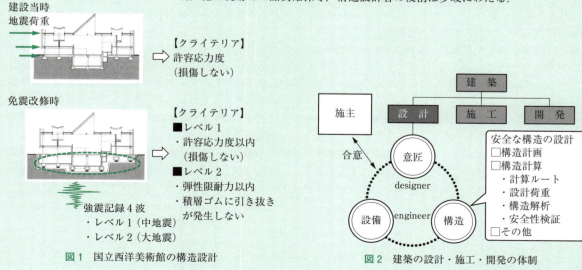

図1　国立西洋美術館の構造設計　　　図2　建築の設計・施工・開発の体制

4.3.1 構造設計の基本方針

a. 構造設計の目的と対象

建築基準法ではその目的を,「建築物の敷地,構造,設備及び用途に関する最低の基準を定めて,国民の生命,健康及び財産の保護を図り,もつて公共の福祉の増進に資することを目的とする」としている.

構造設計者は,この建築基準法の目的を遵守して,購入者や供給者などの施主側からの要求を形として実現していくが,そのときの方針は,**用・強・美**のバランスがとれた建物としていくことである.「用」とは使い勝手がよく役に立つものであること,「強」とは雨風や天災に耐えて中にいる人を守ること,「美」とは形や色がきれいであることを表している.これらは,建物の構造形式や構造計算に関係なく,重要なことである.

このうち,建築の構造設計で扱う建物(建築基準法上では建築物)とは,土地に定着する工作物のうち,屋根および柱もしくは壁を有するもの(これに類する構造のものを含む),これに付属する門もしくは塀・観覧のための工作物または地下もしくは高架の工作物内に設ける事務所・店舗・興行場・倉庫その他これらに類する施設(鉄道および軌道の線路敷地内の運転保安に関する施設ならびに跨線橋・プラットホームの上家・貯蔵槽その他これらに類する施設を除く)をいい,建築設備を含む.工作物には,煙突や鉄塔・風力発電支持塔も含まれる.

b. 構造設計の種類と学術との関係

具体的な構造設計としては,重力に対する長期荷重について柱・梁・基礎の構造設計をし,断面形状や材料・配筋を決めた後に地震などの外力についての短期荷重への検討を行い,構造図として図面化する.

建築の構造設計を法的に適合・準拠するための設計ルートには,各種設計法が存在する.法的には,建築基準法によって,**構造設計ルート**が定められている(図3).

構造設計法は,**設計荷重**,**構造解析**,**設計規範**で構成されており,建物の応力や変形を計算で求め,所要の性能を満足することを確認する.実際の設計においては,これらの設計ルートは建物の種類や検証する性能に応じて用いられる.それらのルートを整理して,行政手続きなどで認可される努力も構造設計者の仕事である.なお,国立西洋美術館の免震改修時の構造設計では,時刻歴応答解析による設計が行われた.

許容応力度設計(一次設計)は初学者が学ぶ弾性論(構造力学や材料力学など)を基盤とし,終局耐力設計(二次設計)は大学院などで学ぶ塑性論を基盤としている.また,時刻歴応答解析は初学者が学ぶ振動論を基盤としているが,塑性論も包含している.限界耐力計算は,建物の時刻歴応答解析を静的な問題に置き換えたものであり,弾性論と塑性論,振動論を総括した高度な知識を必要とする.

設計荷重は3.3節,構造解析は4.2節,設計規範のうち,材料特性に関する内容は3.1.5項,3.1.6項に示した.また,設計法と設計ルートの詳細については,4.3.2項で解説する.

4.3.2 構造設計法と構造設計ルート

a. 構造関係規定の構成と対象

建築物の構造強度に対する要求性能は,**荷重の種類**

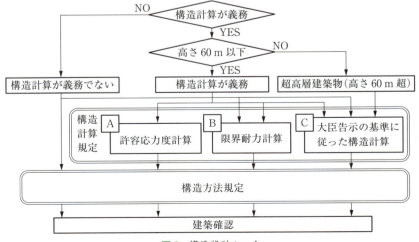

図3 構造設計ルート

(3.3 節) で示されている固定, 積載, 積雪, 風, 地震などに対して, 安全な構造を設計することである.

この要求性能に対して, 建築基準法の構造関係規定では, 構造方法と構造計算の規定が定められている. また, 構造計算が義務づけられている建物の種類と基本的ルートも定められている. ここでは, 構造設計法と, 構造計算規定について解説する.

b. 構造設計法

構造設計法は, **表1**に示すとおり四つの設計法が存在し, いずれも設計荷重, 構造解析, 設計規範（クライテリア）で構成されている（**図4**).

c. 許容応力度計算（一次設計）

一次設計は, 各種荷重に対して骨組の**弾性解析**を行い, 構造各部の作用応力度が**許容応力度**を超えないように, 部材や接合部などを決める設計法である. 図3の設計ルートの<u>A</u>部分が該当する.

荷重は, 常時作用する**長期荷重**と, 積雪・暴風・地震などある期間のみ作用する**短期荷重**が採用される. 許容応力度は, 荷重の長期と短期に対応して定められており, 短期荷重に対する許容応力度は材料の降伏強さを基準として, 材料や部材に座屈, 変形などの不具合が生じないように定められる. また, 長期荷重に対する許容応力度は, 短期の許容応力度に対して, 安全率を考慮して定められた値が採用される. なお, 許容応力度については, 本書 3.1.5 項（コンクリート）と 3.1.6 項（鋼材）に示した.

d. 終局耐力計算（二次設計）

二次設計（または終局耐力設計法）は, 建物規模や種別がある条件に該当すると適用され, **層間変形角**, **剛性率**, **偏心率**, 耐力壁等の量（RC 造), 接合部（S造, 木造）などの検討を行う. さらに, 想定される最大級の荷重（極限荷重）が, 建物が崩壊するときの耐力（崩壊荷重）を上回らないように, 部材や接合部などを決める設計法である.

e. 限界耐力計算

建物が地震を受けた際, 建物に生じる応力や変形は, 地震継続時間中に時々刻々と変化する. この時刻歴の地震応答に基づいて構造物の安全性を検証する設計法（本項 f）に対して, 限界耐力計算は, 地震応答時の時刻歴の特性を損なうことなく, 計算方法を簡略化し, 構造物の地震応答を簡易的に評価する手法である. また, 限界耐力計算では, 地震入力レベルと建物の損傷の関係として, ① 中小地震に対して構造物がまったく損傷しない「損傷限界」と, ② 大地震に対して構造物が倒壊しない「安全限界」を設定し, 2段階のレベルに対して性能を検証することとなっている. 図3 の設計ルートの<u>B</u>部分が該当する.

f. 時刻歴応答解析による設計法

時刻歴応答解析による設計法は, 超高層建築物（高さ 60 m を超える建築物）に対して行われ, 地震等の時刻歴外力（動的荷重）を受けた際の建築物の応答を正確に把握し, 応力や変形が設計規範を上回らないように, 部材や接合部などを決める設計法である. 図3 の設計ルートの<u>C</u>部分が該当する.

表1 構造設計法

設計法	荷重	解析	規範
許容応力度設計（一次）	公称荷重	弾性解析	応力度＜許容応力度
終局耐力設計（二次）	極限荷重	塑性解析	保有耐力＞必要耐力
限界耐力計算	地震荷重など	弾塑性解析	損傷限界安全限界
時刻歴応答解析による設計	地震動	時刻歴応答解析	応力度, 耐力, 変形など

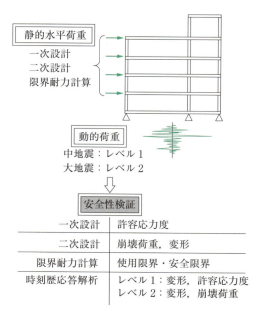

図4 各種構造設計法の荷重と規範の関係

時刻歴応答解析による設計では，地震動は2段階のレベル（中・大地震）を想定して検証が行われる．

4.3.3 構造設計者

a. 構造設計者の心構えとスキル

構造設計者に関連する事件として，2005年11月に発生した構造計算書偽造問題が挙げられる．ある一級建築士が，計算結果を改ざんして構造計算書を偽装したうえに，確認検査機関がこれを見抜けずに承認し，偽装された結果のまま建物が建てられ販売された．

この問題を受け，構造設計者や学会・団体・組織などが品質確保の重要性を再認識し，「構造設計のあるべき姿」や「構造技術の体系化」などを再構築した．以下に，構造設計者が習得すべきスキルを挙げる（図5）．

（ⅰ）ベーシックスキル：主要5教科や図工，音楽，体育などの一般教養，ならびに語学，IT知識・リテラシー，建築士としての学科・製図知識と専門資格を身につけることが重要である．

（ⅱ）テクニカルスキル：設計技術，解析技術，材料を基本にした幅広い知識や最先端の技術，社会変化に対応する継続的な技能向上，構造的な直感性（センス）の育成が必要である．

（ⅲ）ソーシャルスキル：構造設計者としては正しい倫理観や道徳観をもって，愚直に真っ直ぐに構造設計することも重要である．そのためには，エンジニアとしての倫理観や道徳観，建築基準法などの法令遵守，専門家としての真実の追究が求められる．

（ⅳ）コミュニケーションスキル：専門用語などを振り回さず，一般の人々にも説明できるスキルが必要である．また，コンペなどでの自己表現のためにも，例えばプレゼンテーション能力，コミュニケーション能力，営業力，会話力などが求められる．

（ⅴ）クリエイティブスキル：従来の枠にとらわれない自由な発想力，新しい試みに挑戦する精神力，優れた洞察力，イメージを実現化する行動力，これらは最も重要なスキルかもしれない．

構造設計者は，日々の自己研鑽に努め，これらのスキルをバランスよく修得し，向上していくことが望ましい．

b. 構造設計者になるためには

構造設計者になるためには，ゼネコンを含む一級建築士事務所に入り，建築関係の仕事やさまざまな経験を通じて，構造設計の業務などを修得していく．また，建築の仕事は，さまざまな人間関係の下で進んでいくものであり，その経験は自分にとって，また構造設計者として，大きな宝になるだろう．

c. 構造設計者の役割

建築確認申請を提出する際には，構造計算書を審査する機関や特定行政庁により考え方が異なる場合もある．しかしながら，構造設計者は説明責任として，自らの構造設計に対する考え方およびその理論的な根拠や工学的判断を説明する姿勢が大事である．

現場監理は構造設計者が施工中の建物の品質管理・保証に責任をもつという意味でも必要である．製品検査等で現場に足を運ぶことも大切である．

d. 構造設計者の専門資格

一級建築士資格の取得後，構造設計者として社会に建築作品を送り出すために，目指すべき資格がある．

構造計算書偽造問題の翌年の2006（平成18）年12月改正建築士法により，構造設計一級建築士制度が創設された．一定規模以上の建築物の構造設計については，構造設計一級建築士が自ら設計を行うか，もしくは構造設計一級建築士に構造関係規定への適合性の確認を受けることが義務づけられた．構造設計一級建築士は，一級建築士として5年以上構造設計の業務に従事した後，特定の講習を修了した者が認定される．

一般社団法人日本建築構造技術者協会（JSCA）では，資格認定試験を行い，技量・資質の判定を行い，JSCA建築構造士を設定している．JSCA建築構造士は，構造計画の立案，設計図書の統括，工事監理など，建築構造の全般について，的確な判断を下すことのできる技術者である．構造設計者は，美と経済，心と技術の調和を保ちつつ建築の機能を達成し，自然災害から人命と文化を守るため，建築主・建築家・施工者とともに力強く前進していく必要がある．

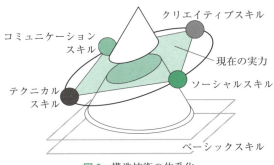

図5　構造技術の体系化

4.4 基礎構造と地盤

基礎構造と地盤

基礎は建物の自重はもとより，地震や風などの外力を受けた場合に，建物から流れてくる力を地盤に伝えるものである．その際，力を受ける地盤が建物からの荷重に耐えられ，また基礎自体が壊れないことを確認し，建物が傾くことのないようにする．2011年の東日本大震災の際には，浦安エリアを中心に東京湾沿岸部の広域で大規模な液状化被害が発生し，多数の住宅が傾斜するなどの被害が出た．地盤中に埋め込まれている基礎を修復することは難しいため，その設計には細心の注意を払う必要がある．

国立西洋美術館の地盤構造

建物を建設するうえで，当該地点の**地盤構造**を調べておくことは，基礎の計画，設計だけではなく，地震環境を考えるうえでも重要となる．地盤構造を調べるためには，**N値**とよばれる地盤の硬さを調べる**標準貫入試験**や**速度検層**などの**地盤調査**を実施する必要がある．国立西洋美術館は上野恩賜公園内に建てられ，武蔵野台地の東端に位置し，建設地点では厚さ2m程度の埋土層の下に，関東ローム層とよばれる粘性度の高い地盤が存在する．地下水位が地表から17.5mと深いこと，浅い部分は厚い粘土層で覆われていることから，液状化の危険性は小さいと考えられる．

国立西洋美術館の基礎構造

免震改修前の基礎構造は，図1(a)に示すように，地下階を含む部分は**べた基礎**で，それ以外はフーチングで直接支持する**独立フーチング基礎**となっていた．免震改修中には，免震装置の設置やピット工事のため，図1(b)のように基礎周辺を掘削し，基礎梁を補強した．その後，**鋼管杭**を圧入し建物を仮受けし，厚さ600mmのマットスラブを打設した．改修工事終了後は鋼管を撤去し，図1(c)のように基礎版や外周壁が地盤と直接接触しているべた基礎となっている．このように改修前後の段階で，3種類の基礎構造を採用している．

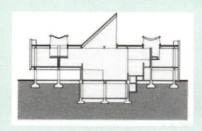 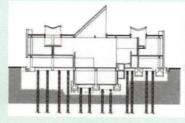 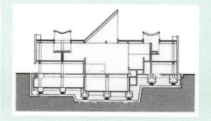

(a) 免震改修前　　(b) 免震改修中　　(c) 免震改修後

図1　国立西洋美術館の基礎構造

4.4.1 地盤調査

a. 調査方法

基礎の設計に必要となる地盤の情報は，図2に示す原位置で穴を掘って実施する**ボーリング調査**によって得られる．N値等が得られる標準貫入試験や，S波速度等を求める弾性波速度検層（PS検層）がある．前者は主に地盤支持力，沈下量，液状化判定に，後者は地盤の振動特性，入力地震動の評価に用いられる．簡易調査法としてスウェーデン式サウンディング試験（SS試験）があり，主に住宅用に利用される．

b. 液状化

東日本大震災では震源から遠い千葉県浦安市で，大規模な**地盤の液状化**が発生した．これにより，図3に示すように建物の沈下やマンホールの浮き上がり等の被害が発生した．液状化は，高い地下水位と緩い砂地盤，大振幅もしくは繰り返しの地震動入力の組合せで発生し，噴砂や地盤沈下を伴う．事前対策として，いくつかの**地盤改良法**が用いられている．

4.4.2 基礎構造の種類と設計

a. 基礎構造の種類

基礎構造は大きく，図4のように直接基礎と杭基礎に分類される．直接基礎は，独立したフーチングを介して地盤に荷重を伝える**独立フーチング基礎**と帯状のフーチングを介する**連続フーチング基礎**，基礎スラブを介する**べた基礎**に分類される．西新宿の超高層ビル群は，地下が深く，その下に東京礫層とよばれる比較的堅固な地盤が広がっていることから，国立西洋美術館と同様にべた基礎となっている場合が多い．

建物下の地盤支持力が十分ではない場合は，**杭基礎**を利用して建物からの荷重を地盤に流す．杭基礎は工法として**既成杭**と**場所打ちコンクリート杭**に分類される．国立西洋美術館で建物の仮受けに用いられた鋼管杭は既成杭である．

杭基礎の抵抗機構として，図5に示すように，主に杭先端の硬質地盤に荷重を伝える支持杭と，杭周地盤との摩擦力を介して伝える摩擦杭がある．軟弱地盤に建つ超高層建物等の大型構造物の多くは，図6に示すような支持杭となっている．

b. 基礎構造の設計

地盤調査結果と重量を含む建物規模から基礎構造の種類を選定する．硬質な地盤であれば直接基礎が，軟弱な地盤であれば杭基礎が採用される．想定した設計

(a)標準貫入試験　(b)PS検層　(c)SS試験

図2　地盤調査の様子

図3　浦安市での地盤の液状化による被害

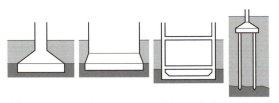

(a)独立フーチング基礎　(b)連続フーチング基礎　(c)べた基礎　(d)杭基礎

図4　基礎の種類

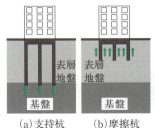

(a)支持杭　(b)摩擦杭

図5　支持杭と摩擦杭　　図6　大型構造物の支持杭

荷重に対し，直接基礎では地盤の許容地耐力度を，杭基礎では杭の許容耐力を超えないように断面等を設計する．また必要に応じて地下外壁，擁壁等の設計も行う．沿岸部等の軟弱地盤で支持杭を計画する場合には，杭の耐震性を十分に確保する．この際，上部建物の慣性力による影響だけではなく，地盤震動で発生する応力も加味する必要がある．また地盤液状化の可能性がある場合には，その影響も考慮し検討する．

4.5 耐火性能と耐火構造

必要な耐火性能

国立西洋美術館は焼失すると復元が困難な貴重な芸術品を多数所蔵しており，また，これらを鑑賞に訪れる来館者，さらに美術館の職員など多数の人々が常時利用している．したがって，万一火災が発生したとしても，在館者が安全に避難でき，所蔵品への火災の影響を最小限にとどめる必要がある．これを実現するために，火災を区画化して延焼範囲を狭い範囲にとどめるとともに，建物全体の火災による倒壊等を防止できるようにする必要がある．

本建物は国の重要文化財に指定されているため建築基準法3条の摘要除外を受けるが，建築基準法では，3階建て以上の美術館には耐火的に最も高い性能を備えた**耐火建築物**とすることを求めており，本館は耐火建築物としての性能を備えた建物である．

耐火構造

構造上主要な部材（柱，梁，壁，床）等に耐火性能をもつ部材を用いることで，前述の耐火性能を実現することが可能となる．国立西洋美術館は3.1節で述べたような鉄筋コンクリート（RC）造である．これを構成するコンクリートや鉄筋は燃えない材料（**不燃材料**）であるが，いずれも高温になると強度や剛性が低下する．さらに，壁や床が燃えなくてもこれらを通して，火災が起こっている室の隣室や上下の室に熱が伝わる．つまり，単に不燃材料で構成されているから火災に強いとは言い切れない．幸い，コンクリートは密度・**比熱**が大きく，また構造的に必要な厚さや径も大きく，**熱容量**（＝比熱×密度×体積）が大きくなるため，火災時にも部材の中心まで高温になるには長い時間を要する．

現在の国立西洋美術館の丸柱（図1）は最小径が 550 mm，鉄筋に対するコンクリートのかぶり厚さが 30 mm 確保されており，火災時にも鉄筋が高温にならず強度・剛性を保つことができる．また，標準的な壁（図2）の厚さは 15 mm，かぶり厚さは 30 mm 確保されており（表1），隣接室が延焼するほどの高温にはならない．これらにより，必要な耐火性能が実現されている．

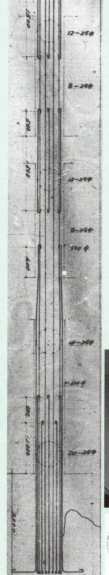

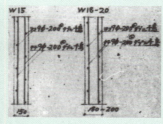

図2 耐火構造の壁

表1 鉄筋のかぶり厚さ

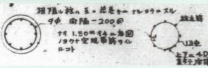

図1 耐火構造の柱

4.5.1 耐火性能

火災時に延焼を抑止し，倒壊等を防止することで，在館者らの人命保護，収納する財産保護，機能維持のために，建築物は火災に耐える能力，つまり耐火性能を備えなければならない．

建築物の要素である柱・壁等の部材に必要となる耐火性能には，以下の三つがある．

- 火災時に荷重を支持し続けられる能力（非損傷性, loadbearing capacity, 記号は R），
- 火災時に加熱される面と反対の面（裏面）を高温にしない能力（遮熱性, insulation, 同 I），
- 火災の炎・高温のガスを裏面に出さない能力（遮炎性, integrity, 同 E）

常温時に固定荷重および積載荷重を支持している部材にはすべて非損傷性が必要であり，区画を構成する壁・床には遮熱性，建物の外殻を構成する壁・屋根には遮炎性が必要である．

4.5.2 耐火構造

火災が終了するまで必要な耐火性能を有する部材を耐火構造という．典型的な耐火構造には，鉄筋コンクリート造の部材，耐火被覆された鉄骨造の部材，軽量鉄骨下地や木下地の両面に石膏ボードを張った壁等がある．耐火構造は，主に盛期火災に抵抗する部材であることもあり，通常は ISO 834[1]で標準化された火災温度に従って所定の時間加熱し，その後も耐火性能を維持し続けることが求められる．図3は，1時間の耐火性能を有するように耐火被覆された鉄骨柱（耐火構造）を標準加熱した場合の鋼材温度および変形性状の概略を示したものである．

鋼材の温度上昇に伴い柱は伸び出すが，60 min で加熱終了した場合（図中の実線）は，その後は温度低下とともに伸び出し量が小さくなり常温に戻るまで荷重を支持し続けることができる．一方，60 min 以降も加熱を継続した場合（図中の破線）は，柱はいずれ荷重を支持できなくなり鋼材温度が上昇していても柱は収縮に転じて崩壊する．このような挙動は，高温になると鋼の強度やヤング係数が常温に比べて低下することにより引き起こされる．コンクリートも類似の材料特性をもち，木は260℃程度の温度で炭化・燃焼するため耐火性能が著しく低下する．耐火構造とするためにはこのような材料の特性を十分に考慮する必要がある．

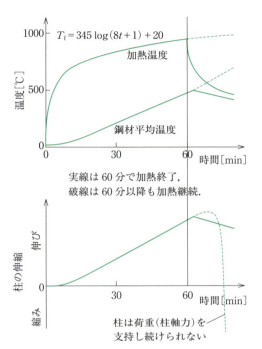

図3 標準加熱を受ける耐火被覆された鉄骨柱の挙動

4.5.3 耐火設計

想定される火災に対して建築物全体が必要な耐火性能を維持し続けるように，開口部，区画等を計画したり，部材の断面仕様を決定することを耐火設計という．3.8節で述べたように，室内で想定される火災性状は，火災区画内の可燃物量・開口量・周壁の熱特性等に依存する．設計においては，これらを設計諸元として火災の激しさや継続時間を算定し，建築物または部材が保有する耐火性能が火災による作用（action）を上回ることを検証する．具体的には，建築基準法の耐火性能検証法のように「火災継続時間＜部材の保有耐火時間」を検証する方法と「火災時部材温度＜限界部材温度」を検証する方法[2]とがある．このような性能型設計法とは別に，過去の火災事例や火災実験等を踏まえて，建築物の階数および柱・壁等の部材ごとに耐火時間を定め，その時間に見合った耐火構造部材を適宜組み合わせて建築物を構成する仕様型の設計法もある．

4.6 室内空気環境の維持

室内空気汚染

室内の空気には酸素，窒素，水蒸気のほかに，居住者にとって有害な物質が含まれており，これを室内空気汚染物質とよぶ．室内空気汚染物質は二酸化炭素（CO_2）や臭気，ふけなど人体から発生するもの，喫煙による粉じんやニコチン，殺虫剤の使用によるフッ化炭化水素など生活行為に伴って発生するもの，一酸化炭素（CO）や窒素酸化物（NO_x）など燃焼に伴って発生するもの，ホルムアルデヒドや揮発性有機化合物（VOC）など建材から発生するものなどがある．

従来の室内空気汚染は，人間や燃焼器具由来のものが代表的であったが，最近は建物の気密性が向上し，自然換気量が少なくなった結果，従来あまり問題にされてこなかった建物由来の微量物質の影響も重要視され，**室内空気質問題**として注目されている．汚染物質には**ガス状物質**のほか，液滴や粒子状物質，浮遊微生物などがあり，特に粒子が小さく長時間滞留するものを**エアロゾル**とよぶ．

繁忙期における室内空気環境測定

図1に示す国立西洋美術館内の各位置に CO_2 濃度測定と粉じん濃度測定のためのセンサーを設置し，企画展示開催時（ルーヴル展）の繁忙期における館内空気環境計測を行った．9：00の開館後の濃度変化の測定結果を図2に示す．粉じん濃度はエントランスホールで最も高くなるものの，1日にわたって 0.02 mg/m^3 を超えることはない．室内 CO_2 濃度は開館時点で 500 ppm であり，おおむね外気濃度と一致する．開館後の滞在人数の増加に伴い，CO_2 濃度は緩やかに上昇する．14：00以降常設展の滞在者は200人程度，企画展の入場順番待ち来館者が滞在するエントランスホールは500人程度となり，これらの空間での CO_2 濃度はおおむね安定して 1500 ppm 程度が維持されている．

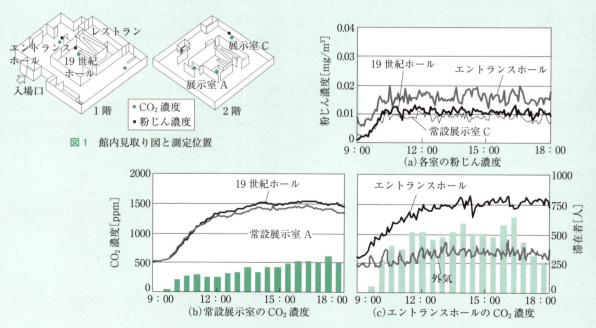

図1　館内見取り図と測定位置

図2　企画展示開催時の館内 CO_2 濃度と浮遊粉じん濃度

4.6.1 換気の目的

室内の空気と外気を交換することを**換気**という．室内空気汚染物質を室内空気とともに排出し，新鮮外気を取り入れることによって室内空気の清浄度を維持することが換気の最大の目的である．室内空気汚染物質については，居住者の健康や快適性保持を目的として許容濃度が定められているので，濃度が許容値以下となることを目標に換気量が定められる．通常の居住環境下では，外気は十分に清浄なので，単に外気を取り入れるだけでよいが，幹線道路や工場近傍などでは外気の汚染が無視できないので，取り入れる前に浄化を要する場合がある．

換気にはこのほかに，室内で居住者や燃焼器具によって消費される酸素（O_2）の供給，過剰な水蒸気を排除して室内湿度を適度に制御すること，室内の発熱を排出する排熱などの目的がある．また，大量の換気を行うことによって夏季に建物を冷却したり，直接居住者が風を浴びて冷涼感を得る場合があり，これらを目的とした換気は，室内空気質の維持を目的とした場合と区別するために**通風**とよぶ．

4.6.2 濃度の表し方と許容濃度

a. 濃度の表し方

汚染濃度の表し方には，ガス状物質の場合に用いられる体積濃度と，ガス状物質，エアロゾル両方に用いられる質量濃度がある．体積濃度は，空気の単位体積中に含まれる汚染ガスの体積であり**ppm**がよく用いられる．ppm は図3に示すように，空気 $1\,m^3$ 中に $1\,cm^3$ の汚染ガスが含まれている状態を表す．ppm 以外にも，%（10^{-2}），ppb（10^{-9}）などが用いられる．

一方，質量濃度は室内空気汚染物質全般の濃度に用いられ，単位体積中の汚染物質の質量で表される．mg/m^3，$\mu g/m^3$（$= 10^{-6}\,g/m^3$）などが用いられる．

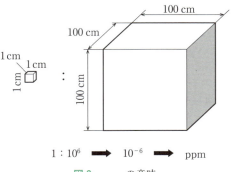

図3　ppm の意味

b. さまざまな許容濃度

空気汚染物質にはさまざまな許容濃度が与えられているが，その意味を正しく理解して適用しなければならない．表1に労働環境における許容濃度の例を示す．これは，職業としてさまざまな空気汚染物質を取り扱う成人を対象としたものであり，原則として8時間労働し，定期的に健康診断を受けることを前提に定められている．したがって，一般環境の許容濃度として用いることはできない．

一方，建築基準法や建築物環境衛生管理基準では建築の室内環境基準として表2が定められている．これは，年齢性別を問わず不特定多数の居住者を対象としたものであり，長期間曝露されても問題が起こらないレベルに設定されている．したがって，労働環境の基準値よりも著しく低く，厳しい値が設定されている．

4.6.3 必要換気量

a. 必要換気量の計算法

室内を許容濃度に維持するために必要となる換気量の算出方法を検討する．図4に示す容積 $V\,[m^3]$ の室が $Q\,[m^3/h]$ の換気を行っているとし，外気濃度を $C_0\,[m^3/m^3$ または $mg/m^3]$ とする（体積濃度では「体積/体積」となるので，通常は割合を示す%や ppm で表して単位はつけない）．外気流入量は単位時間あたり $Q\,[m^3]$ だから，これに外気濃度を掛ける

表1　労働環境における許容濃度の例

物質名	化学式	許容濃度 ppm	許容濃度 mg/m^3
二酸化炭素	CO_2	5000	9000
一酸化炭素	CO	50	57
ホルムアルデヒド	$HCHO$	0.1	0.12
		0.2*	0.24*
硫化水素	H_2S	5	7
オゾン	O_3	0.1	0.20
トルエン	$C_6H_5CH_3$	50	188
トリクロロエチレン	$Cl_2C=CHCl$	25	135
キシレン	$C_6H_4(CH_3)_2$	50	217

＊最大許容濃度．常時この値以下に保つこと．

表2　一般環境の許容濃度

物質名	許容濃度
二酸化炭素	1000 ppm
一酸化炭素	10 ppm
浮遊粉じん（10 μm 以下のもの）	0.15 mg/m^3
ホルムアルデヒド	0.1 mg/m^3

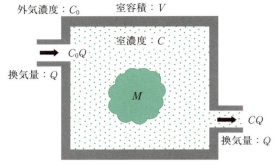

図4 室内空気汚染物質の収支

表3 CO_2 の許容濃度と人体への影響

濃度 [%]	意義	適用
0.07	多数継続在室する場合の許容濃度（Pettenkofer の説）	CO_2 そのものの有害限度ではなく，空気の物理的・化学的性状が CO_2 の増加に比例して悪化すると仮定したときの，汚染の指標としての許容濃度を意味する
0.10	一般の場合の許容濃度（Pettenkofer の説）	
0.15	換気計算に使用される許容濃度（Rietschel の説）	
0.2～0.5	相当不良と認められる	
0.5 以上	最も不良と認められる	
4～5	呼吸中枢を刺激して，呼吸の深さや回数を増す．呼吸時間が長ければ危険．O_2 の欠乏を伴えば，障害は早く生じて決定的となる	
～8～	10 分間呼吸すれば，強度の呼吸困難・顔面紅潮・頭痛を起こす．O_2 の欠乏を伴えば，障害はなお顕著となる	
18 以上	致命的	

と，換気によって単位時間あたり室内に流入する汚染物質の量が得られる．また，汚染物質の室内での発生量を M [m³/h または mg/h] とすれば，室内にもち込まれる空気汚染物質は次のようになる．

　　　換気流入：$C_0 Q$ [m³/h または mg/h]
　　　室内発生：M [m³/h または mg/h]

一方，室内濃度が C [m³/m³ または mg/m³] で室内を一様に分布しているとすると，室内から排出される空気汚染物質は次のようになる．

　　　換気流出：CQ [m³/h または mg/h]

両者が等しいとして C について解くと式(1)，Q について解くと式(2)となる．

$$C = C_0 + \frac{M}{Q} \qquad (1)$$

$$Q = \frac{M}{C - C_0} \qquad (2)$$

式(1)は汚染物質の発生量と換気量から室濃度を求める式である．また，式(2)は汚染物質の発生量と外気濃度から室内を許容濃度に維持するための必要換気量を求める式である．

ここで注意が必要なのは，これらの式に室容積 V が関係していないことである．つまり，必要換気量 Q は汚染物質の発生量 M と外気濃度 C_0 で決まり，室容積 V は関係しない．

b．必要換気量の表示法

必要換気量は式(2)に示すように，汚染物質発生量に比例するので，単位汚染物質発生量あたりの値として表示されることが多い．人から発生する汚染物質に対する必要換気量は 1 人あたり m³/h，汚染発生が床面積あたり一定の大きさとなる場合などには，床面積 1 m² あたり m³/h が用いられる．

また，換気量を室容積で割った式(3)に示す**換気回数** N [回/h] を用いて表すことも行われる．換気回数は換気量を室容積基準で表したものである．換気回数 0.5 回/h の換気量では，換気開始後 2 時間経過すると，取入れ外気量の合計が室容積と同じになり，この状態を一回換気などという場合がある．換気は常に室空気と混ざりながら行われるので，一回換気した室でも室空気が完全に外気と入れ替わることはない．換気回数が与えられたときに換気量を逆算するには式(4)を用いる．

$$N = \frac{Q}{V} \qquad (3)$$
$$Q = NV \qquad (4)$$

4.6.4 人体からの発生汚染物質と必要換気量

a．CO_2 濃度による評価と必要換気量

人が多数いる室の換気が悪いと空気質が悪化し，頭痛，吐き気などが起こる．これは生理現象に伴う水蒸気や発熱による温熱環境の悪化，臭気や衣服からの粉じんなどによる室内空気の汚染による．これら，人体に由来する室内空気の汚染状況が，人から発する CO_2 の濃度に比例して悪化するとして，CO_2 濃度に基づいて室内空気質を評価することが一般に行われている．

表3 に CO_2 濃度と人体影響の関係を示す．CO_2 そのものが人体に直接影響を及ぼすのは，4～5% を超え

表4 人体から発生するCO₂

作業程度	二酸化炭素発生量 [m³/(h·人)]
安静時	0.0132
極軽作業	0.0132〜0.0242
軽作業	0.0242〜0.0352
中等作業	0.0352〜0.0572
重作業	0.0572〜0.0902

出典：(社)空気調和・衛生工学会，換気規格 SHASE-S102「換気規準・同解説」，2011．

表5 浮遊粉じん濃度と人体への影響

濃度 [mg/m³]	影響
0.025〜0.05	バックグラウンド濃度
0.075〜0.1	多くの人に満足される濃度
0.1〜0.14	視程現象
0.15〜0.2	多くの人に「汚い」と思われる濃度
0.2以上	多くの人に「まったく汚い」と思われる濃度

表6 タバコ喫煙1本あたりの汚染質発生量
（煙草の種類：ハイライト）

汚染質	一酸化炭素	二酸化炭素	浮遊粉じん
発生量	0.00006 m³	0.0022 m³	19.5 mg

出典：(社)空気調和・衛生工学会，換気規格 SHASE-S102「換気規準・同解説」，2011．

る場合であり，居住者からのCO_2のみで，濃度がこのレベルに達することは通常ない．一般的にはCO_2濃度が1000 ppm（0.1%）以下に維持されていれば，人体に由来するさまざまな室内空気汚染物質による影響は少ないといわれており，建築基準法や建築物環境衛生管理基準にもこの値が採用されている．

表4に人体からのCO_2発生量を示す．CO_2発生量は作業状態によって変化し，最も少ない安静時で13 L/h（0.013 m³/h）程度，極軽作業時で20 L/h（0.020 m³/h）程度となる．

[例題1] 室の二酸化炭素濃度を1000 ppmに維持するのに要する居住者1人あたりの必要換気量を求めよ．ただし，外気濃度$C_0 = 400$ ppmとすること．

安静時に$M = 0.013$ m³/h，室濃度を許容濃度の$C = 1000$ ppm，$C_0 = 400$ ppmとして，式(2)に代入すると，以下となる．

$$Q = \frac{0.013}{(1000-400)\times 10^{-6}} = 21.7 \text{ m}^3/\text{h}$$

つまり，CO_2発生量が最低の条件で室濃度を1000 ppmに維持するための必要換気量は21.7 m³/(h·人)となるが，この値を丸めた20 m³/(h·人)は建築基準法でも採用されている．

次に，極軽作業に$M = 0.020$ m³/hとして同様の計算を行うと，以下となる．

$$Q = \frac{0.020}{(1000-400)\times 10^{-6}} = 33.3 \text{ m}^3/\text{h}$$

この値を丸めた30 m³/(h·人)は居住者に対する一般的な必要換気量として空気調和・衛生工学会基準などで用いられている．

b. タバコからの粉じんに対する必要換気量

浮遊粉じん濃度と人体影響の関係を表5に示す．一般環境における許容濃度は，0.1〜0.2 mg/m³の範囲に設定するのが妥当と考えられ，建築基準法や建築物環境衛生管理基準では0.15 mg/m³が採用されている．

なお，粉じんは1〜2 μm以下のものが肺胞内にとどまって健康被害を及ぼすと考えられていることから，直径10 μm以下の粉じんが規制対象となっている．

一般環境における粉じんの有力な発生源として，居住者の喫煙行為が挙げられる．タバコ1本の喫煙に伴い発生する一酸化炭素，二酸化炭素，浮遊粉じんを表6に示す．

[例題2] 室の喫煙頻度を1時間に1本，外気の粉じん濃度を0 mg/m³とした場合に，室の粉じん濃度を0.15 mg/m³に維持するための必要換気量を求めよ．

粉じん発生量，許容粉じん濃度，外気粉じん濃度を式(2)に代入すると，以下となる．

$$Q = \frac{19.5}{0.15-0} = 130 \text{ m}^3/\text{h}$$

すなわち1時間に1本の喫煙行為は居住者に対する一般的な必要換気量30 m³/hの4人分よりも多い．なお，タバコからは粉じん以外にも多くの有害物質が発生し，粉じん濃度を許容値としても必ずしも安全でないとの観点から，禁煙，分煙が推奨されている．

4.7 換気効率

換気の効率

室内における汚染物質の発生量と換気量が決まれば，室内空気の汚染濃度が決まることを 4.6 節で述べたが，これは室内空気が一様に混合された状態にあることを前提としたものである．実際には，汚染物質の発生条件や吹出し‐吸込み条件，冷暖房負荷の発生条件などが影響し，空間の汚染濃度分布が一様にならない場合が少なくない．一般的には室内空気が一様混合に近づくよう空調・換気設計が行われる場合が多いが，室内を居住域と非居住域に分けたとき，居住域部分に優先的に空調空気（新鮮外気）が供給できれば，効率的な空調・換気が可能となる．居住域など室内における注目部分の汚染濃度を少ない換気量で目標レベルに維持できれば，効率的な換気ができていることになる．一般に，室への新鮮外気の供給効率もしくは汚染物質の除去効率を総称して換気効率という．換気効率の評価にはさまざまな方法が提案されており，以下では空気齢に基づく方法の概要について学ぶ．

開館・閉館時における館内局所平均空気齢分布の測定結果

国立西洋美術館本館各部における冬季開館時と中間期閉館時における局所平均空気齢分布の測定結果を図1に示す（空気齢とその測定法については 4.7.2 項参照）．空気齢の測定方法は，測定対象空間全体にトレーサガスを供給し，一様濃度に維持した後に，トレーサガスの散布を停止し，図2に示すその後の濃度減衰曲線に基づくトレーサ・ステップダウン法を用いた．空気齢はその地点への新鮮外気の平均到達時間を表しており，濃度の減衰が早い地点ほど，空気齢が短く効率的に新鮮外気が到達していることを示している．

図1によれば，展示室の空気齢は開館時で 1.3 h，閉館時で 1.6 h とおおむね一様な値となっており，開館時の方がやや短い．エントランスホールでは開館時に 1.0～1.25 h とややばらつきがみられるが，外気の侵入の影響と考えられる．レストランは厨房排気のために別系統の空調機からの給気が開館時に行われているため，開館時において展示室よりも短い値となった．閉館時のみ測定を実施した照明ギャラリーにおいては，2階展示室よりも長く，2.36 h となった．

このように室内の局所平均空気齢の分布を測定すると，室内各部への新鮮外気の供給状況を客観的に評価することが可能となる．

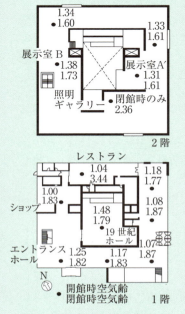

図1 局所平均空気齢分布 [h]

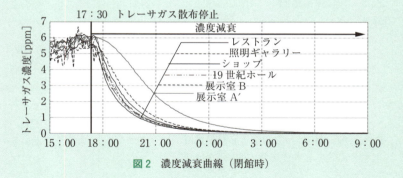

図2 濃度減衰曲線（閉館時）

4.7.1 空気齢とは

図3に示すように吹出し口から供給された新鮮外気が室内の特定の地点に到達する時間を**局所平均空気齢**という．室内に一様に汚染発生があるとすれば，室内での滞留時間が長ければ長いほど空気は汚染されるので，空気齢が長いほどその地点の換気状況は悪く，汚染された状態ということになる．図に示すように，吹出し口から流入した空気はさまざまな経路を経て室内の特定地点に到達するため，到達時間にはばらつきが出る．これら経路の差を平均するという意味で，局所平均空気齢といい，単位には分，時などの時間が用いられる．空気齢は新鮮外気の吹出し口で0となるが，排気口で最長になるとは限らない．

4.7.2 空気齢の測定法

空気齢は吹出し気流または室空間にトレーサガスとよばれる流れの挙動を追跡することを目的とした計測用のガスを注入し，その濃度の時間変化データを分析して求められる．次の3種類の測定方法がある．

a. パルス法

図4に示すように，吹出し気流にパルス状にトレーサガスを注入すると，P点では濃度0から立ち上がり，再び立ち下がって0となる $C_p(t)$ で示される濃度応答となる．これに式(1)を用いて平均到達時間を算出する．

$$\overline{\tau_p} = \frac{\int_0^\infty t \cdot C_p(t) dt}{\int_0^\infty C_p(t) dt} \quad (1)$$

b. トレーサ・ステップアップ法

図5に示すように吹出し気流に連続的にトレーサガスを注入すると，室内各部は当初の濃度0から定常濃度 C_s に至る $C_{up}(t)$ で示される濃度応答となる．このデータに式(2)を用いて算出する．

$$\overline{\tau_p} = \int_0^\infty \frac{C_s - C_{up}(t)}{C_s} dt \quad (2)$$

実際にみられるなだらかな濃度上昇を図中のハッチ部の面積が等しくなるように，時刻 $\overline{\tau_p}$ におけるシャープな立ち上がりに置き換えたことに相当する．

c. トレーサ・ステップダウン法

室内にトレーサガスを散布し，一様濃度になったところでトレーサガスの供給を停止すれば，室内各部は初期濃度 C_s から0に下がる $C_{dn}(t)$ で示される濃度応答となる（図2）．これに式(3)を用いて局所空

図3　局所平均空気齢

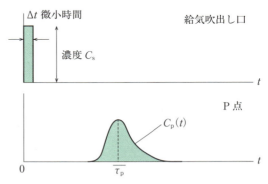

図4　パルス法による空気齢の測定

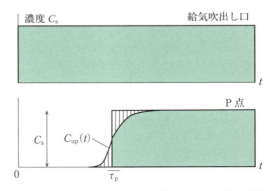

図5　トレーサ・ステップアップ法による空気齢の測定

気齢を求めるが，これは図5の結果を上下反転させたものに等しい．

$$\overline{\tau_p} = \int_0^\infty \frac{C_{dn}(t)}{C_s} dt \quad (3)$$

4.7.3 空気齢の意味と換気の効率

a. 空気齢の意味

局所平均空気齢は，図6に示すように室内に単位体積あたり単位時間あたり一定の汚染発生がある場合の定常濃度という別の意味ももっている．室容積 V

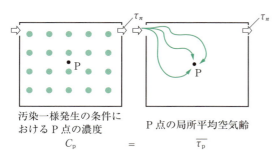

図6 汚染一様発生条件の濃度と空気齢の関係

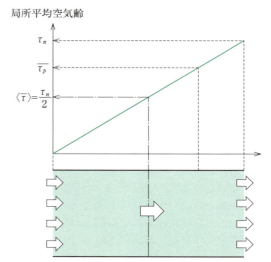

図7 ピストンフローとなる室の局所平均空気齢分布と空間平均空気齢

$[m^3]$ の室の換気量が $Q\,[m^3/h]$ であったとすると，この場合の汚染発生量は室容積 $1\,m^3$ あたり $1\,m^3/h$ となるので，室全体での汚染発生量は $V\,[m^3/h]$ となる．したがって，室の排気濃度 C_e に換気量を乗じた結果は，室全体の汚染発生量に等しいことから，排気濃度は式(4)で表される．

$$C_e = \frac{V}{Q} \tag{4}$$

式(4)で表される値は時間の単位をもち，名目換気時間 τ_n とよばれる．名目換気時間の逆数は換気回数 Q/V である．排気口における局所平均空気齢は室空気の混合状態に関係なく名目換気時間となる．一方，排気口以外の場所の局所平均空気齢は室空気の混合状態によって変化するが，室空気が一様混合状態となる場合，局所平均空気齢は室空間の至るところで名目換気時間となる．

b. 空気交換効率

同じ室容積，換気量の室では排気口における局所平均空気齢は名目換気時間 τ_n となるが，局所平均空気齢の空間平均値は，図7に示すピストンフローの条件で最も小さくなることが知られている．ピストンフローとは吹出し口から供給される新鮮外気が後戻りすることなく排気口に向かって進む流れを意味する．ピストンフローとなる室の場所による局所平均空気齢分布は，図に示すように吹出し口での0，排気口での τ_n をつなぐ直線分布となるため，その空間平均値 $\langle \overline{\tau} \rangle$ は名目換気時間の半分，つまり $\tau_n/2$ となる．同じ名目換気時間の条件では，この場合に局所平均空気齢の空間平均値が最も短く，換気効率が高くなるので，室全体の換気の効率を表す空気交換効率 ε^a は，次式で定義される．

$$\varepsilon^a = \frac{\tau_n/2}{\langle \overline{\tau} \rangle} \times 100\,[\%] \tag{5}$$

ここに $\langle \overline{\tau} \rangle$ は局所平均空気齢の空間平均値を表して

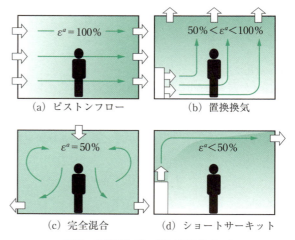

図8 各種流れ場の空気交換効率 ε^a

いる．空気交換効率 ε^a は，0%以上100%以下の値をとり，値が100%に近いほどピストンフローに近い状況であることを表している．

c. 各種換気方式の室の空気交換効率

空気交換効率は図8に示すように，定義より理想のピストンフローで100%，室空気が一様混合となる室では室内の至るところで局所平均空気齢が排気口と同じ名目換気時間 τ_n となるので50%となる．また，後述する室温より低い空調空気を床付近から導入して汚染空気を室上部に押し上げて排気する置換換気方式では，$50\% < \varepsilon^a < 100\%$ となる．給気と排気が短絡し，室空気が滞留するショートサーキットとなる条件の室

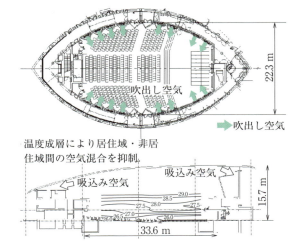

図9　置換換気・成層空調システムの音楽ホールへの適用例［単位：℃］

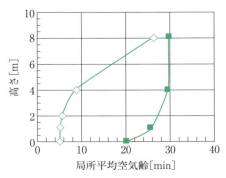

図10　音楽ホールの局所平均空気齢の測定例

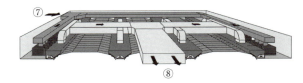

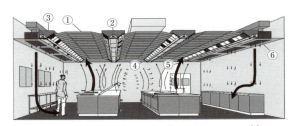

図11　業務用厨房における換気天井システム[2]
①アーチパネル，②両翼排気ビーム，③片翼排気ビーム，④グリスフィルタ，⑤照明ボックス，⑥給気ボックス，⑦⑧給排気ダクト

では50%より低い値をとる．

4.7.4　高効率換気システムの適用事例

a. 置換換気システム

　置換換気システムは室温より低温の空調空気を気流による不快感（ドラフト）が問題とならない低風速で室下部の居住域に直接供給し，室上部で排気するシステムである．低温であることから密度の大きい空調空気は，浮力の作用により鉛直方向の空気混合を抑制しつつ室下部から上昇し，ピストンフローに近い一方向の流れが形成される．一方，人体などの汚染源から発生する汚染空気は，室温より高温の場合が多いので，気流が弱い環境下では浮力によって上昇する傾向がある．居住域への低温低風速送風は，この上昇気流に影響することが少ないので，居住域の空気が混合して汚染される危険性は少ない．一方，天井面付近に到達した汚染空気は排気口から排出されるので，汚染空気の居住域への逆流は効果的に抑制される．

　図9は音楽ホールに置換換気システムを設備し，夏季の温度分布を測定した例である．床面付近から上部に行くに従い，温度が上昇する温度成層が形成され，居住域部分の温度が低く冷房効率が高いことがわかる．次に同じ音楽ホールにて，室内の高さによる局所平均空気齢の分布を測定した結果を図10に示す．図では通常の空調・換気状態（◇）のほか，室内空気をファンで強制的に撹拌した場合の結果（■）を示している．高さ1.8 m以下の居住域での局所平均空気齢は，混合換気を想定して室内空気を撹拌した場合よりも著しく短く，換気効率の高いことが示されている．

b. 業務用厨房における換気天井システム

　業務用厨房では大量の高温汚染空気が発生し，これを効果的に捕集して排出することが，調理作業環境を快適な状況に維持するために重要である．一般的にはこの目的に，調理器具近くに排気フードを設置する対策が用いられるが，図11に示す換気天井システムでは置換換気と同様の鉛直方向の成層気流を形成することによって，排気フードを省略している．

　給気は室の端部天井から行われ，床に向かって降下する．床に滞留した低温の空調空気は置換換気システムと同様に温度成層を形成し，ピストンフローに近い流れが形成される．燃焼排ガスや調理生成物などの高温汚染空気は，この空調空気に押し上げられて上昇するため，室下部で汚染空気が拡散することが少なく，居住域の空気質悪化が抑制される．このため，排気フードを用いずに汚染空気の効率的な捕集が可能となる．

4.8 空調設備

空調設備の目的

空調設備は,室内の温湿度や空気の清浄度を良好に保つための機械設備である.空調設備がなくても,庇・ブラインドを適切に設置・操作したり,窓を開閉したりすることによって,室内の熱的環境あるいは空気環境をある程度適切に維持することは可能である.しかし,盛夏季,冬季により快適に過ごすためには空調設備の助けが必要となる.特に建物が大型になって室内に熱がこもりやすくなったり,美術館のように展示・収蔵品のために厳密な温湿度制御が必要となる空間には空調設備の設置が欠かせない.

空調設備の構成

空調設備にはさまざまな方式がある.国立西洋美術館の空調設備の概念図を図1に示す.地下の機械室に設置された熱源(図2)によって冷水あるいは温水がつくられ,空調機(図3)あるいはファンコイルユニットに送られる.これらの機器では熱源から受け取った冷温水の熱を空気に受け渡し,冷風あるいは温風をつくる.この冷風・温風が室内に吹き出されることによって冷暖房を行う(図2,図3の機器は現在設置されていない).

図1には示されていないが,外気取入口から新鮮な外気を導入して空調機を経由して室内に供給したり,トイレや厨房等から外部へ排気を行うことによって,建物全体の空気の清浄度や室内外の圧力,燃焼装置への適切な空気の供給を行うことも空調設備の大切な役割である(これらの機能のうちの一部は特に換気設備とよばれることがある).

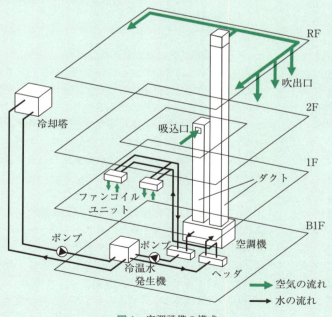

図1 空調設備の構成
(概要を示したもので創建時,現況とは異なる)

図2 吸収式冷温水発生機

図3 空調機とヘッダ

4.8.1 空調システムの構成要素

空調システムは多様な機器から構成されるが，それらの機器を一般化・抽象化して示したものが図4である．以降，図4の形式の表現を「ブロック図」とよぶ．

図の矢印は熱あるいはエネルギーが正味として流れる方向を表す．例えば冷房を行っている機器は室側から熱を奪い，その熱を外界側へ送り出している．一般的には電気・ガス等のエネルギーを利用するが，機器によっては駆動エネルギーは不要である．

以下では，空調システムのうち主要な機器について，詳細な作動原理の説明は省略し，図4に示すような熱・エネルギーの流れ，および熱媒体の種類に着目して説明する．

4.8.2 熱をつくる機器

a. 熱源の分類

大規模建物では，冷水や温水，蒸気等を発生させる熱源を用いる．熱源の原理を大別すると，ガス等のエネルギー源を燃焼させて温水や蒸気を発生させるもの（**ボイラ**）と，熱を汲み上げるもの（**ヒートポンプ**）とに分けられる．図5にそれぞれの例を示す．

ボイラは，生成される熱媒体（図では蒸気），エネルギー源（図ではガス）の種類によって大別される．いずれの方式も燃焼ガスを外部に排出させるための煙道が必要である．

図に示すヒートポンプの場合は，切り替えにより冷水（冷房，右向きの矢印）あるいは温水（暖房，左向きの矢印）のいずれを発生させることも可能であり，また外界側の熱媒体は空気となっている（空気熱源という名称の由来である）．ヒートポンプは，生成できる熱（冷水/温水），駆動エネルギー源，外界側の熱媒体（空気か水か）によってさまざまな種類がある．

b. 機器と冷温水等の循環

実際の機器には往・還の配管が2本ずつ接続されて冷温水や空気が循環することが一般的である．冷房を行っている空気熱源ヒートポンプの実際の水・空気の流れの様子を図6に示す．例えば室側に着目すると，7℃程度の冷水を送り出し，後述する空調機に冷熱を供給した後，水温が上昇し12℃程度となってヒートポンプに戻るという水の循環を行っている．

室側・外界側とも，図6において右向き（外界側）に流れる熱媒体のもつエネルギーの方が，左向き（室側）に流れる熱媒体のもつエネルギーよりも大きく，差し引き右向きの熱の流れが生じる．この正味の熱の流れを示したものが，図4，図5のブロック図である．

また，図6の冷房時の場合，室側の熱媒体よりも外界側の熱媒体の方が温度が高い．身の回りの自然界では，温度の高い方から低い方へ熱が移動する．ヒートポンプはこの流れの方向に逆らって，温度の低い側から温度の高い側へ熱を汲み上げている．そこで，水位の低い側から高い側へ水を汲み上げるポンプになぞらえて，ヒートポンプという名がつけられている．

c. ヒートポンプの原理

ヒートポンプのうち，圧縮機を用いた方式の作動原理を図7に示す．機器内では**冷媒**とよばれる相変化を

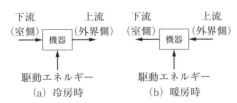

図4 空調機器の「ブロック図」による表現

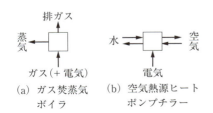

図5 熱源のブロック図の例

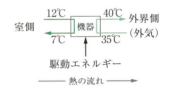

図6 熱媒体の流れと冷房時の温度の例

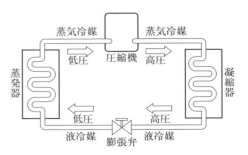

図7 圧縮機を用いたヒートポンプの冷凍サイクル

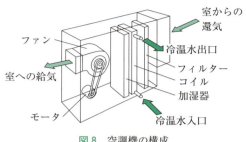

図8 空調機の構成

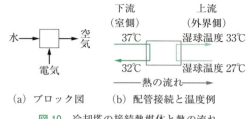

図10 冷却塔の接続熱媒体と熱の流れ

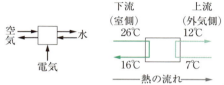

図9 空調機の接続熱媒体と熱の流れ

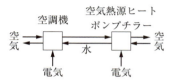

図11 機器の接続（空調機～熱源間の例）

起こす物質が循環している．蒸発器内では液体の冷媒が蒸発し，その際の気化熱として周囲の熱媒体（図6の場合では室側と接続している水）から熱を奪う．凝縮器では気体の冷媒が凝縮し，その際の凝縮熱を周囲の熱媒体（図6の場合では外気）に放散する．

ヒートポンプでは低温で冷媒を蒸発させ，高温で凝縮させる必要があり（図6），この目的のために圧縮機と膨張弁の制御により蒸発器を低圧，凝縮器を高圧に保つ．

4.8.3 熱を受動的に伝える機器

a. 空調機

熱源でつくられた冷水や温水は，**空調機**とよばれる装置（図8）に送られ，空調機内のコイルによって空気に熱を受け渡し，冷風あるいは温風を生成する．冷風あるいは温風はダクトとよばれる空洞を伝って室に供給され，室を冷却あるいは加熱する．空調機にはコイルのほか，室との間で空気を循環させるためのファン，空気中の粉じんを除去するフィルター等が設置される．

空調機における正味の熱，エネルギーの流れる向きを示したブロック図を図9(a)に，実際の配管の接続と各部の温度の例を図9(b)に示す．冷房時，暖房時とも，高温側の熱媒体から低温側の熱媒体に正味の熱が流れており，ヒートポンプ（図6）の場合と異なりエネルギーを投入しなくても熱が受動的に流れる．図9(a)において電力を投入しているのは，**ファン**を駆動

する必要があるためである．空調機と同様の働きをするものとしてファンコイルユニットがある．

b. 冷却塔

冷却塔も空調機と同様に，高温の熱媒体から低温の熱媒体に熱を受動的に伝達する一種の熱交換器で，室側の熱媒体は水，外界側の熱媒体は空気（外気）であり屋外に設置する（図10）．水熱源のヒートポンプ（外界側熱媒体が水であるようなヒートポンプ）が冷房を行う場合に必要となる．

4.8.4 空調システム全体の構成

a. 機器の接続

空調システムを構成する機器は，ブロック図で示したときの矢印の向きとその熱媒体の種類が同一のとき，原則としてその矢印同士を相互に接続可能である．図11の場合，空調機（図9(a)）の外界側の矢印と空気熱源ヒートポンプチラー（図5(b)）の室側の矢印が上記の条件を満たすためこの二つの機器は接続可能である．ただし，これらの機器をつなぐ配管中の水を循環させるためのポンプは別途必要である．

b. 空調システム全体の構築

機器同士の接続を繰り返し，室と外界（通常は外気）とを結ぶと空調システム全体が完結する．国立西洋美術館本館（図1）に対応したブロック図を図12に示す．吸収冷温水発生機は冷房，暖房のいずれにも対応している．冷房時には室から奪った熱を冷却塔を介して最終的に外気に棄てる．図では空調機等の機器が1台ずつ描かれているが実際には複数台設置される

4.8 空調設備

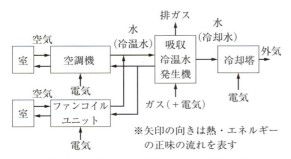

図12 空調システム全体のブロック図の例

図14 事務室におけるシーリングファンの利用
（堺ガスビル）

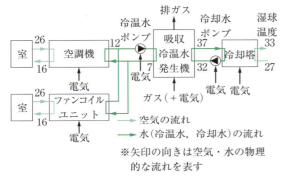

(a) 配管の接続と冷房時の熱媒体温度の例

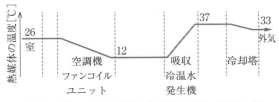

(b) 冷房時に室から外気に向かう熱媒体の温度の例

図13 空調システム全体の配管接続と熱媒体温度

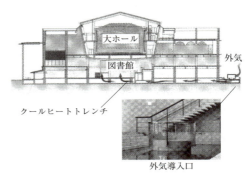

図15 クールヒートトレンチ
（東京理科大学葛飾キャンパス図書館）

ことが一般的である．

図12と同じシステムについて，往き還りのダクト・配管（水の通り道）を区別して描いたものが図13(a)である．冷房時における室から外気に向かう熱媒体温度に着目すると（図13(b)），唯一，吸収冷温水発生機において低温側から高温側へ熱を「汲み上げ」ている．

熱を汲み上げるヒートポンプに必要な単位時間あたりのエネルギー[W]は，室側から除去する熱量[W]とヒートポンプ前後の温度差（図では37−12＝25 K）の積にほぼ比例する．室内外の温度差は容易に変えられない与条件だとすると，空調システムの省エネルギーのためには，空調機，冷却塔など熱を受動的に伝える機器における室側と外界側の熱媒体の温度差を小さくする必要のあることがわかる．

4.8.5 空調設備における省エネ手法の例

a. 28℃空調におけるシーリングファンの利用

盛夏季はどの建物でも冷房を使用するため，電力需給が逼迫しがちである．そこで，冷房の設定温度を28℃と高めに設定することが一般的に推奨されているが，薄着に限界のある業務建物では居住者の不快や作業効率の低下につながるおそれがある．

図14は，事務室にシーリングファンを多数設置した例で，弱い気流により温冷感を改善し，28℃設定の冷房でも居住者の快適感を維持しようとするものである．

b. 外気導入における地中熱利用

ほとんどの建物では換気用に外気を導入して室内に供給している．夏季の冷房時，冬季の暖房時は導入外気を冷却・加熱する必要があるため，冷暖房用のエネルギーが増えてしまう．

図15は，取り入れた外気を，年間を通して温度変動の小さな地盤に接した床下空間に通すことで，夏は取入れ外気の温度を下げ，冬は上昇させることで冷暖房用エネルギーの削減を図った例である．

4.9 衛生設備

衛生設備の目的

建築は人が居住したり活動したりする場であり，飲用，炊事，洗浄・清掃等の目的のために水の使用が欠かせない．衛生設備は，これらの水を供給するとともに建物内外で生じた不要な水を適切に排出して建物を衛生的に保つとともに，必要な湯，ガス等を供給するための設備である．

衛生設備の構成

衛生設備のうち，給排水設備の概念図を図1に示す．給水設備は必要な箇所に水を供給するための設備で，後述するようないくつかの方式がある．図1の構成は高置水槽方式とよばれるもので，水道局が管理する水道本管より上水（飲用可能な水）を引き入れて，いったん受水槽で受けた後，ポンプにより屋上の高置水槽に揚水する．高置水槽からは別の配管経路により給水を必要とする便所，湯沸室，厨房等に給水される．

一度使用された水は汚れた水（汚水あるいは雑排水）と見なされ，排水設備により屋外へ排出される．原則的には重力に従って排水されるが，地下に便所等の排水箇所がある場合には，さらに下方の排水槽にいったん溜めた後，ポンプにより汲み上げて屋外の「ます」を介して下水道管等へ排出される．

図には示されていないが，この他，便器，洗面器，水栓等の衛生器具，屋上等への降水を排出するルーフドレイン（図2），湯・ガスの供給設備，厨房その他から発生した特殊な排水の除害設備，消火のための一部の設備も衛生設備に含まれる．

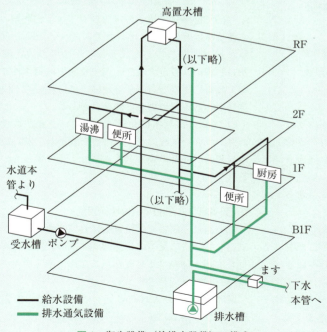

図1 衛生設備（給排水設備）の構成
（概要を示したもので創建時，現況とは異なる）

図2 ルーフドレイン
楕円断面体の中に納めている．

4.9.1 給水方式

給水方式は，受水槽の有無によって水道直結方式と受水槽方式に大別される（表1，図3）．

a. 水道直結方式

最も単純な給水方式は受水槽もポンプも有しない**直結方式**であり，水道本管がもつ水圧により給水する．水道本管の圧力は150～200 kPaであり2～3階建て程度の小規模な建物の場合に適用可能である．これよりも階数・規模が大きい場合には水道本管の圧力だけでは足りず，ポンプを用いて圧力を増したうえで給水する．これを**増圧直結方式**とよぶ．増圧直結方式では水道本管の圧力も利用している点に特徴がある．

b. 受水槽方式

受水槽は上水の貯留および衛生確保（後述）のために主として大規模建物に適用される．受水槽内は大気に開放されており（図5参照），水道本管の圧力は受水槽以降にはかからない．このため，別途ポンプを用いる必要があり，ポンプから直接必要箇所に給水するか（**ポンプ圧送方式**），あるいは屋上等の高所に設けられた高置水槽にいったん揚水した後，高置水槽から各水栓に給水する（**高置水槽方式**）．

c. 給水方式の比較

給水方式にはそれぞれ特徴がある（表1）．各方式の圧力源の違いは給水圧の変動に影響を及ぼす．時間的な給水圧変動が最も少ないのは重力を圧力源とする高置水槽方式である．増圧直結方式，ポンプ圧送方式は適切な水圧安定化装置を導入する必要がある．直結方式は短時間の間の水圧変動は少ないが，水道本管の水圧が季節等により変化するとその直接的な影響を受ける．また，高置水槽方式は高置水槽の水面と各水栓の間の高さに比例して水圧が変化するため階により水圧が変化する．

断水時の給水の可否は受水槽あるいは高置水槽の有無により，また停電時の給水の可否はポンプを必要とするか否かによる．ただし，停電時においても増圧直結方式の場合には給水本管の圧力が給水管にかかるため低層階に対しては給水可能である．また，受水槽方式についても，受水槽よりも水道本管寄りの地点で分岐させた給水系統を設けることにより，停電時の低層

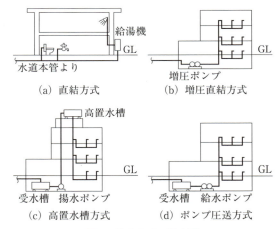

図3 給水方式の概念図

表1 給水方式の比較

給水方式	水道直結方式		受水槽方式	
	直結方式	増圧直結方式	高置水槽方式	ポンプ圧送方式
概要	水道本管の圧力により給水．低層・小規模建物に適用	直結方式に増圧給水ポンプを設置して給水．低～中層・中規模建物に適用	受水槽から揚水した後，高置水槽の位置エネルギーにより給水．中～大規模建物に適用	受水槽から給水ポンプにより給水．中～大規模建物に適用
断水時	断水	断水	受水槽および高置水槽の貯留分は給水可能	受水槽の貯留分は給水可能
停電時	給水可能	低層階は給水可能．中高層階はポンプが発電機回路の場合は給水可能	断水（直結系統を設ければ低層階は給水可能．またポンプが発電機回路の場合は給水可能）	
給水圧	季節により変動することがある．短時間の圧力変化は小さい	水圧制御装置を設けることにより安定	時間変動は極小．上層階では水圧が低い	水圧制御装置を設けることにより安定

階の一部水栓への給水は可能である．

4.9.2 給水設備における衛生確保
a. 衛生確保の原則
給排水設備は上水（飲用水）と汚れた排水をともに扱うことから，上水の衛生の確保を最重要なものとして扱う必要がある．以下に衛生確保にあたって留意すべき主要な項目を挙げる．
1) 逆流をさせない
2) 上水とその他の系統を接続（クロスコネクション）しない
3) 用途に応じて配管腐食しにくい配管材料，ライニング（被覆）された配管を用いる
4) 槽の構造を内部の水が汚染されにくく，清掃・点検が容易な構造とする（6面とも周囲壁との間に空隙を設ける）
5) 長期間上水が滞留しないよう，受水槽の容量を適切に選定する．場合によっては塩素注入装置を導入する

以下では，上記のうち1）の逆流の防止について述べる．

b. 逆サイホン作用
逆流の一つの原因として，給水管内に上流に向かう圧力がかかる逆サイホン作用がある（図4）．図中のB，D，Eに示すように，給水管自体あるいは接続されたホースを通じて水溜りと通じていると，管内の負圧が発生したときに上水系統に汚染された水が混入してしまう．

c. 逆流の防止策
逆流を防止する最も確実な方法は，上水と吐出された水との間に，高さ方向の物理的な空間を設けることである（図5）．給水栓や給水管の吐水口端とあふれ縁との垂直距離を吐水口空間とよぶ．

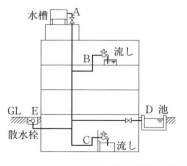

図4 給水設備の逆流の例

図の受水槽の場合には，ボールタップ，定水位弁といった受水槽の水位を一定に保つ装置が仮に故障して上水が受水槽に供給され続けたとしても，吐水口空間を確保したオーバーフロー管から上水が外部にあふれるため，受水槽の水が給水本管に逆流することはない．

このほか，吐水口空間を設けることができない場合にバキュームブレーカとよばれる逆流防止機器を設けることもある．

4.9.3 排水通気設備
a. 排水方式
建物内および敷地内における排水は，汚水，雑排水，雨水，湧水等に分類される．汚水は大小便器等からの排水，雑排水は汚水以外の洗面器等からの排水，湧水は地下の床盤・周壁などから侵入する水をいう．一方，下水道法に定める汚水とは，上記の汚水のほか雑排水を含めたものなので注意を要する．

建物内から生じる排水の処理のフローを図6に示す．公共下水道が整備されている地域の場合，下水道

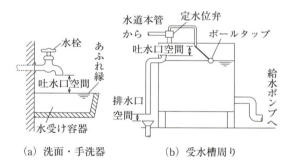

図5 吐水口空間と排水口空間

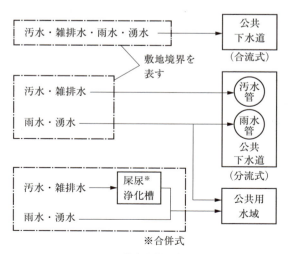

図6 排水設備の方式

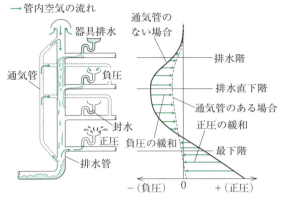

図7　排水管内の流れの性状と圧力分布

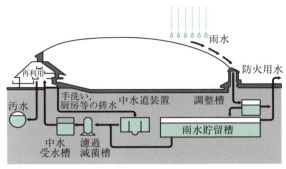

図8　雨水利用・中水道システムの概念図（東京ドーム）

図9　太陽熱パネル（東京ガス平沼ビル）

が合流式か分流式かによって敷地内の配管方式が異なる．公共下水道における合流式とは，下水道法に定める汚水（建築設備の用語では汚水と雑排水を合わせたもの）と雨水を合わせて同一の下水管で流すものを指し，分流式とは，汚水と雨水を分けることを指す．分流式の場合は，敷地内において汚水・雑排水と雨水・湧水を分けて敷地外に排水する必要がある．

公共下水道が整備されていない地域では，屎尿浄化槽を用いて処理した後，河川，海等の公共用水域に放流する．

b. 通気管

排水管内の流れは水と空気，固形物が混合した複雑な状態であり，図7に示すように，排水立て管の中央部付近では圧力が低く，下端の屈曲部付近で圧力が高くなる傾向がある．このような圧力変動が極端に大きくなると，排水がスムーズに流れなかったり，下層階の器具から室内に水が跳ね出したりする原因となる．

このような排水管内の圧力変動を緩和するために，空気の通り道である通気管が設けられる．通気管の設置により圧力の高い箇所から低い箇所へ空気が移動し，排水管内の圧力変動を緩和する．その結果，円滑な排水が可能となる．

なお，排水槽（図1参照）と外部との間にも通気管が設けられる．この場合の通気管は，槽内の排水ポンプが稼働する際の急激な水位変動に伴う空気の補充等が目的である．

4.9.4　衛生設備における環境配慮手法の例

a. 雨水利用・中水道システム

屋根等に降った雨水は，濾過・沈殿・消毒等の比較的簡易な処理でトイレの洗浄用等，飲用以外の雑用水に使用することができる．また，手洗い等からの雑排水についても同様の処理を経て中水道として再利用することが可能である．

図8に，雨水利用・中水道システムの設備構成の概念図を示す．このシステムの導入により，上水の使用量を節約することができるほか，大量の降雨の際には，雨水排水による下水道への負担を軽減することができる．さらに，雨水貯留槽の容量を十分確保すれば，災害時の長時間断水に対しても有効となりうる．

b. 太陽熱利用システム

自然エネルギーである太陽熱を屋上等に設置された太陽熱パネル（図9）で集熱・利用することにより，給湯用あるいは暖房用のエネルギーを削減することができる．また，集熱された温水の温度が高い場合には，吸収式とよばれる冷凍機を用いることによって冷水をつくるなど，冷房用のエネルギー削減にも効果を発揮することがある．

発電を行う太陽光パネルと比較して，用途は限定されるが，得られるエネルギー量は一般的に大きい．

4.10 消火設備

美術館などの消火設備

建物には，万が一火災が発生した際に，在館者が火災を発見して消火すること，あるいは機器によって火災を感知して自動で消火することを目的としてさまざまな消火設備が設置されている．代表的なものとして人が操作するものに消火器具である**消火器**，火災を感知して自動で散水する**スプリンクラー設備**がある．

国立西洋美術館は，絵画や彫刻などの美術品を展示あるいは収蔵している．これらの美術品は，大変貴重なもので取り替えがきくものではないため，万が一火災が発生してしまった場合に熱や煙の影響から守られるばかりでなく，消火活動による水損などからも可能な限り保護されることが求められる．

ここで，まず自動消火設備として一般の建物に比較的多く設置されているスプリンクラー設備は，防火対象物である美術館の場合は 11 階以上の階に設置することが義務づけられているため設置の必要はない．しかし，地下空間での火災は消防活動が比較的困難な面もあるため，消防指導により本館地下 1 階に同設備が設置されている（図1）．消火設備としては，延べ床面積や地階・無窓階の階床面積に基づいて屋内消火栓設備の設置が義務である．しかしながら，先に述べたように屋内消火栓設備で注水してしまうと，消火剤である水によって燃焼に関係する物品のみならず他の美術品をも傷つけてしまうおそれがある．

こうしたことを踏まえて，展示室や収蔵室には美術品を消火によって傷めることを抑えるために不活性ガス消火設備やハロゲン化物消火設備が設置される．これらは一般にガス系消火設備と称されている．

図1 国立西洋美術館本館地下 1 階のスプリンクラー設備

ガス系消火剤の選択

ガス系消火設備では，不活性ガスとハロゲン化物が消火剤として用いられる．

不活性ガス消火剤は，二酸化炭素（CO_2）100%，窒素（N_2）100%のものに加え，窒素，アルゴン（Ar），二酸化炭素の比率が 52%，40%，8%の IG-541 と，窒素とアルゴンの比率が 50%ずつの IG-55 がある．二酸化炭素消火剤は最も歴史が長く 1961 年に消防法に定められ，他の 3 種はオゾン層破壊係数が 0 のハロン代替消火剤として 2001 年に消防法に定められた．いずれも酸素濃度を低下させて消火するものである．

ハロゲン化物消火剤は，代表的なものとしてハロン 1301 があり，常時無人でない部分への設置が認められているため，国立西洋美術館の展示室にはハロン 1301 が消火剤として用いられている．ハロン 1301 は，オゾン層破壊を防ぐため 1994 年から生産は全廃されたが，ハロンバンク推進協議会が生産済のハロンを管理して大気に放出されることを抑制しつつ積極的に回収しリサイクルして既設設備に再利用されるとともに，クリティカルユース（必要不可欠の使用）と判断された部分への新設も認められている．この消火原理は，燃焼の連鎖反応を抑制する負触媒効果によるものであり，同時に酸素濃度低下の効果もある．また，ハロゲン化物消火剤にも，ハロンのように臭化物（臭素（Br）の化合物）でなく，フッ化物（フッ素（F）の化合物）の HFC 消火剤（HFC-23，HFC-227ea）や FK-5-1-12 が開発されており，前者はオゾン層破壊係数が 0 であるが，地球温暖化に影響を与え，後者はオゾン層破壊・地球温暖化係数ともに低いガスである．

4.10.1 消火設備とは

消火設備は，日本では消防法に定められる設置基準や技術的基準を満足するように設置することが基本である．消防法施行令に基づく消火設備に関する項目を整理すると次のようになる．

- 消火器具（第 10 条）
- 屋内消火栓設備（第 11 条）
- スプリンクラー設備（第 12 条）
- 水噴霧消火設備（第 14 条）
- 泡消火設備（第 15 条）
- 不活性ガス消火設備（第 16 条）
- ハロゲン化物消火設備（第 17 条）
- 粉末消火設備（第 18 条）
- 屋外消火栓設備（第 19 条）
- 動力消防ポンプ設備（第 20 条）

第 13 条は，第 14 条から第 18 条までの消火設備を設置すべき防火対象物を規定している．代表的な消火設備について紹介する．消火器具は消火器，消火バケツ，消火水槽，乾燥砂，膨張ひる石がある．消火器は，A（普通）火災，B（油）火災，C（電気）火災という火災の種類に応じて適用できる消火剤の種類が異なる．屋内消火栓設備は消火栓，ホース，筒先等が箱に収まっており，消防隊が到着するまで建物にいる人が用いる．2 人で操作する必要がある 1 号消火栓と，1 人で操作できる易操作性 1 号消火栓と 2 号消火栓がある．スプリンクラー設備はスプリンクラーヘッドの感熱部や機器などで火災を自動で感知して散水する．消防隊の活動が困難とされる 11 階以上の階への設置が用途にかかわらず義務となっている．

4.10.2 消火の原理

火災の源である燃焼は，可燃物，酸素，熱エネルギーがあり，さらにこれらが連鎖反応として継続することである．すなわち，熱エネルギーによって可燃物から可燃性ガスが生じ，これが空気中の酸素と反応することで熱エネルギーを生じ，これにより可燃性ガスが生じるというように三つの要素による化学反応が連鎖することで燃焼が生じる．そして，これら可燃物，酸素，熱エネルギー，連鎖反応の四つの要因のうち少なくとも一つを除去することができれば燃焼が継続できなくなり，消火することができる．

a. 可燃物の除去

燃えているものからその周囲に燃え移るものを取り除く方法であり，除去消火と称される．消防設備や消防水利の整備が十分ではなかった江戸時代には，町火消しが市街地で生じた火災の延焼を阻止するために，周囲の木造建物を壊して消火していた（破壊消火）．現在も山焼きなどの際には周囲の草木を刈り取って燃焼範囲をコントロールしている．

b. 酸素の供給の遮断（窒息）

燃焼を支える役目を果たす酸素の供給を遮断する方法であり，窒息消火と称される．具体的には，空気の供給を遮断あるいは酸素濃度を低下させる方法であり，消火設備では空気の供給を遮断する泡消火設備，酸素濃度を低下させる不活性ガス消火設備がこの原理を活用したものである．

c. 冷却

燃焼の化学反応を起こしている部分（可燃物）から熱を奪い，可燃性ガスの発生を抑制したり，燃焼反応を抑制したりする方法であり，冷却消火と称される．巨視的には可燃物をその着火温度以下に下げるものである．消火剤として水を用いる消火設備はこの原理を活用したものである．

d. 負触媒作用

燃焼現象の化学反応を抑制する方法であり，負触媒（抑制）消火と称される．触媒とは，化学反応において自身は変化せずに特定の反応速度を速める物質を指し，負触媒作用とは，その反応速度を抑制することで，可燃性ガスが酸化する燃焼の化学反応の連鎖を抑制するものである．消火剤としてハロンを使用するハロゲン化物消火設備はこの原理を活用したものである．

4.10.3 設置基準

消防法では，建物の用途や部分に応じて防火対象物を定めており，さらにそれらの区分ごとに階の部分や建物の延べ床面積，階の床面積に応じて消火設備の設置を義務づけている．どの建物のどの部分にどの消火設備が求められるかは，防災設備メーカーのパンフレットにある消火設備設置基準早見表が参考になる．

消火設備は，代替の消火設備を設置することで，ある消火設備の設置が免除される場合がある．例えば，機器によって感知して自動で散水するスプリンクラー設備を設置すると，その有効範囲は手動である屋内消火栓設備の設置が免除される．こうしたことは一般的に行われているが，代替の消火設備の利用による特例基準によるため，管轄の消防署に確認することが適切である．

4.11 防火設備と特定防火設備

防火設備・特定防火設備

建築物内で火災が発生し，一定の範囲で火災の延焼を制限することは，火災安全上，重要な意味をもつ．防火区画などはそのような目的で設けられるが，その区画の壁に設けられた扉や窓などの開口部は，壁や床と同様に，火災に対する一定の性能が必要である．火災に対する扉や窓などの開口部材に対する要求性能は，遮炎時間などにより**防火設備**と**特定防火設備**に分けることができる．

火災に対する要求性能

開口部材の防火設備と特定防火設備の要求性能は，表1に示したとおり，その設置位置により異なる．**耐火建築物**または**準耐火建築物**の外壁の開口部で延焼のおそれのある部分，あるいは防火区画に設けられる窓などの開口部材は，建築物の屋内で発生する火災，および建築物の周囲で発生する火災に対し20分間の**遮炎性能**を有する防火設備を使用する．**防火地域**または**準防火地域**内の建築物の外壁の開口部で延焼のおそれのある部分に設けられる窓などの開口部材は，建築物の周囲で発生する火災に対し20分間の準遮炎性能を有する防火設備を使用する．防火区画に設けられる扉や窓などの開口部材は，建築物の屋内で発生する火災，および建築物の周囲で発生する火災に対し1時間の遮炎性能を有する特定防火設備を使用する．

国立西洋美術館では，図1～3のとおり，区画に設けられた開口部に常時開放式および常時閉鎖式の防火戸や防火シャッターなどの防火設備や特定防火設備が使用されている．

表1　防火設備・特定防火設備の種類

	防火設備		特定防火設備
設置位置	耐火建築物または準耐火建築物の外壁の開口部で延焼のおそれのある部分，防火区画	防火地域または準防火地域内の建築物の外壁の開口部で延焼のおそれのある部分	防火区画
性　能	遮炎性能	準遮炎性能	遮炎性能
火災の種類	建築物の屋内または周囲で発生する通常の火災	建築物周囲で発生する通常の火災	建築物の屋内または周囲で発生する通常の火災
遮炎時間	20分	20分	1時間

図1　常時開放式防火戸

図2　常時閉鎖式防火戸

図3　防火シャッター

4.11.1 延焼のおそれのある部分

「延焼のおそれのある部分」は，建築基準法第2条第6号に次のとおり規定されている（図4）．

「隣地境界線，道路中心線又は同一敷地内の2以上の建築物（延べ面積の合計が500 m²以内の建築物は，1の建築物とみなす）相互の外壁間の中心線から，1階にあっては3 m以下，2階以上にあっては5 m以下の距離にある建築物の部分をいう．ただし，防火上有効な公園，広場，川等の空地若しくは水面又は耐火構造の壁その他これらに類するものに面する部分を除く．」

4.11.2 遮炎性

防火設備，特定防火設備の遮炎性能は，耐火炉（図5）を使用し判定される．開口部材を耐火炉に設置し，ISO 834 標準加熱温度曲線（図6）に従い加熱し，防火設備は20分間，特定防火設備は60分間の加熱を行い，加熱中，以下の性能を判定する．

- 非加熱面へ10秒を超えて継続する火炎の噴出がないこと．
- 非加熱面へ10秒を超えて継続する発炎がないこと．
- 火炎が通る亀裂等の損傷および隙間を生じないこと．

4.11.3 防火設備および特定防火設備の種類

防火設備や特定防火設備には，図1～3に示した鋼製の防火戸や防火シャッターのほかに，ドレンチャー設備，防火ガラスなどを用いた設備がある．ドレンチャー設備には，水幕を形成することにより防火区画を形成する特定防火設備がある．防火ガラスは，遮炎性や非損傷性に優れた網入りガラスや防耐火ガラス（図7）などがあり，鋼製に比べ隣接する空間の状況が視覚的に判断しやすいなどの特徴がある．

4.11.4 維持管理

防火シャッターや常時開放式の防火戸などの防火設備や特定防火設備は，感知器などと連動して，防火区画などに設けられた開口部を閉じるよう動作するシステムとなっている．そのような設備の場合，作動信頼性や閉鎖性などに対する維持管理が特に重要である．装置の点検などを定期的に実施する必要があり，また閉鎖障害を建築的に防止する対策の検討なども必要である．

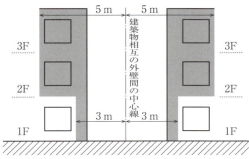

図4 延焼のおそれのある部分（灰色アミかけ部）

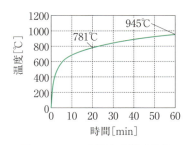

図6 ISO 834 標準加熱温度曲線
$$T = 345 \log_{10}(8t+1) + 20$$
（T：炉内平均温度，t：試験経過時間 [min]）

図5 耐火炉

図7 防耐火ガラス

5. 建物をつくる

　実施設計が完了し，図面，仕様書，構造計算書からなる設計の内容を示す書類「設計図書」が完成する．この設計図書に基づき建物をつくる段階に移るが，建物をつくるのに要する適正な価格，工事期間を見込み，建物をつくる施工者を選定しなくてはならない．公共工事の場合は，会計法により国および地方公共団体の契約は原則として一般競争入札によって提案された価格のうち予定価格内最廉価格の入札を落札とし，施工者を決定しなければならないことになっている．

　施工を行う工事請負業者が決まると，建築主（施主）は工事請負業者と建築工事の完成とその報酬の支払い等に関し工事請負契約を交わすことになる．施工者が決定し施工の準備が整うと起工式が執り行われ，いよいよ建物の実現に向けて工事が開始される．設計図書のとおりに正しく躯体，仕上げ工事を施工していく過程を管理することが施工管理であり，工事監理者，施工者および専門工事業者が一体となって行うことによって良質の建築が誕生することになる．

　ル・コルビュジエの弟子3人による国立西洋美術館設計事務所の設計補助により建築設計図書が完成した．この設計図書に基づいて1958年2月に工事入札を行い，建築請負業者を清水建設に決定した．翌3月には国立西洋美術館建築工事起工式が行われ，工事が開始される．施工管理を行う工事監理者は文部省管理局教育施設部工営課および国立西洋美術館設計事務所が担い，清水建設の現場監督はパリのオーギュスト・ペレの下で鉄筋コンクリート建築の経験があった森丘四郎が務めることになった．

　工事は順調に推移し14カ月の工事を経て1959年5月29日に竣工式を迎えることになる．

躯体工事
（坂倉建築研究所蔵，藤木忠善撮影）

5.1 施工管理
国立西洋美術館における施工管理

　施工管理とは，設計図書のとおりに正しく躯体・仕上げ工事を施工していく過程を管理することにほかならない．国立西洋美術館が建設された当時は，現在とは異なり，現場ではほぼ手作業で工事が行われていた時代である．この施工現場を任された人物が清水建設の森丘四郎（1906-1992）であった．森丘は前川國男設計の建物の施工を過去にいくつも手掛けており，この国立西洋美術館の施工においても前川からの強い要望によって森丘が現場の主任となったことが記されている[1]．写真（図1）は当時の清水建設のスタッフのものであるが，建物の建設においてはチームワークが非常に重要で互いの信頼の上に施工に関する困難な作業が遂行される．国立西洋美術館におけるコンクリートの推定強度分布と丸柱のかぶり厚さの分布（測定結果をもとに作成したイメージ）を図2および図3に示す．国立西洋美術館の設計基準強度は 18 N/mm^2 であり，一般に実際のコンクリートはこの設計基準強度をほぼ確実に満足するように安全をみて高めの強度となるよう調合設計されるが，ほぼ全域にわたってこの設計基準強度を満足していることがわかる．一方，鉄筋のかぶり厚さは一般に 30～40 mm 程度が確保されるが，試行錯誤が繰り返された丸柱などで，鉄筋のかぶり厚さにやや偏りがある．これは型枠内にコンクリートを打設した際，鉄筋がずれてしまった影響などによるものと考えられる．現在ではこのようなかぶり厚さを確保するために，スペーサーなどが使用されるが，これも往時の施工の苦労がうかがえる一つの例であろう．

図1　当時の施工チームの集合写真（前列右から2人目が森丘）[1]

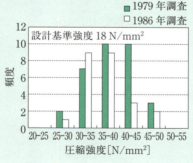

図2　コンクリート強度の分布

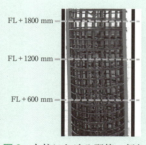

図3　丸柱における配筋の偏り

5.1.1 現在の施工管理

鉄筋コンクリート工事の施工管理について紹介する[2]．施工管理は，図中の**工事監理者**，**施工者**および**専門工事業者**が一体となって行うものである．なお，施工者のこの構図の原型は国立西洋美術館本館躯体工事の頃とそれほど大きく変わるものではない．なお，第三者試験機関に試験・検査を依頼する場合は，試験担当責任者もこれに加わることとなる．**品質管理**という言葉をよく耳にするが，これは製品を製造するうえで最も重要な管理の一つとされ，計画（plan）→実施（do）→検討（check）→処理（action）の基本サイクル（PDCAサイクル）によって，より品質の高いものをつくる行為の基本となるものであり，「総合的品質管理（total quality control：TQC）」とよばれる．建設行為においてこれに該当するものが施工管理である．施工管理における品質管理を確実なものとするために，例えば躯体工事においては下記のような品質管理体制を組織して工事にあたることになる．

工事監理者は設計図書のとおりに建物が施工されているかを監理する．

施工者は，設計図書に示された要求性能を実現するための施工管理を行うものであり，建設現場において「作業所」とよばれる工事事務所を設置する．作業所では，作業所長をはじめとする技術者やスタッフで構成された施工体制の下で工事を進める．

例えば鉄筋コンクリート工事では，多くの種類の工事が複雑に絡み合いながら進行していくため，これらの工事の品質管理を統括する品質管理責任者が必要となる．品質管理責任者は，鉄筋コンクリート工事の品質管理組織を確立し，① 鉄筋コンクリート工事における品質目標の明確化，② 目標品質を実現するための品質管理計画の作成と管理の実施，および ③ 鉄筋コンクリートにおける品質の確認・評価を行う．これが先ほどのPDCAサイクルの具体となる．これらを確実に実施するために，品質管理責任者には鉄筋コンクリート工事に関して十分な知識，技術および経験が求められる．作業所において各工事の施工管理を行うのが型枠工事，鉄筋工事，コンクリート工事およびその他関連工事の担当者である．各工事の担当者は，品質管理責任者の指揮の下，協力業者やレディーミクストコンクリート工場に対して指示および協議を行いながら工事を進める．

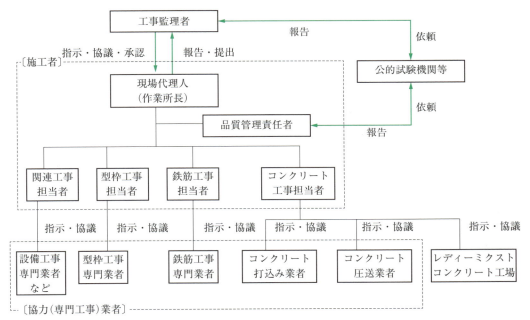

図4　鉄筋コンクリート工事における品質管理体制[2]

5.2 コンクリートとコンクリート工事

躯体

鉄筋コンクリート造である国立西洋美術館の構造形式は柱と梁，床スラブなどの接合部を剛接合し，一体化して躯体を構成するラーメン構造である．国立西洋美術館ではさらに耐震壁を地震力に抵抗するために配した耐震壁併用ラーメン構造となっている．耐震壁の厚さは120～200 mmであり，基本的に下層ほど壁厚は厚くなっている．1階から最上階まで連続した連層耐震壁が平面的に両方向にバランスよく配されている．

躯体の寸法

柱には角柱と丸柱が使われており，基本的に壁などと接合しない独立柱は丸柱が意匠的に扱われており，一方，壁と接合する柱は角柱になっている．構造的には丸柱と角柱は同じ役割だが，壁との接合部は角柱の方が施工上容易であり，また壁仕上げにより基本的に覆われ，鑑賞空間には表れないようになっている．丸柱の断面寸法は直径600 mmのものが多く，角柱も 600 mm×600 mm が基本寸法である．外壁部分では，外周部の丸柱から片持ち梁を持ち出したキャンティレバー構造とし，外壁は構造から解放された自由な意匠が可能となっている．

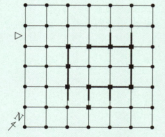

● 丸柱　■ 角柱　— 耐震壁 (150 mm)

図1　国立西洋美術館1階の柱形状と耐震壁

コンクリート

コンクリートはセメント，水，細骨材（砂），粗骨材（砂利），水を混ぜ合わせ，水和反応で硬化することにより形成される．国立西洋美術館のコンクリートは工場で調合・練混ぜを行い敷地にミキサー車で運搬するレディーミクストコンクリートを用いて建設されており，国立西洋美術館建設当時はまだ珍しかったが，今日では一般的な方法である．

施工

鉄筋コンクリート造においては，材料が分離しないように均質で一体化したコンクリートを打設しなければならない．そのためコンクリートの練混ぜから打設終了までの時間は外気温25℃未満で120分以内などと定められている．またコンクリートを流し込むホースを打設する位置にできるだけ近づけ，落下高さを抑える必要がある．打設時に鉄筋や設備配管の裏などにコンクリートが回りきらず空隙が残ると所定の強度が出ないため，施工時に十分に締固めを行う．締固めはバイブレーター（棒状振動機）などを用いて行われる．打設終了後には金ごてなどを使ってコンクリート上端を平滑にならす．

図2　コンクリートの打設状況
（坂倉建築研究所所蔵，藤木忠善撮影）

図3　丸柱のコンクリートの表情

図4　19世紀ホールの柱と大梁

5.2.1 現在のコンクリート工事

a. 躯体工事

鉄筋コンクリート造の躯体は，柱・梁，床・屋根スラブ，壁，階段など建物の骨格となる主要な部分を指す．構造形式は基本的に**ラーメン構造**か**壁式構造**だが，シェル構造，フラットスラブ構造などもある．ラーメン構造のスパンは 6～8 m 程度が普通で，低層から高層まで幅広く，最近は超高層建築にも多用されている．

日本ではラーメン構造は地震力に抵抗するために**耐震壁**を入れることが多く，周囲の柱・梁と一体化する必要がある．壁式構造は比較的スパンが小さく空間単位も小さい集合住宅などに採用されることが多い．

図5はル・コルビュジエによるマルセイユのユニテ・ダビタシオンのピロティ部分である．量感のある曲面の柱を梁，キャンティレバーのスラブなどと一体化した，鉄筋コンクリートらしい力強い表現である．

b. コンクリートの材料

コンクリートの主要原料はセメント，水，砂，砂利である．セメントと水が化学反応（**水和反応**）で硬化し，骨材（砂と砂利）をつなぎ固めることにより形成される．セメントには今日一般的に，粘土と石灰石の混合物に石膏を加えた**ポルトランドセメント**が用いられる．用途や気候条件などに応じて高強度コンクリート，寒中コンクリートなどさまざまなコンクリートがある．

コンクリートが型枠内の隅々にまで行き渡るためには，適度な軟らかさである**ワーカビリティー**（workability：作業性）が重要である．コンクリートにおける材料の割合である調合において，**水セメント比**（セメントに対する水の質量比）は強度の指標の一つになっている．水が少ない方が強度は高いが，ワーカビリティーも考慮して，通常は 50～60% の水セメント比が採用される．

硬化する前のコンクリートを**フレッシュコンクリート**（生コンクリート）といい，工場で混合され硬化しないうちにミキサー車で運搬されるフレッシュコンクリートを**レディーミクストコンクリート**（ready mixed concrete）という．ミキサー車は運搬中にコンクリートが分離しないようドラムが回転し，内部を攪拌するようになっている．以前は工事現場で材料を練り混ぜる「現場練り」が行われていたが，レディーミクストコンクリートが普及することにより，作業手間の削減や品質の安定性が確保されるようになった．

c. 施工方法

鉄筋コンクリート躯体の施工は，配筋，型枠組立，コンクリートの**打設**，**養生**（コンクリートがしかるべき強度が出るまで保護），最後に**脱型**（型枠撤去）する手順で行う．コンクリートは打設後4週間で所定の強度が出るため，材齢28日における強度が基準強度となる．その後も水和反応は続き強度は上昇する．

コンクリートの横流しや高い位置からの落とし込みなどによりコンクリートが一体とならないと，セメントペーストと分離して砂利が表面に表れる豆板（「す」ともよぶ）という不具合が生じる．大きな豆板は構造的欠陥の原因となる．

コンクリートは乾燥するにしたがって収縮し表面にひび割れが生じる．軽微なひび割れはすぐには問題とならないが，ひび割れが鉄筋まで達すると次第に漏水や鉄筋の錆など耐久性に影響を与える．そのためコンクリート工事では適切な調合による密実な打設が重要である．鉄筋コンクリートは配筋やコンクリートの充填などの施工精度が建物の良否を左右し，また一度打設するとやり直しがきかないことも特徴である．

図5 マルセイユのユニテ・ダビタシオン

図6 豆板の例

図7 鉄筋の錆とコンクリートの剥落

5.3 鉄筋と鉄筋工事

鉄筋工事

コンクリートは圧縮力に対しては強いが，引張力には弱い．引張力を補うためにコンクリートの躯体の中に鉄筋を組み込んだ構造が鉄筋コンクリート造である．鉄筋を所定の位置に適切に配することを**配筋**といい，コンクリートと一体となって強固な骨格を形成する．一般的に，鉄筋工事と型枠工事は同時並行して行われ，配筋の一般的な手順は，柱，壁，大梁，小梁，床，その他の順に行われる．

鉄筋の種類

国立西洋美術館で用いられている鉄筋は，当時主流であった円形断面の丸鋼に加え，現在普及している**異形鉄筋**（いけいてっきん）が丸柱に部分的に用いられている．異形鉄筋は鉄筋の側面にリブ状の突起があり，コンクリートと接する表面積を多くすることによりコンクリートとの付着力を高めたものである．異形鉄筋は当時としては新しかったが，丸鋼では鉄筋が並びきらず柱が太くなるため用いられた．

鉄筋の役割

鉄筋の主要な役割は引張り強度が低いコンクリートの補強であり，これを担うのが**主筋**である．国立西洋美術館の柱や梁では外周部近くに均等に主筋が入っている．柱の主筋には直径 25 mm などの太い鉄筋が使われており，丸柱の主筋は，外周に沿って下層ほど密に入っている．大梁では，梁中央部では引張力が作用する梁の下側に主筋を多く配しており，逆に梁の外側では上端に多くしている．

主筋のほかに，せん断による斜めの応力に抵抗するため，主筋と直交する方向にせん断補強筋である**帯筋**（梁の場合は**あばら筋**）を一定間隔に配して配筋する．国立西洋美術館の柱の帯筋は 13 mm（13φ）などが 100 mm ピッチで配されており，大梁で使われているあばら筋は 9φ である．

壁や床の配筋はスラブの中に縦横に配し，スラブ厚によって二重に配筋することも一般的である．

かぶり厚さ・あき・継手

鉄筋はコンクリートによって保護されるため，コンクリート表面から鉄筋までの寸法である**かぶり厚さ**を適切にとる必要があり，鉄筋同士の間隔である**あき**もコンクリートがしっかりと充填されるように適切に管理する必要がある．国立西洋美術館では，ピロティの丸柱は主筋同士のあきが小さくコンクリートが行き渡りづらいため，鉄筋同士を端部で接合する**継手**にはガス圧接継手が用いられた．

図1 鉄筋のガス圧接作業
（坂倉建築研究所所蔵，藤木忠善撮影）

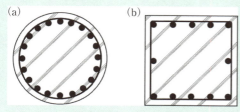

図2 国立西洋美術館の丸柱(a)と角柱(b)の配筋の例

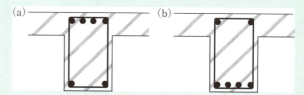

図3 国立西洋美術館の大梁の配筋の例
(a)梁端部，(b)梁中央部．

5.3.1 現在の鉄筋工事

a. 鉄筋

コンクリートに鉄を組み合わせることにより補強する考えは，フランスの造園家ジョセフ・モニエが1867年に鉄網入りのモルタル製植木鉢をつくったことが起源の一つにあげられる．コンクリートと鉄は温度変化による膨張率がほぼ等しく一体として働くことも鉄筋コンクリートの今日の普及を後押しした．

鉄筋コンクリートに使われる鉄筋の種類にはその形状から丸鋼（steel round bar）と**異形鉄筋**（steel deformed bar）があり，それぞれ SR235, SD345 等の記号で表示される．鉄筋とコンクリートの一体性は互いの**付着**によっており，付着は表面積が多いほど大きいため，円形断面の丸鋼にとって代わり，今日では表面に多数の凹凸を設けた異形鉄筋が用いられている．

一般に鉄筋は加工場で加工され，折り曲げは熱による品質の変化を防ぐため加熱せずに行われる．鉄筋は運搬や施工に適した長さで現場に運ばれるため，規模の大きな建物においては配筋時に鉄筋同士を端部で接合する**継手**を行う．一般的な継手方法には，鉄筋同士の端部を一定長さ重ねる重ね継手，加熱により鉄筋端部同士を接合するガス圧接継手などがある．

b. 配筋

コンクリートに適切な位置・量の鉄筋を配することを**配筋**といい，コンクリートの引張力を補うための主要な鉄筋を**主筋**という．主筋は軸方向の鉄筋であり，原則として引張力が作用する側に配する．主筋と直交方向に，柱の場合**帯筋**（**フープ**），梁の場合**あばら筋**（**スターラップ**）という補強筋が配される．帯筋とあばら筋は主筋の座屈を防ぐ，せん断力への抵抗，コンクリートのはらみ出しを防ぐ役割がある．

壁の配筋は縦横に網目状に組み，壁が厚い場合には二重に配筋（ダブル配筋）する．床の配筋も同様に網目状に組み，通常ダブル配筋（上端筋と下端筋）される．ほかに，窓や配管スリーブなどの開口部の周囲に配筋する**開口補強筋**があり，縦横および斜めに配筋する．

c. 施工

コンクリートはアルカリ性のため鉄筋を錆から保護する役割がある．しかし鉄筋を保護する箇所が十分な厚みをもっていないと，コンクリートの中性化やひび割れ部からの水の浸入などにより鉄筋の腐食につながる．この鉄筋の表面からコンクリート躯体表面までの

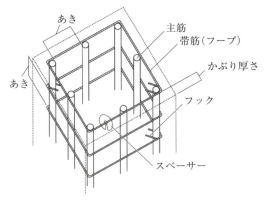

図4 柱の配筋

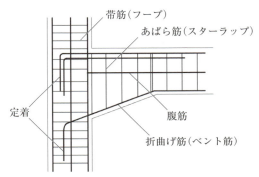

図5 柱梁接合部の配筋

図6 梁の配筋例　　図7 スペーサー

寸法を**かぶり厚さ**という．施工時にかぶり厚さを確保するために，鉄筋に**スペーサー**等を取りつける．

コンクリートを打設する際，鉄筋同士の距離が近い場合，コンクリートが十分に型枠内に回り込まない可能性がある．これを避けるため，鉄筋同士の距離である**あき**を確保することが施工上重要である．

梁などの鉄筋を端部で折り曲げ，柱などの部材中に延長して埋め込むことを**定着**といい，これにより鉄筋の引抜けを防ぐ役割がある．また柱などの鉄筋端部を鉤状に折り曲げた部分を**フック**といい，コンクリートとの付着により引抜け防止効果がある．鉄筋が交わる箇所においては，コンクリート打設時にずれないように結束線（番線ともいう）で緊結する．

5.4 型枠工事

型枠工事

コンクリートの仕上がりの形や質感を決定するうえで型枠は大切なものであり、特に国立西洋美術館の柱や梁のように、躯体をタイルなど他の材料で覆わずそのまま仕上げ面とした**打放しコンクリート**においては、その施工の質が美観やその後の躯体の耐久性に直結する。国立西洋美術館のように、建物が建つ現場で鉄筋や型枠を組み、コンクリートを打設する工法を**現場打ち鉄筋コンクリート**という。

型枠

型枠とは、通常はコンクリートを形づくるための型となる板材のことを指すことが多いが、厳密にはこれを**せき板**とよび、せき板を支持する**支保工**（サポート）や**締付け金物**とあわせて型枠という。せき板の材料としては今日では合板が広範に使用されている。

国立西洋美術館の丸柱の打放しコンクリートについて、ル・コルビュジエは鋼製型枠を用いた滑らかな仕上げとするよう指示したが、日本側が得意な木製型枠を提案し、受け入れられた経緯がある。せき板には、当時一般的であった杉板ではなく桶材として使われる希少な松材「姫小松」を用い、桶職人の手を借りて並べ立てて型枠がつくられた。板幅は40mmと通常のせき板より狭く、それにより、曲面形状に近似させたものとなっている。丸柱の型枠は鉄筋を組んだ上から落とし込んで設置された。その際、せき板に鉄筋があたって傷をつけないよう、あらかじめ鉄板の丸筒を上から柱に吊り下げておき、その上で本当のせき板を落とし込み、その後鉄板を抜き取るという工夫がなされている。また、通常であればせき板は複数回使用されるが、柱のせき板は各々一度のみ使用された。

ル・コルビュジエは国立西洋美術館の打放しコンクリート仕上げの表現について、日本人独特の工作の腕とすばらしい職業的良心の賜物だと述べている。その他の外壁には檜のせき板、19世紀ホールの内側の壁の型枠は鋼製型枠が用いられている。

仮設足場

躯体工事には作業用の**仮設足場**が用いられるが、国立西洋美術館の仮設足場は、施工時の写真をみると木製足場が主であり、部分的に単管などが用いられているようである。今日では単管などを組み立てシステム化された足場が一般的である。

図1 丸柱の型枠
（坂倉建築研究所所蔵，藤木忠善撮影）

図2 養生用筒の抜取り作業
（坂倉建築研究所所蔵，藤木忠善撮影）

図3 国立西洋美術館の丸柱の打放し仕上げ

図4 国立西洋美術館の仮設足場
（坂倉建築研究所所蔵，藤木忠善撮影）

5.4.1 型枠工事

a. 型枠

フレッシュコンクリートを流し込んで成形するための鋳型を**型枠**というが，型枠は**せき板**，**支保工**，**締付け金物**からなる．せき板は，コンクリートを流し込む型であり，合板などの板材が用いられる．支保工は「支え保護する工事」という意味で，桟木や端太（ばた）角，支柱などによりコンクリートが所定の位置で強度を発揮するまでせき板を支える役割がある．

締付け金物には，フォームタイ，セパレーター，Pコン（plastic cone）などがあり，コンクリートの壁や梁などの厚さを確保し，せき板をしっかりと固定するために使う．型枠は繰り返し使用することによりコストダウンを図ることができるが，木製のせき板は多数回使用することにより次第に劣化する．

鋼製型枠（メタルフォーム）は耐久性に優れており，繰り返し使用に適した型枠である．また平滑なコンクリート仕上げ面をつくることができ，組立・解体も容易であるが，現場での加工ができないという特性もある．なお，コンクリート打設後に型枠を取り外さず，そのまま仕上げとして使う型枠を**捨て型枠**という．

b. 施工と仕上げ

硬化することにより形状が定まるコンクリートは可塑性（容易に変形し，もとに戻らない性質）を備えているため，さまざまな曲面構造の建物がつくられてきた．一方で形状が複雑になるほど型枠の大きさや形状は多くなり，コストや施工性に関する検討が必要となる．

型枠はコンクリートが必要な強度に達してから取り外す（**脱型**）．梁下やスラブ下のサポートを外すためには基本的にコンクリートが設計基準強度に達していることが必要である．

脱型してそのままコンクリート面を他の材料で覆わず仕上げることを**打放し仕上げ**という．コンクリートの素材特性をそのまま表現した外観などに用いられ，せき板の木目などが転写された表情となる．**合板**による型枠が主流の今日では，木目のない仕上げ面に丸い模様が一定間隔で並んだ表情がよくみられる．この模様は脱型後にPコンを取り外してモルタルで埋めた跡であり，打放しの代表的な表現として多用されている．

合板が普及していない時代には，小さい寸法の杉板

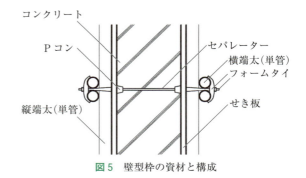

図5 壁型枠の資材と構成

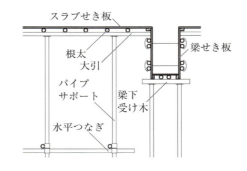

図6 梁・床型枠とサポート

などをせき板としていたため，木目や継ぎ目が打放し表現となっていた．打放しは仕上げ面のコストを省略することができるが，一方で打設された形がそのまま仕上げとなるため，高い施工精度が求められる．

木造建築が多い日本ではもともと大工が多く，型枠大工が精度の高い施工をすることが可能であったという側面がある．他方，雨が多く気温の変化も大きい気候条件では，外壁はコンクリートをひび割れなどの劣化から保護することが望ましい．打放しはコンクリートの保護という観点からは不利であり，近年では特殊なコーティングを施す技術などが用いられている．

c. 仮設足場

仮設は建物の建設のために現場に組み立てられ，工事完了後に撤去される．仮設にはコンクリートの打設時に用いられる支保工や，安全に施工を行うための作業用足場などがある．

以前は丸太を組み合わせて足場を構築していたが，今日では，仮設足場はシステム化されており，鋼製の丸パイプを組み合わせた単管足場や枠組を用いた枠組足場が使用されており，接合金物により容易に組立・解体ができるようになっている．

5.5 ガラス

建築材料におけるガラス

建築材料は，光を反射することによりその存在を視覚的に主張する．この点で，ガラスは一般的な建築材料とは対極をなすユニークな材料といえる．最近では，限りなく透明であるだけでなく，光を透過させつつも部分的に反射させることにより自らを風景に同化させるものや，断熱性，防犯性，高強度を有するものなども開発され，その種類は多様である．

天然の固体物質は固有の結晶構造（食塩：NaとClイオンの規則的構造）を有しているが，ガラスは主原料のケイ砂を溶解し，これが再度結晶となる前に固化（光散乱を生む結晶構造ができない）させた無規則網目構造（性質に方向性なし≒透明性・破壊時方向性に秩序なし）となっている．これが，ガラスが透明である理由であり，その意味でガラスは「透明な液体に無限に大きな粘性を与えたもの」といえるであろう（図1）．

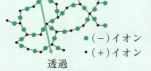

図1　ガラスの結晶構造[1]

国立西洋美術館のガラス

国立西洋美術館の特徴の一つに屋上のトップライト（天窓）がある．常設展示場では波板ガラスが創建当時の明かり取りとして採用されていたが，絵画鑑賞の観点から現在は遮光されている（図2）．一方，19世紀ホールではトップライトが今でも明かり取りとして用いられており（図3），本館の中心的な存在でもある．ほかにもエントランス部ではピロティ南端の柱通りから1スパン内側に入った柱通りにガラス面をガラスで支持するガラススクリーン構法が採用され，ピロティが内部空間に取り込まれる効果を生み出している（図4）．このガラスは一般の建築物にも使用される「フロート板ガラス」であり，高い平面精度，透視性および採光性に優れる．

図2　遮光処理されたトップライト　　図3　国立西洋美術館のトップライト

図4　国立西洋美術館のエントランス

5.5.1 ガラスの製造方法

ガラスの主原料は**ケイ砂**（SiO_2）である．板ガラスなどではさらに，水に対し不溶性を与えるための石灰石（CaO），ケイ砂の溶解温度を低減させるためのソーダ灰（Na_2O）（昔は岩塩を使用）や苦灰石（ドロマイト），ほうしょう，長石およびガラスカレットを加え，これらを約 1600℃ で溶融する．現在の板ガラスは主にフロート法により製造され，網入り板ガラスや型板ガラスなどを製造する際はロールアウト法が用いられる．フロート法において，溶融ガラスは，溶融した錫（すず）の上を通過することにより，両者の表面張力の釣合いを取り合いながら成形される．ガラスの種類を**表**1に示す．

フロート板ガラスと　　網入り板ガラス　　熱線吸収ガラス
すり板ガラス

熱線反射ガラス　　　複層ガラス　　　合わせガラス

強化ガラスとそのメカニズム　　　Low-E ガラス

図5　各種ガラス[1]

表1　各種ガラスの特徴

名称	特徴
フロート板ガラス	最も一般的な透明板ガラス．平面精度が高く，透視性および採光性に優れる．
網入り板ガラス	フロート板ガラスにロールアウト法により金属網を封入したもの．破片が飛散せず，防火・安全性の面で優れる．なお，ガラスの小口面の金属が錆びてひびが入ることもあり．
熱線吸収ガラス	特定の波長を吸収するコバルト，鉄，ニッケルなどの金属を微量加えて着色した透明ガラス．日射エネルギーの 20〜60% を吸収する．
強化ガラス	板ガラスを強化炉に入れ，軟化温度（約 600〜700℃）に熱した後に急冷することにより，表層部分に圧縮応力層を形成させる．ガラスの引張破壊に対する余裕代をもたせることにより，板ガラスの 3〜5 倍の強度を付与する．強化後は切断などの加工ができないため，穴あけ等の成形はあらかじめ工場で行う．なお，破損した際は細かなガラス破片となる．
型板ガラス	ガラス素板を引き出す際に，型ロールによってガラス表面に模様を施したもの．
熱線反射ガラス	ガラス表面に反射率の高い金属酸化物の膜（TiO_2 や SUS）をコーティングしたもの．鏡は一般に銀が使用されるが，上記の金属酸化物は酸化しないため単板として利用できる．太陽熱を反射（30% 程度の可視光線反射）し室内の冷房効果を高める．またハーフミラー効果があり，カーテンウォールや SSG 構法における構造シーラントの劣化防止のための外装材として使用される．
複層ガラス	板ガラスの間に乾燥空気を封入し，断熱性を高めたガラス．冷暖房効率を向上させ，結露も生じにくい．室内側のガラスに Low-E ガラスを組み合わせてさらなる効率化も図れる．乾燥空気の代わりに，断熱効果のあるガス（アルゴンガス）を注入して断熱効果を高めるものもある．
合わせガラス	2 枚のガラスの間に，プラスチックフィルム（ポリビニルブチラール）をはさんだガラス．破片が飛び散らず，障害物も貫通しにくい．自動車のフロントガラスなどに採用されている．
すり板ガラス	片面をつや消し加工したガラス．光を通し視線を遮る機能をもつ．
Low-E (low emissivity（低放射）) ガラス	通常のフロートガラスに金属膜をスパッタリングによってコーティングし，熱の伝導を低くしたガラス．複層ガラスの材料（被膜は空気層側）として使用することで，断熱性をより一層高めることができる．可視光透過率は熱線反射ガラスよりも高い．
耐火ガラス	二酸化ケイ素にホウ酸を混合したホウケイ酸ガラスを熱処理することにより耐熱性を付与したガラス．
ガラスブロック・プリズムガラス	中空を有するブロックで，断熱性に優れ遮音性も高い．

（旭硝子　板ガラス建材総合カタログ　商品編，旭硝子株式会社，2015 年 1 月発刊より部分的に引用）

5.6 タイル

建築材料におけるタイル

　タイルとはラテン語のテグラ（tegula）を語源とした用語で「覆う」，「被せる」といった意味をもつ．建物を覆うこのタイルは，特に日本特有の多様な気象条件においても劣化，変色しにくく，酸やアルカリなどの化学的作用や，また火熱や磨耗に対する物理的作用に対して安定しているといった機能を有している．さらには汚れがつきにくく落としやすいことからメンテナンス性にも優れた特徴をもつ．このことから，建物の意匠性のほかに耐久性などの各種機能を付与する仕上げ材として多用されている．

国立西洋美術館のタイル

　タイルは，粘土を主原料に，長石，陶石などが配合されている．これらの粉末原料を混錬・成形し，乾燥後に釉薬を施（施釉）し本焼成を行う．施釉とは粘土素地の表面に釉薬（ゆうやく＝うわぐすり）を塗布してガラス上の物質を形成するものであり，これにより素地表面の耐摩耗性を向上させることができる．一般に仕上げ材料のメンテナンスはシーリング材などは約8年，外壁の複層塗材等は10数年とされているが，剥落がない限りはタイルはほぼ**メンテナンスフリー**であり，国立西洋美術館の19世紀ホールのタイルも往時のものが今でも使用されている（図1）．

タイルのテクスチャー

　一般に，タイルのテクスチャーを操作する方法として，釉薬の有無以外に「酸化焼成」，「還元焼成」としての焼成方法がある（図2）．酸化焼成とは酸素を十分に供給した炎で焼き上げるものであり，釉中・素地中の酸化金属と酸素を結合させることにより呈色させる．比較的安定した色合い・色幅を再現することができる．還元焼成とは酸素の供給を抑制した炎で焼き上げるものであり，タイル素地にあたる炎に偏りが生じ，色幅の大きい仕上がりとなる．

図1　19世紀ホールの壁や床に使用されたタイル

図2　酸化焼成（左）と還元焼成（右）

5.6.1 タイルの張付け工法

a. 改良積上げ張り
主に小口平（60 mm × 108 mm）から四丁掛（120 mm × 227 mm）までのサイズのタイルの張付けに適用される．積上げ張り工法に対して，躯体に下塗り・中塗りを施し，精度の高い下地の上に施工することにより，高い接着力を確保している．

b. 圧着張り
下地面に張付けモルタルを塗りつけ，そこにタイルを押し込む工法である．張付けの際はタイル用ハンマーの柄などで叩き込み，この作業が入念に行われれば，接着力・白華防止に優れる工法である．しかし，下地側の張付けモルタルのオープンタイムの影響を受けやすく，叩きが十分でないと剥落の原因にもなる．

c. 改良圧着張り
張付けモルタルのオープンタイムの影響を受けにくくした工法である．下地側だけでなく，タイル裏側に張付けモルタルを塗りつけることにより，タイル裏足への確実な充填と，下地側とのなじみがよい．このため，確実な接着力を確保することができる．

5.6.2 ALC

ALC（autoclaved lightweight concrete）は，1923年にスウェーデンのJ. A. Eriksonが開発・製造の特許を取得し，1929年に製造が開始された．軽量気泡コンクリートと訳されることもある．日本には1963年にこのALCの製造技術が導入され，現在に至っている．断熱性・耐火性に優れ，さらに軽量であるなどの特徴を生かし，構造躯体への質量的な負担軽減を図る目的で比較的低層の鉄骨構造建物や住宅の外壁などに用いられることが多い．

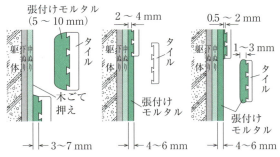

(a) 改良積上げ張り　(b) 圧着張り　(c) 改良圧着張り

図3　タイルの張付け工法[1]

図4　GRCを用いた建築（まつもと市民芸術館，設計：伊東豊雄建築設計事務所，2004年）

図5　窯業系サイディングを用いた住宅

ALCの主原料である生石灰は，石灰石を900〜1100℃程度に加熱分解することにより得られる．さらにスラリー中のアルカリとアルミニウム粉末の反応によって水素ガスが生成され，これがALCにおける約1 mm程度の独立した気泡となる．スラリー中に界面活性作用を有する気泡剤を混入して泡を導入させる方法もある．

5.6.3 GRC

GRC（glass-fiber reinforced cement）は，セメント系材料にガラス繊維を混入した繊維強化板である．ガラス平板などでは，その表面にマイクロクラックが存在することによって理論強度よりも大幅に強度が低下するが，微小な繊維ではこの確率が相対的に低下し，ピアノ線に匹敵する強度が安定的に得られる．したがってこの繊維を用いた硬化体の弾性係数や曲げ強度は高い．GRCは1973年に英国で開発され，1975年に日本に技術導入された．ガラスはアルカリに侵食されるため，GRCに用いられるガラス繊維には耐アルカリ性に優れるジルコニア（ZrO_2）が含有されている．不燃材料であり，曲げ強度が高く薄肉化が図れ，かつ自由な形状に成形可能でありさらにはコンクリートや金属では表現することが難しい自然石・木目・タイル風の模様や形状をつくりやすいため，内外装パネルやモニュメントとして多用されている

5.6.4 窯業系サイディング

セメント質原料および繊維質原料を成型したものであり，セメント系繊維補強板の物性として大きく変わるものではない．住宅などの低層建築物の外壁仕上げ材として従来から木質系材料やモルタルなどが用いられていたが，前者は腐朽や可燃の問題，後者は湿式であるために工期が長いことやひび割れ・剥落の問題があり，昭和50年頃からこれらの欠点の改善と省力化・多様な意匠性への要望に伴って窯業系サイディングが用いられるようになってきた．現在，住宅の外壁材の約70％をこの窯業系サイディングが占める．

5.7 パネル・カーテンウォール

コンクリートの製造

カーテンウォールとは工場生産された部材で構成される建物の非耐力外壁をいい，建設工事の近代化・大型化とともに工事の合理化を指向して開発され，戦後を中心に建築のファサードを大きく変貌させた．

国立西洋美術館の玉石の外壁パネル（図1左）では，モデュロール化したプレキャストコンクリートパネルが採用された．パネルは，下地となる外壁に埋め込んだスタッド（留め金具）をパネル臥梁の鉄筋と緊結し，最後に臥梁のコンクリートを打設して一体化したもので（図1右），ファスナを用いる近代的なカーテンウォールの概念とはやや異なるが，無限成長美術館の理念を体現するうえで重要な役割を果たした．

パネルの改修

パネルの仕上げは，桂浜の玉石（青石）植込仕上とよばれるもので，国立西洋美術館の外観を特徴づける重要な要素となっている．施工は，まだ固まらないコンクリート表面にモルタルを流し，玉石を押し込んで埋設された（図2）．しかしながら，竣工後間もない頃から埋め込んだ玉石の落下が発生したため，1977年に全数の玉石の打撃調査を実施し，落下したものを接着剤で一つ一つ埋め込んだとされる．

ところがその後も玉石の落下が続いたため，1994年には原設計の趣旨を尊重しつつ新しく外壁パネルが製作され全面的に取り換えられた．構造的負担を低減するため，軽量コンクリートを用い臥梁コンクリートに変わって鉄骨を用いるなどの変更がなされたとされる．玉石は，すでに採取されなくなっていた桂浜の玉石に代わって，フィリピン・バナイ島のイロイロ産の玉石が用いられた．このとき同時に外壁の断熱工事が行われた．また，安全性を確保するためパネルは4枚1組に変更されている．

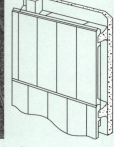

図1　現在の国立西洋美術館外壁パネル　　　　図2　施工時の様子[1]

5.7.1 現在のパネル・カーテンウォール

建築物の面を構成する材料としては，鉄筋コンクリートなど躯体と一緒に施工される材料以外に，合板などの木質材料，石膏ボード，洋形サイディング，金属パネル，ALC，押出成形セメント板，コンクリートブロックなどが利用される．外壁面ではカーテンウォールが用いられることも多く，金属カーテンウォール，PCaカーテンウォール，複合カーテンウォールなどが広く普及している．

先述したとおり，カーテンウォールとは工場生産された部材で構成される建物の非耐力外壁を指し，その分類は表1に示すとおりである．なお，製造方式で分類した場合，部材を現場で組み立てるノックダウン方式と，工場で組み立てるユニット方式がある．

カーテンウォールは，その定義にあるように耐力をもたない外壁であり，ラーメン構造に適用した場合には架構の変形に追従するよう取付け方法が工夫されている．このような加工の変形に追従できる性能を層間変位追従性などとよぶ．代表的な取付け方法は，主としてロッキング方式とスライド方式に分類され，それぞれ架構の変形に対して図3に示すように動いて損傷を低減することができる．なお，取付け部の金物はファスナとよばれ，想定した可動部を実現するためさまざまな形状が開発されている．代表的なファスナの例を図4に示す．

カーテンウォールに要求される性能としては，層間変位追従性能などに加えて，耐火性能，耐風圧性能，耐震性能，水密性能，気密性能，遮音性能，結露防止性能などが要求され，実用にあたっては多くの検証が行われる．中でも水密性能は，台風などの強風雨時や通常の長雨時に室内側への漏水を防ぐ意味で最も重要な性能とされる．

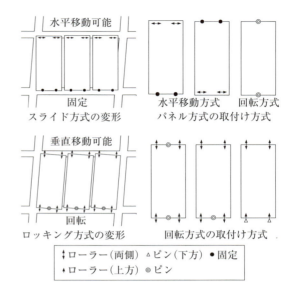

図3 相関変位追従性能

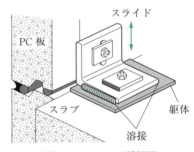

図4 ファスナの詳細図

表1 カーテンウォールの分類 (JASS 14)

メタル系	方立方式	方立（マリオン）を床版と上階の床版（もしくは梁）の間に架け渡し，その間にサッシ，スパンドレルパネルなどの構成部材を取り付ける方式
	バックマリオン方式	方立（バックマリオン）を，床版と上階の床版（もしくは梁）の間に架け渡し，その前面にガラスやパネルを取り付ける方式
	パネル方式	金属の板材と枠材を組み上げたり，鋳造によって成型したパネルを構造躯体に取り付ける方式
	スパンドレル方式	金属で構成した腰部分のパネルを床版と梁などの構造躯体に取り付け，これにサッシなどの構成部材を取り付ける方式
	小型パネル組合せ方式	比較的小さなパネルを工場生産し，鋼材などの下地材に取り付ける方式
PCa系	パネル方式	平板もしくはリブ付きの版状などに打設したプレキャストコンクリートを，構造躯体に取り付ける方式
	スパンドレルパネル方式	プレキャストコンクリート製の腰部分のパネルを床版と床などの構造躯体に取り付け，これにサッシなどの構成部材を取り付ける方式
	柱・梁カバー方式	柱型・梁型になるように打設したプレキャストコンクリートを，別々に構造躯体に取り付ける方式

5.8 防水材料・シーリング材料

防水材料

国立西洋美術館の屋上には**メンブレン防水**が使用されている．このメンブレン（membrane）とは「膜」という意味をもつ英語であり，屋上に膜をつくって水の浸入を防ぐものである．

国立西洋美術館本館では，1959（昭和34）年の竣工以来，何度かの屋上防水改修工事を行っている（図1）[1]が，国立西洋美術館で所蔵している屋上防水改修工事に関する建築資料は設計図のみで完成図書は確認されないため，必ずしも竣工の状態を特定できるものではなかったが，調査からその防水工法の層構造が図2のように明らかとなっている．

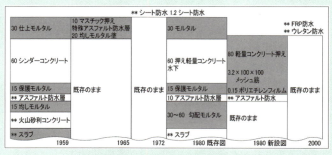
図1 建築資料調査による改修履歴[1]

図2 現在の防水層の層構造[2]

この図のように，国立西洋美術館屋上の防水は過去何度かにわたって改修工事がなされており，本館竣工後，二重に防水層を設置してもなお雨漏りをしていたことから，1959年当時のアスファルト防水層性能は問題が生じていたようである．このことから1980年に押えコンクリートを撤去して，抜本的な改修を行い現在に至っている．このように，防水材料は，決して「永遠の材料」ではなく，**改修**を繰り返しながら建物を漏水から守る役割を果たしている．

シーリング材料

ガラスやパネル同士を組み合わせた際のつなぎ目は**目地**とよばれる．図3は展示室となっている19世紀ホールの屋上トップライトであるが，**シーリング材**はこのように雨水が通過しやすいパネルとパネルの間に使用される．

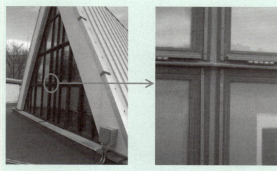
図3 国立西洋美術館の屋上トップライト(左)とシーリング目地(右)

5.8.1 防水工法

表1に，一般的な防水工法の特徴を示す．アスファルトルーフィングやシートなどは，シート状の防水材を水下が下になるように張り重ねていく（図4）．

ステンレス防水は，防水材にステンレスを用いたものであり，高耐久性を要求されるような建物・部位に使用される．このステンレス防水を用いた代表的な建物として幕張メッセなどが挙げられる（図5）．

5.8.2 シーリング材料

図6はタイル仕上げにおける目地の断面を示したものである．バックアップ材は，シーリング材の充塡深さが所定のものとなるように目地部に埋設するものであり，図からわかるように，目地部からの水の浸入を防止するためにかなり手厚い構造となっている．ただ，前述したようにこのシーリング材は有機系材料が用いられるため，紫外線等により劣化する（図7）．一般にこのようなシーリング材の取換え時期は8年から10年を目途として行われる．防水材料同様，シーリング材も決して永遠の材料でない，ということになる．

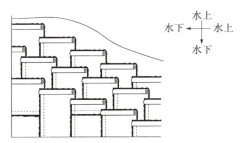

図4 アスファルトルーフィングの張付け[3]

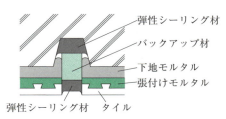

図6 タイル目地部のシーリング防水

図5 ステンレス防水の例（幕張メッセ）

図7 シーリング目地の劣化

表1 各種防水工法の特徴

	長所	短所	施工上の特徴・留意点
アスファルト防水	・継ぎ目なし ・防水層厚く性能安定	・作業工程多い ・火の使用，煙の発生	・アスファルト溶融温度は軟化点（100℃程度）＋170℃程度 ・溶融アスファルト＋アスファルトルーフィング（火の使用を低減＋安定した防水機能を担保）の組合せ
改質アスファルト防水（トーチ工法）	・施工早い	・下地・シート同士の入念な接合が必要 ・火の使用	・アスファルト＋合成ゴム等添加 ・裏面を加熱
シート防水（塩化ビニル系樹脂）	・施工早い ・下地の動きに追随	・シート同士の入念な接合 ・溶剤の使用（有毒）	・向き
塗膜防水（補強材を使用）	・自由な形状 ・継ぎ目なし	・厚さ不均一 ・硬化時間が長い	・補強布の重ね代（幅）：50 mm
ステンレス防水（ステンレスシートを使用）	・耐久的（長持ち） ・水密的：水に非常に強い	・複雑な形状での施工が困難	

6. 建築をつかう

　1958年4月に成立した「文部省設置法の一部を改正する法律」により，原案では国立近代美術館の分館として建てることになっていた国立西洋美術館は，独立美術館として開館することになった．翌1959年4月には松方コレクションが船でフランスのマルセイユ港より横浜港へ運ばれ，4月18日に国立西洋美術館において外務省より松方コレクションが引き渡され，晴れて6月10日には開館式が執り行われることになる．

　美術館としての使用が開始され，一般市民の反響をよび，多くの来館者が連日のように訪れるようになる．また，展覧会企画が話題となり来館者は増え続ける一方であった．しかし，設計段階から議論が繰り返されていた自然採光による展示室の光環境の問題は，観賞空間としての視環境の点からも展示される絵画の保存環境の点からも，解決されずに議論が続いていた．また，使用を開始して間もなく学芸員の作業スペースや事務スペースが不足することになり，開館から5年のうちに，これらのスペースが増築されることになる．また同時期に，当初の基本設計にあったが予算超過等の理由により建設が見送られていた講堂が増築されることになる．国際的な外交交渉が絡む中で進行した国立西洋美術館のプロジェクトは企画，計画段階において，必ずしも運営形態が詳細まで具体化しておらず，定常の運営状態に至るまで，5年ほどの年月がかかったことがわかる．

開館式の内覧会

6.1 国立西洋美術館の運営

国立西洋美術館を運営する独立行政法人国立美術館は，国立西洋美術館のほかにも，東京国立近代美術館，京都国立近代美術館，国立国際美術館，国立新美術館の運営・管理をしている．独立行政法人とは，公共上必要な事務や事業であって，国が直接実施する必要がないもののうち，民間に委ねると実施されないおそれがあるものを効率的・効果的に実施するために設立される法人である．独立行政法人国立美術館はその一つであり，以前は文化庁の機関であった上記5館を運営・管理するために，2001年に設立された．美術館を設置し，美術作品や資料を収集，保管，展示し，関連する発信，研究，教育を行って芸術文化の振興を図ることを目的としている．独立行政法人国立美術館の組織図を図1に示す．

国立西洋美術館の詳細組織図を図2に示す．大きく二つの課に分かれており，学芸課では，美術に関する収集，保管，展示，研究，教育，発信といった美術館に特有の業務を担っている．業務の例を挙げると，① 展示に関する業務：常設展や年数回の企画展の開催，② 収集，保管に関する業務：美術作品の収集，所蔵作品の情報収集，西洋美術に関する専門書・学術雑誌の収集・整理，③ 研究に関する業務：所蔵作品や保存・修復に関する調査研究，所蔵作品のデータベース作成，それらの研究成果の学術雑誌や学会等での発表，展覧会のカタログや図録の刊行，④ 教育に関する業務：所蔵作品等に関するセミナーやシンポジウムの開催，一般市民や児童生徒向けのスクールやギャラリートーク，⑤ 発信に関する業務：データベースの公開や国立西洋美術館ニュース「Zephyros」の刊行，などがある．このような多岐にわたる活動を支える業務を総務課が行っている．

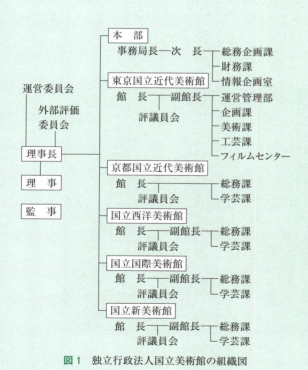

図1　独立行政法人国立美術館の組織図

図2　国立西洋美術館の組織図

6.1.1 公立美術館等の運営

国立西洋美術館は，独立行政法人によって運営・管理されている．一方，公立の美術館等は，2003年の地方自治法の一部改正で指定管理者制度が取り入れられてから，地方公共団体の直営または指定管理者による管理となった．

指定管理者制度とは，地方公共団体が設置する公の施設の管理を民間事業者にも行わせることができる制度で，指定期間を定め，公募または指名によって指定管理者を選定する．株式会社，財団法人・社団法人，公共的団体，特定非営利活動法人（NPO法人）など多様な主体がその担い手となっている．指定管理者制度の構図を図3に示す．

また，今後は地方独立行政法人による公立美術館等の運営・管理も考えられる．地方独立行政法人とは，地域の公共上必要な事務や事業であって，地方公共団体が直接実施する必要がないもののうち，民間に委ねると実施されないおそれがあるものを効率的・効果的に実施するために設立される法人である．2013年の地方独立行政法人法施行令の改正により，博物館，美術館，植物園，動物園，水族館も対象に加えられ，地方独立行政法人による公立の美術館等の運営・管理の道が開かれた．

6.1.2 新しい公共

こうした運営・管理の形の多様化の背景には，美術館等に限らず公共サービス全般に関する考え方の変化がある．

従来，もっぱら国や地方公共団体などの行政機関が提供してきたさまざまな公共サービスについて，行政機関だけでなく多様な民間組織や市民組織が担っていくという考え方は「新しい公共」ともよばれる．民間のノウハウを生かすことで，サービス水準の向上，効率的な運用，経費の削減などを目指すという考え方である．その背景には，国や地方公共団体の財政状況が厳しさを増していること，住民（ユーザー）の立場に立った公共サービスが求められていること，NPO法人や社会的企業などのさまざまな主体が育ってきていることなどがある．従来の地方公共団体による直営方式と完全な民間経営の間のさまざまな官民連携（public private partnership：PPP）の方法が模索されている．図4に，代表的な事業運営手法の特性を示す．

公の施設に関わる制度としては，前述した指定管理

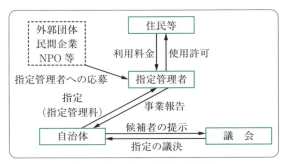

図3　指定管理者制度の構図[1]

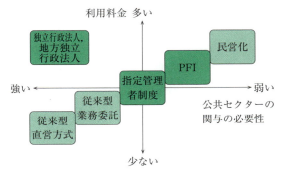

図4　代表的な事業運営手法の特性（資料[2]を参考に再構成）

者制度や地方独立行政法人のほかに，PFI（private finance initiative，プライベート・ファイナンス・イニシアティブ）などがある．内閣府民間資金等活用事業推進室によると，PFIは「公共施設等の建設，維持管理，運営を民間の資金，経営能力及び技術能力を活用して行う方法」と説明されている．従来型の公共事業では，設計，建設，維持管理などを個別に捉え，一部を行政機関が実施，一部を民間に発注している．一方，PFIでは，資金調達から，設計，建設，維持管理，そして運営までを一括して民間に発注する．新設の美術館等では，PFIによる例もみられる．

このように公共サービスの民間開放が進められてきており，新しく魅力的な公共サービスにつながる事例もみられるようになった．その一方で，極端なコスト削減によるサービス水準の低下，公共サービス同士の連携のしにくさ，事業の継続性担保の困難さ，中長期的な人材育成の困難さなどの問題点も指摘されている．公共サービスの中には，採算性が低くとも必要な事業もある．それぞれの事業の特性を見極めつつ，適切な方法を探っていく必要があるだろう．

6.2 要求性能の変化

　国立西洋美術館の設計のもとになったプロトタイプ「無限成長美術館」のアイデアをル・コルビュジエは1929年のムンダネウムの「世界美術館」プロジェクト時に得て，それを「近代美術館」（パリ，1931）プロジェクトの際に整理し直した．建物の中心の吹抜けの部屋に入り，スロープを昇って2階へと達する．そこから外側へらせんを描きながら延びる順路が設定され，収蔵すべき作品が増えると順路の延長線上に外部が増築され，展示スペースを広げることができる．この無限成長美術館について，ル・コルビュジエは当時，"有機的生活なら，そうするであろうことに従って自然に成長する法則にのったもの……釣合がとれながら追加拡大のできる要素，全体の構想が部分において先行した考え"と述べ，時代ごとの要求性能に従って増築を続けながら変化し続ける建築の考えを提案する．しかし，国立西洋美術館においては要求性能の変化に伴い増大していったものの，ル・コルビュジエが無限成長美術館において構想した増築方法によっては，実現されなかったのである．

　1959（昭和34）年の竣工以来，国立西洋美術館の社会におけるあり方は大きく変わってきた．西洋美術を対象とした美術館としての基本的機能は変わっていないが，国立西洋美術館への期待を背景に，美術品の収蔵点数，美術館への来館者数，美術館で働く職員数など，すべてが増加し続けた．竣工後の1964（昭和39）年には本館の西側に，当初のル・コルビュジエの図面に描かれていた講堂（現存せず）が完成し，北側には事務機能の補完のために事務棟（現存せず）が建設される．これらの増築工事は1959年時に達成できなかった機能を補完するものと位置づけられる．

　日本における西洋美術への関心は開館当初より高く，また，国立西洋美術館におけるさまざまな展覧会を通して，その関心はますます高まっていった．なかでも1964年に開催された展覧会「ミロのビーナス特別公開」は話題をよび，38日間の会期中に83万人が来場した．入場のための行列は，上野公園内を縦断して西郷隆盛像の下の公園入口まで続いていた．

　このような西洋美術に対する関心を背景に，国立西洋美術館に対する要求性能は，来館者の観点からも，収蔵品の点数の観点からも見直しが求められた．竣工20年目を目指して，使われ方調査，職員数の見直しを含めた美術館の機能に対する検討がなされた．これらをもとに，1979（昭和54）年には前川國男の設計により本館の背後に地上2階，地下2階の新館が開館し，展示面積は2倍に増え，版画・素描専用の展示室も設置された．従来は特別展開催のたびに平常展示の松方コレクションを撤去していたが，展示面積の増大により，松方コレクションの常時陳列が可能となったのである．その後も現在に至るまで，さまざまな使われ方調査，美術館機能の複雑化によって建物の増築，改修の検討がなされてきた．

　本館部分は，2007（平成19）年12月に重要文化財に指定され，また，2009（平成21）年7月に敷地が名勝地関係の登録記念物に登録された．このことにより，重要文化財としての適切な保存と管理を図りつつ，美術館としての機能を維持，向上できるように「保存活用計画」を国立西洋美術館は作成することとなった．この保存活用計画により，今後も予想される要求性能の変化に対し，国立西洋美術館は建物の機能維持や向上だけでなく，文化財としての価値に今まで以上に留意しながら応えてゆくことになるであろう．

6.2.1 建築の使われ方調査

建築物が完成した後に，人々によってどのように使われるかを考えなければ，建築物の全体も部分も設計することは難しい．

すでにある建築空間が実際にどのように使われているのか調査する**使われ方調査**は，以前より行われてきた．例えば，空間に設置された家具やしつらえを観察する，そこでの生活者・利用者に対してインタビューやアンケートを行う，あるいは生活者・利用者の行動そのものを観察するなどして，空間の使いこなし方を把握する[1]．これによって調査した建築物自体の空間を客観的に評価することができるが，同時に，そこから空間と人間行動の対応関係について法則性を見出し，未知の建築物の設計に一定の知見を与えることが期待されている．

図1は公共スペースの使われ方調査の一例である．駅の改札前空間において，いくつかの時点で滞留者や歩行者の分布を捉え，空間的な設えに対して人（使い手）がどのような行為を行っているのかを把握している．このような調査によって，場所の使われ方の現状と問題点がわかるだけでなく，公共スペースでの人の行動特性に対する知見が得られる．

6.2.2 POEと空間の改善

現代における建築計画では，ハードウェアとしての「建築」，「モノ」をつくる行為だけでなく，ソフトウェアとしての「使い方」，「コト」も重要視されるようになった．したがって，建築計画で取り扱う範囲は広がり，計画前のプログラムから使用開始後のマネジメントに至るまで関与している．このような流れの中で，ユーザーのデザイン参加が普及し，また，建築の**利用**に対する意識が高まったといえる．

POE（post occupancy evaluation）は，建築が実際に完成し，人々に使われ始めた後に，利用者の視点に立ってその性能を評価するものである[2]．建築評価の一つの手法と考えられ，「居住後評価」，「施設利用者満足度調査」などとよばれる．POEは，施設や住宅などの一つの具体的な事例を対象として行われ，その大きな目的は，調査結果に基づいて空間を改善することである．ここでは，**建物の性能**を正しく評価するために，利用者が使い始めた後に，熱や空気などの環境指標や空間の物理面を調査し，また，ヒアリングやアンケートによって利用者の行動や心理面の調査を行う．

病院，学校，オフィスなどの各種の施設，公共住宅や高齢者住宅など，また，建築の内部空間に限らず，

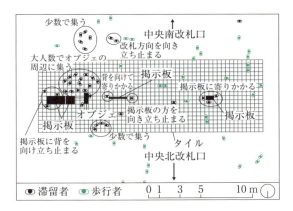

図1 駅公共スペースの使われ方調査事例[3]

公共性の高い外部空間でも，POEという考え方は幅広く適用されている．例えば美術館であれば，利用者の鑑賞行為や作品の展示保管に対して，温湿度や光などの室内環境が適切であるか，あるいは来館者数に対して館内のスペースが有効に機能しているか，収蔵品の増加に対して収蔵庫や展示室が不足していないかなどが挙げられ，環境指標，来館者数，展示物の量，あるいは利用者満足度など，さまざまな指標に基づいて調査を行う．このような評価が，設備を改修することや建築の増築を行うことの指針へとつながるのである．

POEの提唱者W.F.E.プレイザーらは，著書[4]の中で，建物の性能を決定する要素を技術面（technical），機能面（functional），行動面（behavioral）の三つに大別していたが，このことは今後の建築を考えるうえで示唆に富んでいる．

現代においては，建築の長寿命化，サスティナビリティが強く求められる．そのためには，建物がつくられる時点だけでなく，時々において建物の性能を正しく評価し，必要に応じて建物の改修を施さなければならない．特に，構造や設備などの技術面のみならず，機能面や行動面，すなわち利用者側からの要求の変化に柔軟に対応できる建築が求められているのである．

6.3 強震観測と地震動および建物被害

国立西洋美術館の強震観測

地震に対する建物の耐震性を高めるため，1998年に国立西洋美術館本館は耐震構造から免震構造に改修された．大地震時の耐震効果は，体感の改善や被害の低減である程度は把握できる．これらを何らかの具体的な数字で「見える化」することができれば，建物の耐震性向上にも役立てることができる．

地震が発生したときの地盤や建物の揺れを計測できるセンサーが地震計である．国立西洋美術館に設置されている地震計を図1に示す．地盤や建物に地震計を設置し，大地震時の揺れの大きさを調べることを強震観測とよぶ．これにより得られた加速度等の波形データを強震記録とよび，地盤応答や建物応答の分析に大いに活用され，耐震設計にフィードバックされることになる．

2011年東北地方太平洋沖地震時の免震効果

免震改修後に国立西洋美術館に設置された強震計の配置を図2に示す．地面に1カ所，建物基礎に2カ所，建物1階に2カ所，建物4階に1カ所，計6カ所設置されている．強震観測は免震改修後の1996年から行われている．2011年東北地方太平洋沖地震本震（M 9.0）時には最も大きい加速度データが得られた．このときの加速度波形を図2に示す．加速度波形は横軸を時間，縦軸を加速度として描いたものである．図2の波形は南北方向に近い建物に沿った方向のものである．本震時には3分以上，地盤や建物が大きく揺れていたことになる．

加速度波形が最大となる値は工学的に重要なものであり，最大加速度とよばれる．単位は cm/s^2 あるいは gal であり，絶対値で示す．建物内外の観測点の最大加速度の変化をみてみると，地面の $265\,cm/s^2$，建物基礎の $99.7\,cm/s^2$ に対し，1階は $76.4\,cm/s^2$ となり最大加速度が小さくなっている．これは基礎の拘束効果と免震効果により，建物への入力地震動が低減したためである．また建物4階の最大加速度も $100\,cm/s^2$ となり，大きく増幅せずに地下階と同レベルの振幅に抑えられている．

図1 国立西洋美術館に設置されている強震計

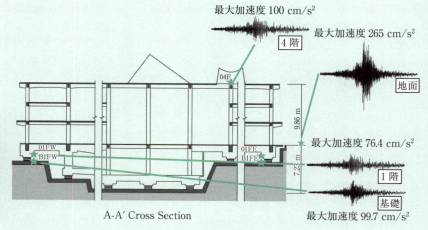

図2 国立西洋美術館内での強震観測点[1]と東北地方太平洋沖地震時の加速度記録[2]（ほぼ南北方向，図中の記録継続時間は 200 s）

6.3.1 建物の強震観測

a. 地震計

地震計内部の一例を図3に示す．これは霞が関ビルディング等に設置されていた少し古いタイプの地震計である．一般的に，地震計の内部には振り子が入っており，振り子の固有周期が地震の揺れよりも十分に短い場合は加速度，十分に長い場合は変位が振り子の動きとなる．図3の地震計では振り子の先についているスクラッチペンで，一定の速度で動く記録紙に波を記録していた．現在用いられている地震計はより小型化され，振り子の動きを電気的に処理することにより，地面等の動きをデジタルデータとして記録している．

b. 建物の強震記録からわかること

大地震時に建物内で得られた強震記録を用いて，建物の固有周期や建物の揺れがどの程度大きくなったかを調べることができる．図2に示した東北地方太平洋沖地震本震（M 9.0）時の地下1階と4階の強震記録を用いて，応答特性を調べた結果を図4に示す．横軸は振動数であり，縦軸はその振動数で地震の揺れがどの程度大きくなったかを示す増幅倍率である．

計測開始時には約2 Hzであった建物の固有振動数が，地震の揺れが大きい時間では約0.7 Hzまで低下している．これは建物の揺れが大きくなって免震効果が発揮されるようになり，建物全体が長周期化したことによるものである．

c. 建物の強震観測とその活用

国内外を問わず建物の強震観測が多数行われている．建築研究所では70棟を超える建物に対し，強震観測を実施している．東北地方太平洋沖地震の際にも貴重な強震記録が得られており，大振幅地震動を受ける建物の挙動解明に大いに貢献している．中でも震源から遠く離れた大阪湾沿岸部に建つ超高層建物で得られた強震記録は，地震工学分野に大きな衝撃を与えた．図5に示すように，最上階における最大変位は片側振幅で約1.4 mであり，国内で最大級の建物応答であった．これは震源から大阪に伝播してきた長周期地震動（6.3.3項）が大阪平野内に伝播し，超高層建物の応答に影響を与えたことを証明するものであった．

強震記録は建物の地震時挙動を明らかにするだけではなく，地震中や地震後の建物の損傷状態を把握する際にも利用することができる．これは**構造ヘルスモニタリング**とよばれ，東北地方太平洋沖地震の際には，首都圏に建つ多くのRC造建物の固有周期が伸びたことが明らかにされている．また建物の利用者や居住者の安全確保，事業継続計画のために，強震記録を建物の**即時被災度判定**に用いる例も増えてきている．東北地方太平洋沖地震の際にも，東京都内に建つ超高層建物で在館者に当該建物の構造被害が小さい旨を通知し，拙速な避難行動を抑えるなど，有効に機能したことが報告されている．

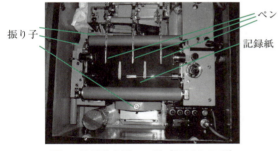

図3 地震計内部の一例（SMAC-B型）

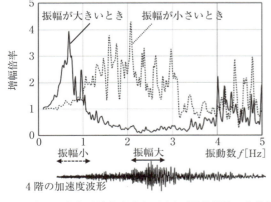

図4 東北地方太平洋沖地震時の国立西洋美術館の応答特性の変化（図中の記録継続時間は200 s）

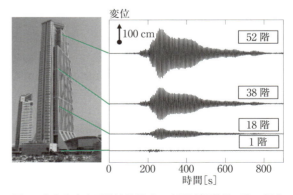

図5 東北地方太平洋沖地震時に大阪湾沿岸部に建つ超高層建物で得られた変位波形[2]

176   6. 建築をつかう

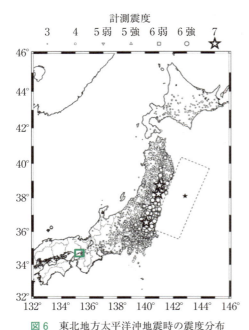

図6 東北地方太平洋沖地震時の震度分布

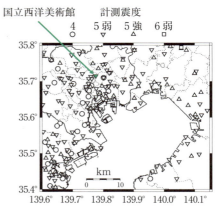

図7 東北地方太平洋沖地震時の首都圏の震度分布

6.3.2 過去の大地震
a. 東日本大震災（2011）

2011年3月11日14時26分に国内観測史上最大となるM9.0の**東北地方太平洋沖地震**が発生した．その後の余震や津波被害，液状化被害なども含め**東日本大震災**とよばれている．

東北地方太平洋沖地震時の震源を中心とする地域の震度分布を図6に示す．東北地方を中心に震度7，震度6強の地点が広がっている．

国立西洋美術館を含む首都圏における震度分布を図7に示す．首都圏での震度は4から5強となっている．国立西洋美術館での計測震度は5弱である．震源域に近い東北地方よりも揺れが小さかったことがわかる．

b. 首都圏で発生した過去の大地震

過去に首都圏で発生した被害地震のうち，最大のものが1923年9月1日に発生した**大正関東地震**（関東大震災，M7.9）である．死者数は10万5千余名である．そのうち9割程度が火災によるものであり，火災災害であったといえる．この地震の震源域は三浦半島沖から館山にかけての領域であった．このときの東京中心部における震度分布を図8(a)に示す．震度7の地域は主に江東区，墨田区，皇居周辺に広がっている．

これ以前に発生した被害地震としては，1855年11月11日に発生した**安政江戸地震**（M7.0前後）が挙

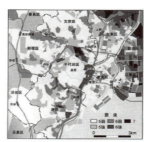
(a) 1923年関東大震災
（武村，2003）

(b) 1855年安政江戸地震
（中村・松浦，2011）

図8 過去の大地震時の震度分布[3][4]

げられる．このときの推定震度分布を図8(b)に示す．震度の大きい地域は隅田川沿いと皇居周辺である．

国立西洋美術館が位置する上野の山の手側での震度はいずれの地震でも小さい．これは国立西洋美術館の建設される地盤が比較的堅固であることが原因と考えられる．わずかな距離差でも地盤条件の違いによる被害の様子が大きく変化する．地盤条件が建物被害と密接に関係することは重要である．

6.3.3 地震動と地盤震動
a. 震源断層の破壊から入力地震動まで

震源断層が破壊することにより地震波が発生する．それが堆積層に増幅しながら伝播し，地表近くまで伝わって地表面で地震動となる．建物に作用する地震動は入力地震動とよばれる．その模式図を図9に示す．この一連の現象は**地盤震動**ともよばれる．

b. 海溝型地震と長周期地震動

日本列島の周辺には，太平洋プレートやフィリピン

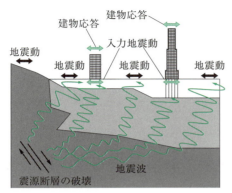

図9 震源断層の破壊から建物応答までの模式図

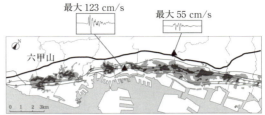

図11 1995年兵庫県南部地震時の「震災の帯」の被害と地震動

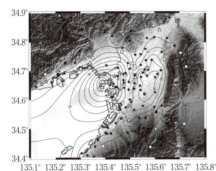

図10 2011年東北地方太平洋沖地震時の大阪エリアで得られた長周期地震動の分布

図12 東京都による建物倒壊危険度ランク[5]

海プレートなどが存在する．プレート境界で発生する地震は**海溝型地震**とよばれ，東北地方太平洋沖地震のような大きなマグニチュードをもつ巨大地震となる場合がある．このとき，首都圏などの平野部でゆったりとした揺れの地震動が観測される．これを**長周期地震動**とよぶ．このような揺れが，都市部に立つ超高層建物等の長周期構造物の地震応答に与える影響が危惧されている．図10は2011年東北地方太平洋沖地震時に震源から遠く離れた大阪エリア（図6中緑色四角部）の地震記録から求めた，長周期地震動の分布である．大阪湾の沿岸部で長周期地震動が大きく増幅したことがわかる．これが，図5に示した超高層建物の大きな揺れにつながった．免震建物についても，このような長周期地震動に対し十分に注意する必要がある．

c．直下型地震とパルス性地震動

内陸部の比較的浅い地殻内でかつ都市部の直下で発生する地震は**直下型地震**とよばれる．この代表的な例は1995年兵庫県南部地震（M7.3）である．この地震で6000名以上が犠牲となり，そのほとんどが建物の揺れによる倒壊によるものであった．図11に示すように南北に近い方向の幅約1km内の「震災の帯」に被害が集中した．このときの2地点における地震動を比較すると，「震災の帯」内で振幅が2倍以上大きくなっていることがわかる．また，振幅が非常に大きい単一の波を確認することができる．これは**パルス性地震動**とよばれるものであり，直下型地震の発生時にみられる．パルス性地震動は建物の破壊能力が高く，耐震設計上注意すべき地震動といえる．2016年熊本地震でも，大振幅のパルス性地震動が観測された．

6.3.4 将来への備え

現在，国，地方自治体レベルで，首都圏で想定される大地震と震度推定，災害対策等が精力的に行われている．

内閣府直下の中央防災会議では，M9.0を記録した2011年東北地方太平洋沖地震の発生を受け，南海トラフで発生する海溝型巨大地震の想定規模を見直し，日向灘から富士川に至る震源断層を想定した．

東京都では地域危険度測定調査として，特定の地震による被害予測ではなく，揺れの大きさ，建物倒壊危険度，火災危険度などをベースに，図12に示す地域危険度をとりまとめている．

この図から墨田区，足立区を中心とするエリアの建物倒壊危険度は大きいことがわかる．一方，国立西洋美術館の建つ上野公園は，建物倒壊・火災を含む総合

図13 地盤の液状化による建物転倒被害[6]

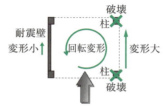

図14 変形集中が原因で倒壊した建物
（提供：野村設郎東京理科大学名誉教授）

危険度は低く，比較的安全な立地といえる．関東大震災時にも，火災はなく，多くの命を救ったとされる．

6.3.5 建物被害

日本は地震国であり，地震被害を教訓にしてつくり上げてきた世界最高レベルの耐震設計法をもつ．耐震設計に影響を及ぼした地震被害とその教訓，また，最近の地震被害に基づき今後の耐震設計のあるべき姿についてどのような議論がされているのか解説する．

a. 新潟地震（1964）

1964年6月16日にM 7.5の新潟地震が発生した．この地震による揺れは新潟市で震度5であった．

図13は旧信濃川沿いに建設されていたアパートで，地盤の液状化によって地盤支持力が低下し横転した．幸いなことにゆっくりとした横転であったため，住民は窓から抜け出し死者は出なかった．

その後の地震においても**液状化**の被害はたびたび報告されており，液状化発生の危険性判定法や液状化する地盤の改良法が開発されている．

b. 十勝沖地震（1968）・宮城県沖地震（1978）

1968年5月16日に発生したM 7.9の十勝沖地震とその10年後の1978年6月12日に発生したM 7.4の宮城県沖地震による被害は，日本の耐震設計法に多大な影響を与えた．

これら二つの地震の教訓として特筆されるのが，地震時における建物に生じる変形の平面的集中と立面的集中の重要性である．

図14は宮城県沖地震で1階の柱が破壊し傾いてしまった建物である．この建物の柱の本数は4本であり，平面的にみてその左側面にのみ図に示すように耐

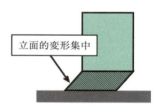

図15 平面的変形集中によって生じるねじれ変形　　図16 立面的変形集中による層崩壊

震壁が存在し，水平力が作用した際，変形は耐震壁と反対側面の柱2本に集中して起こり，これら1階の2本の柱が破壊することによって倒壊した．このような平面的な変形の集中は図15に示すように，建物を上からみると建物がねじれ回転を起こしているようにみえることから**ねじれ変形**ともよばれる．

また，この建物の2階以上は耐震壁が多くあり，図16に示すように立面的にみた際に，1階のみが大きく変形する立面的変形集中が発生しやすい建物でもあった．

十勝沖地震においても，このような平面的・立面的な変形集中が原因と思われる建物倒壊がみられたことから，これら変形集中の発生しやすさを表す指標として**偏心率**と**剛性率**が耐震設計に導入された．

偏心率は平面的変形集中（ねじれ変形）が大きくなる建物で大きな数値となり，0.15を超える建物の場合には図17(a)に示す係数Feで，また，剛性率は立面的変形集中が大きくなる建物で小さな数値となり，

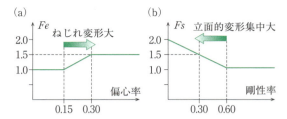

図17 偏心率と剛性率から算出される耐力割り増し係数 F_e, F_s

図19 商業用建物の被害

図18 住居用建物の被害

図20 地震による死者数と経済損失額の推移
(Center for Research on the Epidemiology of Disasters の公開データより作成)

0.6 を下回ると図17(b)に示す係数 F_s で割り増した保有水平耐力が要求されるようになった．

c. 兵庫県南部地震（1995）

1995年1月17日に発生したM 7.3の兵庫県南部地震は耐震設計に携わる者，また，耐震設計の研究者にとって衝撃的なものであった．そのいちばんの理由は設計の想定をはるかに上回る地震の揺れである．甚大な被害を目の当たりにし，設計で想定した地震の大きさは決して実際に起こりうる地震の最大ではないこと，また，想定を超えた場合も考慮した，余裕をもった設計が大切であり，その余裕を無駄と捉えるのではなく正当に評価する姿勢や仕組みが重要であることが強く認識され，耐震グレード等の性能評価法に関する研究が活発に行われるようになった．

これまで，大地震に対する設計目標は安全性（人命保全）に重点が置かれていた．これは建築基準法で求められる性能が中小地震に対しては財産・機能の保全であるが，大地震に対しては安全性のみであり，財産・機能性の保全は法的には求められていないためである．この地震では大規模な住居用建物（図18）や商業用建物（図19）にも大きな被害が生じ，経済損失額は10兆円に達した．図20は世界における地震による死者数と経済損失額の推移を示している．近年，経済損失が急増していることがわかる．この背景には都市の巨大化および経済活動の活発化があるものと思

図21 津波によって流された建物（左）と津波避難タワー（右）

われる．この地震によって，生活被害・経済損失の深刻度に注目が集まり，大地震に対する耐震設計者の使命が，安全性だけでなく人の生活や経済活動を守ることであることが強く認識されるようになった．

d. 東北地方太平洋沖地震（2011）

2011年3月11日に発生したM 9.0の東北地方太平洋沖地震では巨大津波の被害に注目が集まった．図21左は津波によって流され横転した4階建の鉄骨造建物である．これを契機に対津波設計法の開発が行われ，津波の危険性の高い地域で津波避難タワーの建設が進められている（図21右）．

6.4 昼光遮断

現代の美術館に求められる照明環境とのズレ

　国立西洋美術館の照明環境は，直射日光も含めて変化に富んだ空間をつくり出すことを目的としているが，現代の美術館に求められる照明環境からはズレを生じている．すでに 1960 年に小木曾は記事「早く競売に付して児童遊園にでも転用せよ」においてル・コルビュジエの設計に疑念を表した．その主たる批判対象は照明ギャラリーと絵画の位置関係にあり，図 1 に示すように一般的な日本人の視点高さからすると，絵画面に反射グレアを生じてしまう点が大きな問題である．実際に 2010 年に館内で実施した被験者実験では，照明ギャラリーからの昼光で得られる照度がスポットライトからの照度を上回ると不快なグレアが生じる結果となった．さらに当初の設計のまま直射日光を自由に取り入れると，絵画面照度が 1000 lx を優に超える場合も頻繁に生じてくるが，これは現在の油絵などの照明基準である 150〜200 lx から大きく外れており，保全の観点からは受け入れにくい照明環境である．

昼光遮断と人工照明の使用

　上記の問題から国立西洋美術館では 1990 年代に照明ギャラリーのトップライトを遮光塗料で塞ぎ，代わりに美術館照明用の蛍光灯を並べることで，全体のアンビエント照明を確保する方式に切り替えた．その結果として当面は現代の美術館として存命することとなった．

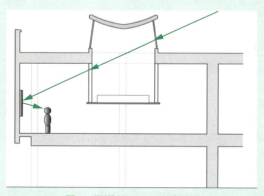

図 1　照明ギャラリー断面図
一般的な日本人の視点高さにおいて反射グレアが生じやすい．

図 2　トップライト・昼光遮断　　　　図 3　照明ギャラリー内部の蛍光灯

6.4.1 美術館の照明基準

美術館照明の難しさは，**絵画の見え**と**保全**を両立させることにある．保全の観点からいえば光は限りなくゼロに近い方がよく，一方で来館者に絵画を見せるためには十分な光量が必要となる．さらに絵画や彫刻の照明は色の再現や陰影のつけ方に細心の注意を払う必要があり，照明デザインとして高い技量が求められる領域であるといえよう．

a. 絵画の保全

絵画の劣化は，光化学作用による退色と，放射による熱的反応に大別できる．前者は光子のエネルギーによって化学的変化を受けて退色効果を生じるもので，放射強度，露光時間，分光特性，さらに素材の光放射に対する応答度（反応しやすさ）などが検討すべき要因となる．後者の熱による影響は絵画表面の硬化やひび割れなどに注意を払う必要がある．

このうち退色効果については，原則として強い光に長時間さらすほど作品が損傷しやすくなるため，美術館の照明基準においては**照度**［lx］と**限界露光量**［lx・h］が定められている．また短波長の光ほど作品に害を及ぼすため，紫外線は遮断する必要があり，LED照明の青色ピークにも注意が必要となる．さらに無機材料に比べると多くの顔料や染料は光に反応しやすく，水彩画，絹や天然染料を用いた作品，多くの日本画は油彩画に比べるとより露光量を絞らなければならない．

b. 絵画を見せるための光

絵画を見せるための光量の基準値は，絵画面照度が50 lxはないと見づらく，さらに200 lx以上光量を上げても見えの評価は劇的によくなることはないことが既往研究から導き出されている．表1にCIE（国際照明委員会）の基準（CIE 157：2004）を各応答度ごとに示す．

さらに絵画展示の際に注意しなければならないことに**反射グレア**の防止がある．特に絵画保護のためにガラスを使用している場合や絵画表面が光沢をもつ場合は，絵画-光源・開口部-鑑賞者の位置関係に細心の注意を払わないと，絵画表面に映り込みが生じて見づらくなる．

6.4.2 建築や対象物の見え方を決める要因

a. 輝度分布：明るさ・見やすさ

現在の美術館の照明基準は照度で規定されているが，

表1 美術館照明基準（CIE 157：2004）

材料分類	制限照度［lx］	限界露光量［lx・h］
1. 応答度なし	無制限	無制限
2. 低応答度	200	600 000
3. 中応答度	50	150 000
4. 高応答度	50	15 000

図4 輝度の対比効果

左右の灰色の小さい正方形は実際には同じ明度（輝度）だが，周囲の明度（輝度）によって見え方が異なる．周囲が暗い方が明るく感じられる．

絵画の明るさや見やすさを検討するには，本来**輝度分布**を検討する必要がある．これは見る人の目に入ってくる光の強さは輝度が対応するためである．さらに視覚的な現象はすべて対象がもつ物理量の絶対値だけではなく，常に周囲との相対的な関係性の中で決まり，周辺領域までを含む輝度分布が大切となる（図4）．

仮に絵画を含めた展示壁一体の照度が一定だったとしても，絵画の反射率によって絵画面の輝度は異なり，背景の反射率によって背景輝度も異なる．一般に対象輝度/背景輝度が大きい方が対象は明るく明瞭にみえてくるため，照度だけでは絵画の見えは決まらない．

c. 分光特性：演色性

絵画の見えを検討するうえでもう一つ重要な点は色の再現性である．同じ絵画でも，照明光の性質によって色の見え方はまったく変わってきてしまう．照明光の色の特性は波長ごとのエネルギーである分光特性によって変わってくる．対象面の色の見えに照明が及ぼす影響を**演色性**という．絵画照明の場合は，昼光や白熱電球の下での色の見え方を忠実に再現する光源ほど一般的によいとされ，指標としては平均演色評価数Raがよく参照される．Raが100に近いほど演色性が高く，一般にオフィスであれば80以上，画廊であれば90以上が目安とされている．Raは色温度の異なる光源間でRaの値を比較することはあまり意味がなく，また美術館など色の評価が厳しい空間においては，各色ごとの見えの忠実性を表す特殊演色評価数Riの値も参照したほうがよい．

6.5 湿気環境の維持

湿度の影響

湿気の特徴は，乾燥空気と共存できる水蒸気の量に上限があり，その上限となる水蒸気量が温度によって変化することにある．一定量の乾燥空気と共存できる水蒸気の量は，温度の上昇とともに著しく増加する．したがって，水蒸気の含有率を表すのに，室の空気温度に対し上限となる水蒸気が含まれている状態（飽和状態という）における水蒸気圧を基準とし，実際の水蒸気圧の比率を示した相対湿度がしばしば用いられる．水蒸気は人体の寒暑の感覚に大きな影響を与えるのみならず，加湿・除湿負荷として空調エネルギーに影響を与え，さらに冬季には結露発生の原因となるなど，日常生活に大きな影響をもたらす．したがって，室内湿気環境を適切に維持することが重要である．

館内湿度の実態

美術館は，美術品を収蔵・展示することから，温湿度を一定範囲に保つ必要がある．図1に，春の各室の湿度の測定結果を示すが，エントランスホール，展示エリアともほぼ50%の相対湿度が維持されている．多くの美術館では加湿・除湿を自在に行うことのできる空調装置が備えられ，湿度が制御されている．

国立西洋美術館のオリジナル設計では，展示室，エントランスホール，19世紀ホールを一続きの空間としていたため，展示室の高湿の空気がエントランスホールに流入し，ガラスでの結露リスクがあった．このため，現状では，図2，図3に示す仕切り壁・自動扉を設置して空気の流動を抑制している．ル・コルビュジエの設計理念を尊重してガラス間仕切り板を撤去し，かつエントランスホールの室内側ガラス面での結露を抑制するためには，空調設備を改修し，気流の流れを適切に制御する必要がある．

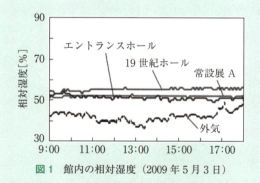

図1 館内の相対湿度（2009年5月3日）

図2 展示室入口間仕切板（左：2階，右：1階）

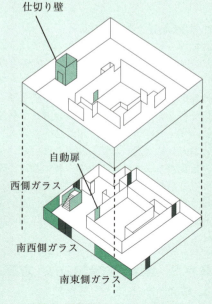

図3 間仕切り・ガラスの配置

間仕切り撤去による結露リスクの低減

シミュレーションによる結露リスク評価を行った結果を図4, 図5に示す. case 1は現状を再現したケースである. case 2は, 空調設備は現状のままで間仕切りを撤去した場合であり, 間仕切りを撤去したことで, 階段周りにおいて展示室空気が大量にエントランスホールへと流動していることが確認でき（図4），結露量もcase 1と比較して増加している（図5）. 一方, 空調の吹出し系統を細分化し, 間仕切りがなくてもエントランスホールが低湿に保たれるよう配慮したcase 3では, 展示エリアからエントランスホールへの空気流動は微風速に保たれ, 結露も抑制できている.

空間を連続させると, 空気中の水蒸気の量は均一になる傾向があるが, 空調装置の吹出気流を適切に設計・設定することによって, 結露が生じやすい空間の水蒸気量をある程度抑制できることを示している.

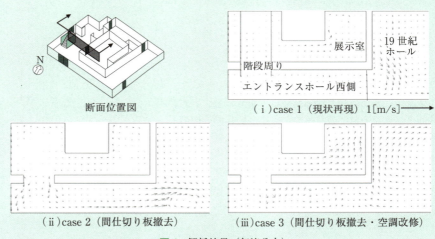

図4　解析結果（気流分布）

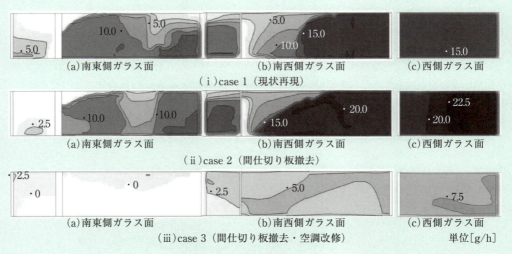

図5　解析結果（結露量分布）

6.5.1 室内の湿度を決定づける要因

室内の湿度を決定づける要因は図6に示すように種々ある．大きく分類すれば，① 人体や開放式燃焼器具，調理に伴って室内に放出される水蒸気発生，② 換気，隙間風によって外気と室内の空気が入れ替わることによる水蒸気の流入・流出，③ 内装材や室内の備品に吸収あるいは放出される水蒸気移動，④ 空調装置等による加湿・除湿，となる．

このうち，① 室内の水蒸気発生が大きくなるほど室内の水蒸気の量も大きくなる．② 換気・隙間風について，室内の水蒸気量が室外よりも大きい場合には，換気・隙間風が増加するほど室内から室外への水蒸気流出が増え，室内の水蒸気量は減少する．③ 内装材等の吸放出は，特に室内の急激な湿度変動を緩和する効果がある．①〜③の要因によって定まる室内の水蒸気量がその室にとって適切な範囲を逸脱する場合には，④ 加湿・除湿によって調整を行う．

6.5.2 結露の防止

結露は，**表面結露**と**内部結露**に分類される．表面結露はガラスの表面での結露のように，物体の表面の温度と，それに接する空気の水蒸気量との関係（表面温度と露点温度の関係）で結露が生じるかどうかが決まる．これに対して内部結露とは，外壁・天井等の外皮内部に主として室内の水蒸気が侵入し，壁体内の低温部分で結露が生じる現象である．以下に，冬季におけるこれらの結露に対する防止策について述べる．

a. 室内の水蒸気量を低くする

表面結露，内部結露のいずれの場合も，室内空気の水蒸気量を低くすることが結露抑制の第一歩となり，その方策として以下が挙げられる．
- 室内の水蒸気発生量を抑える
- 換気により水蒸気を排出する

住宅の場合を例にとると，前者については，洗濯物を室内に干さない，浴室の室内側の戸を開けない，開放式燃焼器具を用いない，などが挙げられる．後者については，水蒸気の発生源近くの空気を排気する**局所排気**（調理に伴う水蒸気のレンジフードファンによる排出等），あるいは建物全体の空気を外気と入れ替える**全般換気**，の二つの方法がある．

b. 結露が生じにくい壁体構成とする

冬季は室内の温湿度の方が室外の温湿度よりも高い．したがって，壁体の室内側表面の結露を抑制する

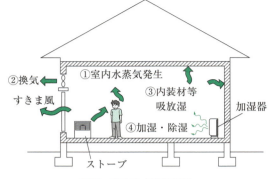

図6 室内の水蒸気移動

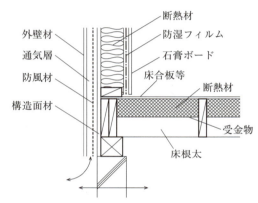

図7 木造軸組構法における外壁と床の取り合いの例

ためには，壁体の断熱性を高めることにより室内側表面の温度を高めることが有効である．結露が生じやすい窓（ガラスおよびフレーム）についても，複層ガラスや樹脂フレームからなる開口部とすることによって結露を抑制できることがある．

冬季の内部結露を抑制するためには，室内の水蒸気が壁体内に侵入しないようにすることが大切であり，そのために断熱材の室内側に**防湿層**（ポリエチレンフィルム等の水蒸気を通しにくい材料）を設けたり，侵入してしまった水蒸気を外部に排出できるように，断熱材の外部に外気と流通した**通気層**を設けることが有効である．

図7に，木造軸組構法の外壁にグラスウール等の繊維系断熱材を充填した場合のディテール例を示す．南西諸島を除く国内の木造住宅では，一般に断熱材の室外側は外気と流通させることが望ましく，図では床で断熱をとっているので（床断熱），外壁の通気層以外にも，基礎に換気口を設けて床下と外気との間の空気が流通するようにしている．

表1 夏季の適正な温湿度範囲の例

施設・業種	室種別・工程	温度 [℃]	湿度 [%]
事務所	事務室	25～27	50～60
ホテル	客室	25～26	50～60
	宴会場	24～26	50～60
医療	手術室	23～25	50～60
博物館	美術品収蔵※	18.5～22.2 (±0.55)	50 (±2)
研究生産	半導体※	23 (±1)	45 (±5)
醸造工場	ビール発酵※	4～8	50～70
製薬工場	一般製薬※	21～27	10～50
レーヨン紡績工場	織布※	24～27	60～75

※印は年間の適性温湿度範囲を示す．
カッコ内は短時間の間の許容される変動幅を示す．

図8 美術館収蔵庫（提供：鹿島建設）

6.5.3 空調装置による加湿・除湿

　空調装置の重要な機能の一つに室内の湿度調整がある．多くの空調装置では，室内と空調装置の間で空気が循環しており，この空気を加湿あるいは除湿することによって室内の湿度を調整する形式が多い．
　加湿器には，蒸気を空気中へ噴霧する方式，充填物である加湿素子を水で濡らしてそこに循環空気を通過させることで水を蒸発させる方式，微細な水を噴霧する方式などがある．除湿については，シリカゲル等の除湿剤に吸着させる方法もあるが，空気を冷却する冷却コイルの表面に空気中の水分を凝結させて水分を除去する方式が主流である．
　空調装置で温度と湿度を制御する場合，適正な温湿度範囲は建物用途，室用途によって異なる（夏季の場合を表1に示す）．在室者の快適性確保が主目的となる居室においては，温度の適正範囲は室用途によって若干異なるが，相対湿度については大きく変わらない．一方，産業用の空調については，対象となる工程等によって適正な湿度範囲は異なる．美術品収蔵庫では目標相対湿度を50%とした場合，その前後2%程度の変動幅しか許容できないことになり，厳密な温湿度制御が要求されることがわかる．

6.5.4 湿度制御の実例

a. 吸放湿材を内装材とすることによる湿度変動抑制

　前述のとおり，美術館の収蔵庫は，特に湿度の管理

図9 結露許容型放射パネル
（提供：ピーエス株式会社）

が重要であり，多くの場合，空調設備の連続稼働により湿度を一定に保つことが行われている．それでも，関係者や物品の出入りに伴う急激な湿度変動が収蔵品に悪影響を及ぼす可能性がある．
　図8は，収蔵庫の内装材に，水蒸気を吸放出しやすい多孔質の材料（ゼオライト鉱石）を用いて，収蔵庫内の急激な湿度変動を抑制しようとした例である．

b. 結露を許容する放射パネル

　室内の冷暖房を行う方式の一つに放射冷暖房がある．一般的には，放射パネルの表面で結露が生じないように制御されるが，図9に示すように，放射パネルの下側に結露受けを設けて，結露を許容する方式もある．
　結露を生じさせない放射パネルの場合は，室内の湿度を制御するために，別途加湿・除湿装置が必要であるが，結露を許容するパネルの場合，ある程度の湿度調整は放射パネルで可能である．

6.6 コンクリートの劣化とひび割れ

　鉄筋コンクリート (RC) 造は必ずしも永久的な構造物でない．RC 造における耐久性を左右する大きな要因の一つに鉄筋の腐食（錆）がある．錆が進行する現象はすなわち酸化が進行する現象であるが，一般の大気中では錆びる（腐食する）鉄筋も，pH 11 以上のアルカリ環境下ではそこに形成される酸化被膜（不動態被膜）が安定的であるため，腐食の進行が抑制される．コンクリート中のアルカリは二酸化炭素と反応し，そのアルカリ性が消失する（式(1)）．

$$Ca(OH)_2 + CO_2 \longrightarrow CaCO_3 + H_2O \tag{1}$$

この反応を建築分野では中性化とよぶ．アルカリ性であったものが中性に戻るため，鉄筋の不動態被膜は失われ，鉄筋の腐食が進行し，やがて RC 造建築物は寿命を迎えることになる（図1）．国立西洋美術館本館躯体において部分的に鉄筋が腐食しているのは前述のコンクリートの中性化によるものである（図2）．

　図3に中性化深さの全測定データのヒストグラムを示す．全般に，屋内の柱において中性化が進行していると予想される．一方，屋外部位は 30 mm 前後の値を示す．築後 50 年を経過した国立西洋美術館について，RC 造建築物の劣化状態の調査結果の状況について示した．このように一見変化しそうにない鉄筋コンクリート造建築物も，その素材の性状は確実に変化していく．黎明期に建設され，そして後世にも残していくべき RC 建築物は国の内外を問わずに数多く存在するが，そのような建物を適切に診断し，改修・保存していくことは建築材料分野のこれからの大きな課題の一つである．

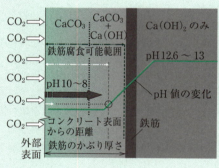

図1　中性化進行の模式図（提供：東京理科大学元教授 清水昭之）

図2　屋上トップライト部の鉄筋腐食

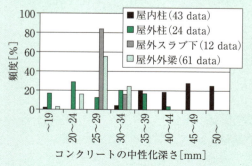

図3　コンクリートの中性化深さのヒストグラム

6.6.1 コンクリートの各種ひび割れ

a. 乾燥収縮によるひび割れ

コンクリートは乾燥することにより収縮する．これはコンクリートに限ったものではなく，身近に起きる現象である．乾燥により収縮するメカニズムはまだ正確には把握されていないが，シャツの場合は繊維同士の間にある水分が蒸発することにより繊維間の距離が接近する（巨視的にみると収縮する）ことがその原因であり（図4），コンクリートの場合は細孔構造に存在する水分が蒸発することにより細孔間の距離が接近すること（分離圧説）が有力な機構の一つと考えられている（図5）．

収縮ひび割れはコンクリート部材が自由に収縮しようとしたときに，それが何らかの形で拘束されることによって生じる．拘束を引き起こす例としては，コンクリート構造物の基礎，壁の周辺を取り囲む柱や梁（特に基礎梁），床スラブ周囲の梁，さらには内部の鉄筋等がある．例えば，壁体と周辺の梁，柱とを切り離すことができれば自由収縮できるので，周囲の部材との間に収縮ひずみ量の差が生じても壁内の収縮による引張応力は抑制できる．

しかしながら実際には，壁と周囲の梁・柱部材との間は，構造体として一体化が保たれており，収縮ひずみは拘束されて，壁は周囲の柱や梁から引っ張られることになる．拘束を受けることによって，壁のコンクリートに生じる引張応力が，コンクリートの「引張強度」（収縮ひび割れ発生強度）を超えたときにひび割れが発生する（図6）．しかもこの「引張強度」は，通常の強度評価に用いる引張強度よりもずっと低い値をとる場合が多い．

b. 塩害によるひび割れ

コンクリート中に混入された**塩分**は鉄筋の不動態被膜（金属表面に形成される腐食作用に抵抗する酸化被膜）を破壊し，鉄筋を腐食する要因となる．中性化の場合と同様に，鉄筋が腐食することによる膨張現象によって鉄筋に沿ったひび割れや著しい錆汁を伴うひび割れが発生する．世界遺産の舞台ともなっている長崎県・端島（軍艦島）も塩害による著しい劣化を受けた一例である（図7）．

図4 シャツの繊維と収縮

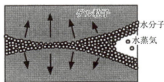

図5 コンクリート中の細孔構造と収縮（作成：多田眞作博士）

図6 乾燥収縮による外壁のひび割れ

図7 端島構造物の鉄筋の腐食（長崎市の特別な許可を得て掲載）

6.7 消防活動支援

消防活動

　火災時における消防の使命は，救助と消火による人命と財産の保護である．消防隊は，119番通報を受けてから速やかに現場に急行し，火災状況を的確に把握したうえで消防活動の方針を立てて実行に移すことが求められる．

現場到着

　消防活動に際しては，まず消防車両の建物への寄りつき経路を確保しなければならない．国立西洋美術館は，上野公園内に位置するため，公道から施設まで園内の車両動線を確保するとともに，日常的には車両の進入を防ぐために設置されるポールやバリケードなどを非常時に取り除く管理体制も整える必要がある．

排煙設備

　消防活動においては，要救助者，すなわち逃げ遅れた人や自力避難が困難な人が建物内に残っているかどうかを確認し，その可能性がある場合には消火活動よりも先に救助活動を実施することになる．これは，例えば消火活動によって放水してしまうと，水蒸気が大量に発生してしまい，消防隊が進入する際の視界を遮るばかりでなく，その水蒸気や放水した水が高温に熱せられることで要救助者に危害を加えることを避ける意味もある．したがって，消防隊が要救助者を検索することが最優先になるが，その活動を支援する手法として排煙がある．排煙は，煙を屋外に排出するばかりでなく，外気から空気を取り込むことにより，高温空気よりも比重の重い外気が空間下部に流入し，消防隊が進入するための見通しを確保することに役立つ．国立西洋美術館においても，例えば19世紀ホールのトップライトは，改修工事の際に排煙可能サッシに取り替えられており，火災時には排煙口として機能するようになっている．

　ちなみに，消防法による排煙設備（消防排煙）の設置が義務づけられているのは，表1のとおりであり，消防法施行令別表第一の第8項の「図書館，博物館，美術館その他これらに類するもの」には消防排煙の設置は義務づけられていない．

表1　消防排煙の設置が求められる部分（消防法施行令第28条）

令別表第一項目		防火対象物	設置が求められる部分と条件
(1)	イ	劇場，映画館，演芸場又は観覧場	舞台部・床面積が500 m² 以上
	ロ	公会堂又は集会場	
(2)	イ	キャバレー，カフェー，ナイトクラブ等	地階又は無窓階・床面積が1000 m² 以上
	ロ	遊技場又はダンスホール	
	ハ	性風俗関連特殊営業を営む店舗等	
	ニ	カラオケボックス等（インターネットカフェ，個室ビデオ等）	
(4)		百貨店，マーケットその他の物品販売業を営む店舗又は展示場	
(10)		車両の停車場又は船舶若しくは航空機の発着場	
(13)	イ	自動車車庫又は駐車場	
	ロ	飛行機又は回転翼航空機の格納庫	
(16)の2		地下街	延べ床面積が1000 m² 以上

6.7.1 消防活動支援とは

建築物は，規模や用途に応じて消防活動を円滑に行うための工夫が求められ，建築基準法や消防法において種々の施設や設備の設置が義務づけられている．こうした設置義務に従うばかりでなく，消防活動を円滑に行うための工夫を，日常あるいは他の災害時の利用と併用させたり，意匠上の造形と融合させて無理なく具現化させることが設計者の力量といえる．消防活動支援と一口にいってもさまざまな視点があり，本項では主たるものを取り上げる．

6.7.2 消防活動の現場指揮本部

建物火災が発生し，本格的な消防活動が必要な場合は現場指揮本部が設置される．これは火災状況や消防活動を把握したり消防隊の指揮を執りやすい場所に設けられるが，一定規模以上の建物では防災センターに設けられる．防災センターは，1000 m² 以上の地下街，11 階以上かつ延べ面積が 10 000 m² 以上あるいは 5 階以上かつ延べ面積 20 000 m² 以上の特定防火対象物，また建物用途にかかわらず 15 階以上かつ延べ面積 30 000 m² 以上あるいは延べ面積 50 000 m² 以上の建物に設置が求められる．

6.7.3 消防隊の進入

建物の入口から進入し，階段を使って内部に進入することが一般的であるが，3 階以上の階（高さ 31 m まで）にははしご車を使って外部から進入できるように非常用進入口を設け，また高さ 31 m を超える部分には非常用エレベーターを設け高層階への内部進入を容易にしている．さらに高層建築物には屋上にヘリコプターの緊急離着陸場を設けることが推奨されている．

6.7.4 消防水利と放水

建物の耐火性能や規模に応じて義務設置の条件は異なるが，公設消火栓からの採水は長時間を要したり，水量が不足するなどの場合には消防用水を設ける．また，建物内で高さ方向にホースを延長する作業は人員や時間を多く必要とするため，これを避ける目的で連結送水管の設置が求められる．地階を除く階数が 7 以上，あるいは 5 階以上かつ延べ面積が 6000 m² 以上のものについて，3 階以上の各階に設置が義務化されている．地階を除く階数が 11 以上または床面の高さが地盤面から 31 m を超える各階に設ける場合は，必要に応じてブースターポンプを設ける．また延べ面積が 1000 m² 以上の地下街，延長 50 m 以上のアーケード，道路の用に供される部分を有するものにも必要である．こうして消防水利から消防ポンプ車や動力消防ポンプを介して建物外部（地上）の送水口に水が送られ，建物内部の連結送水管を通じて消火活動を行う部分の放水口にホースを接続することで放水が可能となる．放水口は，消防隊が有効に消火活動を行うことができる位置として，階段室，非常用エレベーターの乗降ロビー等に設けられる．

一方，地下空間においては，消防隊の進入そのものが困難をきわめる可能性がある．こうしたことに対応するものとして連結散水設備がある．これは連結送水管と同様に建物外部（地上）の送水口に加圧された水を送り，そこから地階に設置した配管を通じて各部分に設置された散水ヘッドからスプリンクラー設備のように散水されるものである．これらはスプリンクラー設備，水噴霧消火設備，泡消火設備，不活性ガス消火設備，ハロゲン化物消火設備，粉末消火設備をそれぞれの技術上の基準により設置した場合は，それらの有効範囲の部分について設置が免除される．

6.7.5 救助・消火活動

救助や消火の消防活動を行う最前線の拠点を消防活動拠点と称する．規模が小さい建物や避難階での出火に対しては屋外に拠点を設ける場合もあるが，建物内においては階段室や非常用エレベーター乗降ロビーなどがその役割を果たす．また，非常用エレベーター乗降ロビーを消防活動拠点とする場合に，そこに加圧防排煙設備（給気設備により新鮮空気を送風し，その空間の圧力を高めて開口部で差圧を確保して隣接室からの煙等の汚染を防ぐもの）により消防活動支援性能を高める手法も適用されている．

また，前述のとおり，消防活動が困難と予想される部分については消防排煙の設置が求められている．

これらのほか，消防活動を支援する設備として非常用コンセント設備および無線通信補助設備がある．消防隊は，ホースだけでなく，照明装置やカッター，ドリル等の電動工具等も持参し，これらの専用の電源として非常用コンセント設備が利用される．11 階以上の階および延べ面積が 1000 m² 以上の地下街に義務設置である．また，消防隊の連絡手段は無線交信で行われるが，地下空間での電波の届きにくさを補うために 1000 m² 以上の地下街には無線通信補助設備として漏洩同軸ケーブルやアンテナの設置が義務づけられている．

7. 時間とともに生きる建築

　時間とともに良質な建築は生き続けて文化を形成し，やがて，その地域にかけがえのない文化遺産となる．一方で，すべての建築は確実に経年とともに劣化し，新しい建物に備わる最新の機能や性能は時間とともに過去のものとなっていく．

　自動車や飛行機のような工業製品である機械と同様に，建物にも最新の機能と性能が求められることは現代建築においては多いが，それらが過去のものになった，あるいは流行遅れだといって，服や自動車と同じ感覚で，すぐに建築を建て替える人は少ない．それは，建物と関わり続ける人々の間に記憶や，時間の経過により街並みを形成し成熟した景観を生み出すことによるものかもしれない．

　国立西洋美術館は竣工以来，半世紀以上が経過し，今日でも多くの人々が訪れ，生き続けている建物である．開館前の予想を大きく上回った美術館に対する期待は，1979年の新館増築，1994～97年の企画展示館増築を実現させた．日本の戦後の発展に合わせるかのように規模を拡大し発展していったのである．

　地震国である日本では，1920年代から耐震基準を制定するなどの地震対策を行ってきた．また，地震工学等の発展により，そのつど，耐震基準の見直しが行われ，中でも1981年に要求される耐震性が大幅に引き上げられた．この時点で国立西洋美術館本館を含む1981年以前に建設された建物の多くは耐震的に問題のあるものとされた．1995年に発生した阪神淡路大震災の被害も契機となり，ル・コルビュジエによって設計された空間の本質を尊重した耐震化が検討され，既存建物を有効に利用できる免震レトロフィット工事が1998年に完成した．

　2002年頃からフランス政府を中心に，世界にあるル・コルビュジエ作品を世界遺産へ登録推薦する話が始まり，その流れの中で，2007年12月21日に国立西洋美術館が日本政府により重要文化財（建造物）に指定され，2016年7月17日に世界遺産一覧表への記載が決定した．

国立西洋美術館

7.1　国立西洋美術館の増改築

国立西洋美術館の施設構成

現在の国立西洋美術館は，本書の中心となっている1959（昭和34）年竣工の本館のほかに，北側に1979（昭和54）年に竣工した新館，本館の前庭地下部分を含め1997（平成9）年に建設された企画展示館とで構成されている（図1）．本館の竣工時には，美術館として必要な展示室や収蔵庫，さまざまな必要諸室を勘案して設計されているが，運営する中で生まれてきた不具合やスペース不足，美術館をよりよくするための工夫として，大規模な増築や改築，そして建物の安全性を高めるための工事が行われてきた．

創建後の増改築の設計

国立西洋美術館では，本館の竣工後に加えられた改修，増改築等の変更工事でも，ル・コルビュジエの設計した空間を尊重し，継承するため坂倉準三あるいは前川國男の設計事務所が設計・監理を行っている．

開館5年後の1964（昭和39）には坂倉準三建築設計研究所の設計により，事務棟および講堂が増築されている（図2）．これは，国立西洋美術館の建設当初の職員が12名であったものが，1959年の開館時には29名に，その5年後には40名と大幅に増加しており，事務室のスペースが足りなくなっていたことが背景にある．国立西洋美術館の開館した当初には，連日の大行列が続き，1964年に開催された「ミロのビーナス特別公開」では38日間で83万人を超える来館者があり，職員の増員や，1968（昭和43）年の切符売り場増築などは，大勢の来館者をさばくために必要な工事であったといえる．この頃，本館北側に，新館の建設用地として土地が購入されている．

1979年に前川國男建築設計事務所の設計・監理により新館が建設（図3），1997年には，事務棟および講堂を除却し，本館前庭の地下部分も利用して企画展示館が建設された．

現在の国立西洋美術館では，本館と新館において常設展示を行っている．ここでは設立の趣旨である松方コレクションの作品，創立以来購入を行ってきたルネサンス以降20世紀初頭までの作品および寄贈・寄託作品が展示される．また企画展示室において国立西洋美術館の自主企画展を年1回，さらに共催企画展を年2回程度開催し，西洋美術の紹介に力を注いでいる．国立の美術館として，より充実した展示，収蔵，研究を行うための増築であった．

無限成長美術館のコンセプトと増築

本館は，ル・コルビュジエによる「無限成長美術館」構想をベースに設計されている．ピロティからメインホールである19世紀ホールに至り，スロープで2階展示室に至る動線と，回廊状の展示室など，中央部から外周へ渦巻状に成長する構想に基づく構成をもっている．このプロトタイプを実現した事例は，サンスカル・ケンドラ美術館（アーメダバード），アート・ギャラリー（チャンディーガル），国立西洋美術館本館の3棟のみである．しかし，いずれの美術館でも「無限成長美術館」構想に基づいた増築は実現していない．

7.1 国立西洋美術館の増改築　193

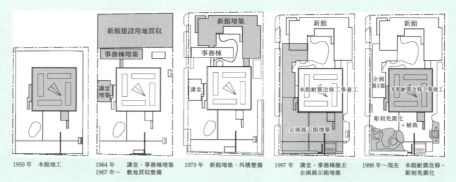

図1　国立西洋美術館の増改築変遷

図2　坂倉準三建築研究所による1964年増築の事務棟および講堂（1997年除却，撮影：坂本万七）

図3　前川國男建築設計事務所による1979年竣工の新館（撮影：畑亮）

7.1.1 増改築

一度建てられた建築は動かないが，建築の中で行われる人々の活動は時間を経るにつれ変化する．住宅であれば居住者の加齢や家族の人数の変化，オフィスであれば組織形態や働き方の変化により，徐々に建築とその中身との間にズレが生じる．そうした機能面，容量面でのズレに対応するために床面積を増やす行為が「増築」である．「改築」は建築物の全部もしくは一部をつくり直すことを指すが，建築物を増築する際には既存部分の改築を伴うケースが多いので，総称して「増改築」とよぶ．その他にも，床面積を減らす「減築」や，内外装を改修して新たな価値を付加する「リノベーション」，建物の用途を変換する「コンバージョン」など，既存の建築を生かしながら新しい生命を吹き込む手法には，多様なアプローチが存在する．

図4 ルーヴル美術館（撮影：Jean-Pierre Dalbéra）

図5 カステルベッキオ美術館（設計：カルロ・スカルパ，1964年，撮影：Paolo Monti）

図6 TIME'S Ⅰ，Ⅱ（設計：安藤忠雄，Ⅰ期：1984年，Ⅱ期：1991年，撮影：Wiiii）

図7 「ハンカイ」ハウス（設計：宮本佳明，2007年，撮影：新建築社写真部）

増改築のさまざまな事例

新築の場合でも，設計者は周囲のさまざまなコンテクスト（文脈）との関係において建築を構想するが，増改築の場合においては，もとの建築との関係が決定的に重要なコンテクストとなる．もとの建築のスタイルや建てられた時代などによって，増築への取組み方はまったく異なる．多くの建築は将来増築されることを想定して設計されていないため，増築に際して設計者は，いったんできあがった「全体」に新たな要素を加えて新しい「全体」をつくり出す必要がある．どのような「全体」像を描くかが，増改築において最も重要なポイントである．

ルーヴル美術館は（図4），もともと12世紀から増改築を繰り返してきた王宮建築を18世紀に美術館にコンバージョンしたものである．1989年に竣工した大規模な増築に際し，I.M.ペイは中庭の地下に展示室を，地上にはエントランスホールとしてガラスのピラミッドを設けた．形態，素材ともにもとの古典主義建築と鮮明な対比をもたせたデザインは，新旧の時差が大きいケースにおける増築手法の典型例といえる．

カステルベッキオ美術館（図5）は，14世紀から残る古城を美術館にコンバージョンした事例である．ここでは新旧の要素は渾然一体となり，既存部分と改修部分の区別は容易ではない．新旧の単純な対立ではない，きわめて複雑な全体像がつくられている．

京都，高瀬川沿いの **TIME'S**（図6）は，同一の設計者が連続して手掛けた増築事例である．もともと所有者の異なる二つの土地を水辺のパブリックスペースで連結することで，それまで存在しなかった人の流れを街につくり出した．

「ハンカイ」ハウス（図7）は，阪神淡路大震災で半壊判定を受けた古い民家への増築である．老朽化が激しい部分を減築したうえで，新しく付加した増築部分が，築90年の既存母屋を耐震補強する役割も担っている．既存部分と増築部分が構造的にも関わり合い，他に類をみない新しい全体像を獲得したユニークな事例である．

7.1.2 成長する建築

設計時から，将来の増改築を織り込んだ建築の構想

7.1 国立西洋美術館の増改築　195

図8　中銀カプセルタワービル（設計：黒川紀章，1972年，撮影：Jordy Meow）

図9　キンタ・モンロイの集合住宅（設計：アレハンドロ・アラヴェナ，2004年，左：before，撮影：TADEUZ JALOCHA，右：after，撮影：Cristobal Palma）

図10　サンタ・マリア・デル・フィオーレ大聖堂

図11　日本橋高島屋（設計：高橋貞太郎，1933年，増築　設計：村野藤吾，1952〜65年）

図12　ヒルサイドテラス（設計：槇文彦，1969〜98年，撮影：Wiiii）

もある．1960年代に日本発の建築運動として興ったメタボリズムは，建築が生物のように変化，成長するというイメージを理念としていた．変わらないコアの部分と，それに取り付く交換可能なカプセルのイメージは，中銀カプセルタワービル（図8）で実体化される．ただし現在に至るまで，実際にカプセルが交換されたことはない．

キンタ・モンロイの集合住宅（図9）は，チリに建設されたソーシャル・ハウジングである．コストの制約から各住戸の面積を最小限に絞るかわりに，入居者がめいめいに増築可能なヴォイド（空隙）を設けて建設された．社会問題の解決策として，成長があらかじめプログラムされた建築である．

7.1.3　時間，建築，都市

フィレンツェのサンタ・マリア・デル・フィオーレ大聖堂（1436，図10）は，ルネサンス期の建築家ブルネッレスキの代表作である．1296年に建設が開始されたこの建築は，時代ごとにさまざまな建築家が関わり，1418年にブルネッレスキの構想によるクーポラが架けられ完成した．そのため，ゴシックからルネサンスに至る異なる時代の様式が外観にも内部空間にも混在している．かつてのヨーロッパにおいては，このように長い時間をかけて建築をつくり上げることが普通に行われていた．建築が，一人の建築家による特定の時代の作品であるという図式は近代以降のものである．ここでは，一つの建築が都市の成長過程の中に溶け込んでいるともいえる．

日本橋高島屋（図11）は，戦前に建てられた東洋趣味の様式建築に，ガラスブロックによる近代建築の軽快なデザインをなめらかに結びつけて増築され，全体としてきわめて深みのある都市のファサードをつくり上げている．村野の手法は，もとの建築にのみ働きかけるのではなく，日本橋という既存の街並みに対して新しい要素を付加していくという，日本においては珍しい都市的なスタンスが表れている．

代官山のヒルサイドテラス（図12）は，建築家が長い時間をかけて街の成長過程をリードした稀有な事例である．建てられた時代によって素材やデザインは異なるが，街に対する構え方に一貫した思想をもってつくられている．現在の代官山の街のイメージは，これら一連の建築群によって築かれた．時間，建築，都市の関係を考えるにあたっては，外せない事例である．

7.2　国立西洋美術館の改修

改修の課題

　国立西洋美術館本館では，1959年の開館以降，美術館として使われる中で，建物の健全性を保持するための定期的な修繕や設備更新，また，美術館としてのサービスの維持や向上が必要とされてきた．例えば美術館建築として必要な展示機能，収蔵機能の向上のためには，展示スペースや収蔵庫の増床だけでなく，展示室の照明や温湿度環境の向上，鑑賞しやすい動線，収蔵庫の温湿度管理，搬出搬入のしやすさなどのほか，来館者，職員の利便性や安全性など，向き合わなければならない課題は数多い．美術館としてのあり方を考えるのと同時に，国立西洋美術館本館は2007年に国の重要文化財（建造物）に指定された文化財建造物であることから，文化財保護法に基づいた改修工事が行われることとなる．日本に建設されたル・コルビュジエの唯一の建築作品として，その建築的特徴を損なうことのない機能向上が課題となっている．

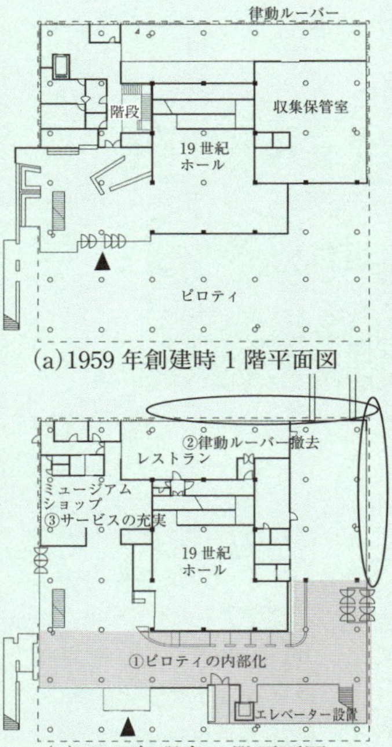

来館者のための改修

　建築当初と比べ，面積や間取りの変更が大きいのが1階部分である．施設の拡張，来館者の増加に伴い，エントランスホールの機能充実を図るために受付カウンターを撤去し創建時のピロティの一部を室内化している（図1内①）．また北側にはレストランを設置し，これを中庭に開いた空間とするため，律動ルーバーの過半を撤去している（図1内②）．東側，西側では，収集品保管室を撤去して新館へつながるロビーとしたり，ミュージアムショップを設置したりしている（図1内③）．また，室内化されたピロティには，車椅子使用の来館者や高齢者の移動のため，地下に増築された企画展示館とつながるエレベーターが設置された．これらは，多くの来館者の館内移動をスムーズに行い，来館者へのサービス提供を充実させるための改修である．

ル・コルビュジエの建築作品としての改修

　国立西洋美術館本館では，国の重要文化財（建造物）に指定される以前も，ル・コルビュジエの建築としての価値を損なうことのないように，改修や，その際の部材の取換えにあたっては，材質，意匠，モデュロール（寸法体系），色彩等の継承に注意を払ってきた．例えば外周壁のパネルは，玉石の落下が続いたことと，持出し梁の劣化対策のため，改良型のパネルに取り替えている．このパネルは軽量化をはかるため大型化したが，表面の目地割は創建時の形状を忠実に再現し，同じ色調の玉石を海外にまで求めて調達するなど，細心の注意を払い，創建時の形態を忠実に継承している．

　また，これまでに変更された空間を，ル・コルビュジエの当初設計の意図を伝えられるよう再整備したり，どこが変更されたのかを案内したりする計画も進んでいる．国立西洋美術館本館の改修は，美術館としての機能向上と，ル・コルビュジエの建築作品としての価値のバランスをとりながら，よりよい方向を目指して長く使っていくため，丁寧な調査研究をもって進められている．

図1　国立西洋美術館1階の改修
(a) 1959年創建時1階平面図
(b) 2015年現在1階平面図

7.2.1　建築の改修と長寿命化

建設行為は，環境への負担が非常に大きい人間活動の一つであるといえる．建築物を壊しては建てていくスクラップ・アンド・ビルドの時代は過ぎ，現在は，建築をより長く健全に持続させること，サスティナビリティ（持続可能性）に着目したデザインや技術，考え方が主流となっている．これから着手する建設行為だけでなく，すでに建てられた建築物についても，より長く使っていくことが環境負荷の軽減につながる．

そのための手段として，建築の主要構造部（壁・柱・床・梁・屋根または階段）をつくり替えたり，床面積を増やしたりすることなく，内外装を修繕したり，模様替えを行ったりすることを一般に改修工事，リフォーム工事などとよんでいる．建築を長く使い続けるためには，劣化している部分を直したり，故障した設備を取り替えたりという工事により，建築の機能を「維持」するだけでなく，居住者や利用者にとってより使いやすく，快適になるよう機能を「向上」したり，新たに「付加」させる必要がある．建築が継承されていくには，新たな価値づけが必要であり，今後，日本における建築の仕事の多くは，更地に新築を計画することよりも，既存の建物の改修や建替えに関することが主となっていくであろう．

7.2.2　住宅の改修

住宅の改修に関しては，壁紙の貼替えや畳とフローリングの交換などの模様替え，キッチンやトイレ，風呂など水回りの設備更新などにより，快適性の向上や省エネルギー化を図ることが考えられる．また，構造を補強し，地震に耐えるようにする耐震改修や，外装材の交換による防火性向上の改修など，建築の安全性を高めるための改修もある．これらは建築の機能を向上することが目的であるが，省エネルギー化や耐震改修は，居住者のためだけでなく，地域や社会にとっても有用であることから，地方自治体による補助なども行われている．

また，改築の項で述べたように，建築の用途を変える改築・改修もある．築年数の長い民家を，集会所や喫茶店に活用するなど，建築の竣工時とは異なる用途で建築を再生し，長く使い続けることも可能となっている．

7.2.3　バリアフリーとユニバーサルデザイン

住宅や公共施設を改修する大きな目的の一つに，建築のバリアフリー化が挙げられる．バリアフリー化とは，車椅子使用者や高齢者などの生活に不便な障害＝バリアを取り除く考え方であり，段差をなくすことやスロープの設置，出入口幅・通路幅の確保などが主な改修項目となる．1994年に制定された通称ハートビル法（高齢者，身体障害者等が円滑に使用できる特定建築物の建築の促進に関する法）から，現在では通称バリアフリー新法（高齢者，障害者等の移動等の円滑化の促進に関する法律，2006年）により，大勢の人が利用する施設や公共交通機関はバリアフリーとなるよう設計されており，既存の不適格な建築では，バリアフリー改修が進められている．

このようなバリアフリーの考え方は以前から北欧諸国で用いられており，ノーマライゼーション（身体的・精神的な障害をもった人々でも，健常者とともに可能な限りノーマルな生活を送る権利があるという思想）など，近い思想は存在していた．これらを包含，発展させた考え方として，障害の有無や年齢だけでなく国籍，性別や体型に関係なく，すべての人にとってできる限り利用可能であるように製品，空間，建築等をデザインすることを目指すユニバーサルデザインという考え方がある．1980年代に米国のデザイナー，ロナルド・メイスが提唱し，**表1**の7原則に整理されている．普通の人々にとって当たり前に使いやすい環境を目指したものであり，障害となるものを改修するだけでなく，はじめから段差をつくらない設計や，どこに何があるのかわかりやすいサイン設計などを心がけていくことが重要である．

表1　ユニバーサルデザインの七つの原則

1	公平性	誰もが平等に利用できる
2	柔軟性	あらゆる人に適応した使い方が選択できる
3	単純性	使い方が直感的に理解でき，簡単である
4	わかりやすさ	必要な情報が容易に認知できる
5	許容性・安全性	危険や失敗がなく，安心して利用できる
6	省体力	無理な姿勢をとることなく，効率よく利用できる
7	充分なスペース	あらゆる人が利用するのに適切な広さと幅がある

NC State University, The Center for Universal Design "THE PRINCIPLES OF UNIVERSAL DESIGN（Version 2.0-4/1/97）"および参考文献1より作成

7.3 人工照明の改修

人工照明の活用

竣工当時の記録をみると，ル・コルビュジエの他の建物にもみられる光床（図1）の採用，19世紀ホールの屋上から天井に向けた投光器，照明ギャラリー内部のスポットライトなど，現在は使用されていないが興味深い人工照明が設置されていた．その後要求水準の変化に伴いライティングレールによる照明の追加などさまざまな改修が行われ，さらに最近ではLED照明への置換えが進んでいる（図3）．LED照明は当初はその特異な分光特性によって絵画の見えに悪影響を与える点が懸念されたが，最近では演色性の改善された美術館照明用のLED照明が開発・普及している．原則として絵画に害を及ぼす紫外線や赤外線を発しないことや小型化が可能なこと，また特に省エネでかつメンテナンスの手間が省けることから，今後の美術館照明への採用拡大が期待されている．

蛍光灯の使用：照明ギャラリー

蛍光灯を用いた照明環境においては，絵画面照度はほぼ150 lx 程度を均一に保たれている．ただし絵画面照度は実際にはほとんどスポットライトからの光で確保されており，照明ギャラリーからの光による照度は10 lx 程度である．そのためグレア（まぶしさ）はほぼ問題とならない．

(a) 光床の再現実験　　(b) 光床の内部

図1　光床

図2　スポットライト例（2015年）

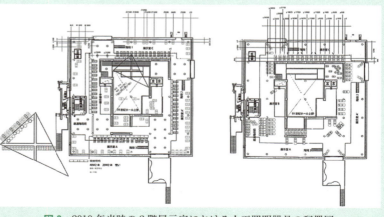

図3　2010年当時の2階展示室における人工照明器具の配置図

7.3.1 人工照明の歴史

人工照明は19世紀後半に白熱電球が発明され普及し始めることにより，それまでのたいまつ・ろうそく・ガス灯といった直火を用いる灯りから大きな一歩を踏み出すことになった．それは電気の供給網の発達という社会的インフラの整備と，電気設備の使用を前提とした近代生活様式の成立と足並みを揃え，建築表現そのものに大きな影響を与えてきた．20世紀初頭にはさらに新たな発光原理をもつ放電灯（蛍光灯）が登場し，それから60年近くの照明の歴史は，白熱電球と放電灯（蛍光灯・水銀灯・ナトリウムランプなど）のバリエーションによって形成されてきたといってよい．また建築において単なる電気設備の一環だった照明が，技術の発達とともにその表現の幅を広げ，建築照明デザインとよばれる職能が出現したのが，1960年代の米国であり，日本では1980年代頃から建築照明デザインの活躍の場が広がっていった．

蛍光灯の普及から60年経った20世紀後半，日本人がノーベル賞を受賞した青色LEDの発明によって，新たな**白色LED照明**への道が開け，21世紀に入って一気に広まることになった．省エネルギー性や水銀含有などの理由からすでに一般的な白熱電球や多くの蛍光灯は製造中止が決まっており，これからの人工照明はLED照明に代表される個体光源の時代になるだろう．

7.3.2 LED照明

a. 特徴

LED照明は，省エネ性，小型，調光・調色の容易性，長寿命などさまざまな利点をもっている．個々のLED素子から発せられる光は直進性が強いが，最近のLED照明器具は光を拡散させる技術が進展し，さらに導光板によって面光源としての利用も可能になっており，その活用の場は広がっている．

b. 白色LED照明の種類

建築照明に用いられる白色LED照明のうち，最も一般的なものは青色励起LED＋蛍光体のタイプで，これは青色LEDに黄色蛍光体を組み合わせることにより白色光を出すものである．一方，美術館用途などに期待されているものとしては，青色より短波長の紫色励起LEDとRGB蛍光体を用いることにより，白色をつくり出すタイプのLED照明がある．その他よ

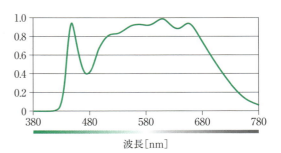

図4 青色励起LEDを用いた白色LED照明の分光特性例

り自由な演出照明用には調色が容易なためRGBチップを用いたLED照明が用いられるが，一般に白色光の演色性は劣る．

c. 分光特性

照明光源の色の特性は**分光特性**をみるとよい．分光特性とは各波長ごとの強度（放射束＝単位時間あたりの放射エネルギー[W]）であり，目にみえる380〜780 nmの波長域（**可視光線**）の中でのバランスを捉えることができる．短波長側から順に紫・青・緑・黄・橙・赤を知覚させる波長が並ぶ．青色励起LEDを用いた白色LED照明の特徴は，400 nm付近（青）にピークをもつことである（**図4**）．この領域が人間の**サーカディアンリズム（概日リズム）**に大きな影響をもつことがわかってきたため，照明が健康に及ぼす影響が改めて脚光を浴びるようになってきている．

d. 演色性

青色励起LEDを用いた白色LED照明は，基準となる白熱電球や自然光に比べると長波長側の成分が少ないため，R9（赤）の値が落ち込みやすい．ただし近年は発光ダイオードや蛍光体の開発により高い演色性を誇る白色LED照明が実用化されており，美術館における使用にも十分に耐えうるLED照明器具が増えている．なお一般的には，白色LED照明は従来光源に比べるとよりものの色を鮮やかにみせる傾向が強い．このために従来の演色評価方法では白色LED照明の好ましさを十分に評価できないという声も強く，忠実性のみならず好ましさを考慮に入れた評価手法のあり方や，色順応式・試験色の改訂等を含めて，LED照明により適合した新たな演色性評価方法に関する議論も進められている．

7.4 躯体の補修

国立西洋美術館における躯体の補修

建物は一般に補修を繰り返しながら長期間使用する．この補修方法は劣化の原因などに応じてさまざまある．躯体コンクリートの中性化が深刻な程度に進んでいる国立西洋美術館の場合，その補修方法としては一般に中性化した（表層）部分のコンクリートの打替えもしくは再アルカリ化といった，コンクリートの失われたアルカリをもとに戻す方法が用いられる．しかし重要文化財となっている本館の躯体コンクリートのオリジナルを保護するために，ここではかなり特殊な方法が採用された．コンクリートの中性化は鉄筋の腐食を引き起こす原因となることで問題となるが，この鉄筋の腐食は最終的には雨水等による水分（H_2O）の供給によって引き起こされる（図1）．そこで中性化したコンクリートのアルカリをもとの状態に戻すのではなく，コンクリートの表面に撥水性を有する無色透明の表面含浸材を塗布し，鉄筋の腐食を引き起こす水分の浸入を抑制する方法が採用された（図2，図3）．

図4は，表面含浸材の塗布前後のコンクリート表面の撥水性状を電気的な試験（図5）によって検討した例であるが，表面に水を噴霧した後の含水率は，表面含浸材塗布後にはほぼ0となっていることから良好な撥水性状が得られていることがわかる．

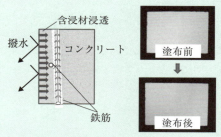

図2 表面含浸材のメカニズム

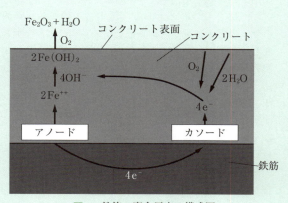

図1 鉄筋の腐食反応の模式図

図3 表面含浸材の試験適用（点線内）

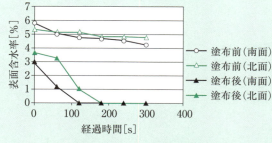

図4 撥水性状を示す表面含水率の変化

図5 試験時の状況

7.4.1 補修とは

日本の建築文化は，いわゆる「スクラップ・アンド・ビルド」などと揶揄されてきたが，統計的にみれば，日本の建築ストックは高度成長期やバブル景気などを経て増加の一途をたどっている．しかしながら，近年では新規建築投資に比べ，既存構造物に対する補修・改修投資が増加傾向にあり，これまで蓄積してきた膨大な建築ストックの維持保全が課題となっている．すなわち，建築物を補修・改修しながら長く使用する維持保全型の建築社会への移行が模索されている．そこで本項では特に建築物の補修について概説する．

一般に，長期間供用された建築物は，建築物が置かれる環境条件や使用条件などに応じて劣化が進行し，供用期間中の地震などの突発的な外力による損傷を受けたりすることでその性能が低下する．そのため建築物を長期にわたり使用する場合には，適時状態を確認（点検）し，必要に応じて不具合箇所をもとの状態に戻す（補修）必要がある．このような建築物の性能・機能を常時適切な状態に保つ行為を（維持）**保全**とよび，対策の実施方針に応じて「予防保全」と「事後保全」に分類される．なお，**補修**は「修繕」とよばれることもあり，またさらに，もとの状態より高い性能にする場合は**補強**として区別され，全面的に性能を改めることは**改修**とよんでいる．耐震診断などにおいて設計時点で耐震性能が不足していると判断された場合に，耐震性能の改善を行うことを耐震補強・耐震改修などとよぶのはそのためである．

一方，建築基準法では「建築物の所有者，管理者又は占有者は，その建築物の敷地，構造及び建築設備を常時適法な状態（法律のみを対象としている点に注意）に維持するように努めなければならない」と定めており，一定規模以上の建築物には定期的な点検を義務づけている．また，マンションなどの集合住宅においては，長期修繕計画とよばれる，鉄部等塗装工事・外壁塗装工事・屋上防水工事・給水管工事・排水管工事などの大規模修繕をどの時期に，どの程度の費用で実施するかを定めた計画に基づき，補修（修繕）工事が計画的に実施される．

建築物の日常的・定期的な点検や，地震など突発的な事故後の緊急点検により不具合が確認されると，**調査・診断**が行われ，必要に応じて補修が行われる．

調査・診断は，不具合の原因推定や不具合範囲の特定を目的として実施され，補修の成否を決める重要なプロセスの一つである．そのため，近年でも活発に最新の調査・診断技術の開発が行われている．

一方，機能的・性能的な不具合の発見は難しくないが，不具合が発見されたときにはすでに劣化が進行していて対策が困難だったり，対策に多大な費用が掛かったりするケースも少なくない．供用期間中に発生する不具合はある程度事前に想定することが可能であることから，機能や性能自体に支障が生じていなくても，あらかじめ劣化限界状態を想定し補修項目を定めて予防保全的に実施されることも多い．

例えば，鉄筋コンクリート造建築物の場合，鉄筋は構造上欠くことのできない要素の一つであるが，一般環境下でコンクリートの中性化が進行して鉄筋周りのコンクリートのpHが低下すると，酸素と水分の供給により鉄筋の腐食が進行することが知られている．コンクリートの中性化自体は構造性能に影響を及ぼすことはないが，中性化の進行による鉄筋腐食の影響を重要視して，中性化の進行を遅らせたり鉄筋腐食の進行を防ぐための仕上材が施されることが多いのはそのためである．また，木造住宅などでは，水密性を担保するために複数の防水層を設けているが，外環境にさらされるシーリングは10年程度までに交換される場合が多い．

補修は，目標となる性能や機能の回復のために実施することが基本であるが，実際には補修材を適用する躯体や下地の状態，環境条件，使用条件などを考慮して選定される．また，既存構造物での工事となることから，施工に必要な足場などの仮設計画や施工条件，工期などの制約も十分に検討する必要がある．これらを踏まえて補修を適切に行うには，その背景にある劣化事象の正確な理解と，補修部位に求められる要求性能や環境条件などの把握が何よりも重要である．

また近年では，貴重な建築資産を保全するために，歴史的建築物の保存改修が盛んに行われるようになってきている．特に日本古来の文化資産である木造建築などに加えて，比較的近代になってからの文化遺産の保全も多くなってきている．これらは，最新の調査・

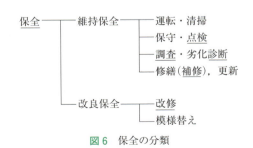

図6　保全の分類

診断技術，補修改修技術が投入されて，その価値を後世に残す努力がなされている．

7.4.2 解体・リサイクル

供用期間を終えた建築物は解体・撤去される．

多くの資材を投入して構成される建築物は，多大な廃棄物の排出元となる一方で，近年では，都市鉱山・都市資産と称されるように貴重な資源と見なされるようになってきている．日本の建築物の除却量は90万m^2/年（2010年）を超えるとされ，ここから排出されるコンクリートだけでも年間60万tに上る．そのため，いわゆる**循環型社会**形成の基本方針である**3R**（reduce, reuse, recycle）の実現のために，近年では再資源化を念頭に置いた解体が徹底されるようになってきている．

特に，2000（平成20）年頃には，建設工事に伴って廃棄されるコンクリート塊，アスファルトコンクリート塊，建設発生木材の**建設廃棄物**は，産業廃棄物全体の排出量および最終処分量の約2割を占め，また不法投棄量の約6割を占めており，建設産業における対策が急務とされていた．そのため2000年には「建設工事に係る資材の再資源化等に関する法律」が施行され，特定建設資材（コンクリートおよび鉄からなる建設資材，アスファルトコンクリート，木材）を用いた建築物の解体工事などについて，分別解体等および再資源化等を行うことが義務づけられた．

建設廃棄物の内訳としては，重量比ではコンクリート塊やアスファルトコンクリート塊が過半を占め，建設汚泥，建設混合廃棄物，建設発生木材はいずれも1割に満たない．また，各種廃棄物の再資源化率は年々向上していっており，2012（平成24）年には，建設廃棄物全体で96％の再資源化率（縮減を含む）となっており，コンクリート塊やアスファルトコンクリート塊は，ほぼ100％のリサイクルを達成している．

リサイクルには，まったく等価なものにリサイクルするものと，形を変えてリサイクルされるものとがある．例えば鋼材やアルミニウムなどはほぼ同等の鋼材やアルミニウムに再利用することが可能である．対してコンクリートの場合は，**路盤材**（道路の下地材）として利用されるのが一般的で，廃木材の場合，ウッドチップ化してパーティクルボードなどの木質材料の原材料として利用される．一方で，燃料・助燃材などいわゆる木質バイオマスとしてエネルギー利用される場合も少なくない．

解体工事は，事前調査，仮設工事，解体施行の順で行われ，一般的な解体手順は，次の(1)から(8)により，材料や設備ごとに順を追って分別解体される．
(1) 建設設備，(2) 内装材，(3) 外装材，(4) 屋根葺材等，(5) 躯体，(6) 基礎および杭，(7) 構内舗装等，(8) 地下埋設物及び埋設配管

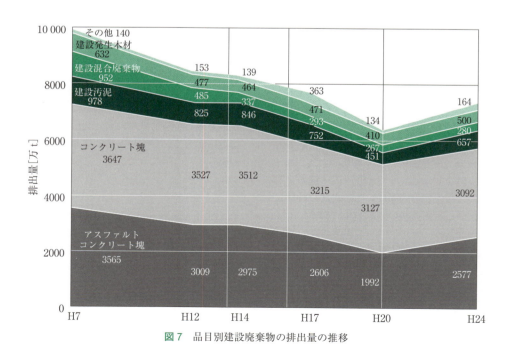

図7 品目別建設廃棄物の排出量の推移

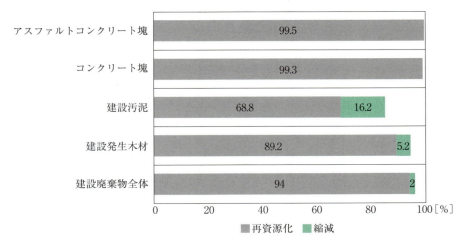

図8　建設廃棄物の種類別再資源化率（平成24年）

なお，解体に先立ち，特別管理産業廃棄物や**アスベスト**（石綿）含有建材，特殊な建設副産物などがある場合は，事前に適切な手法で除去・回収を行う．解体方法は，分別解体，破砕解体，転倒解体，部材解体などが挙げられ，それぞれ，建築物の構造や建物の立地条件，重機の使用条件などを考慮して選択される．ここで，分別解体とは，建築物に用いられた建設資材に係る廃棄物等をその処理形態に応じて分別して計画的に解体することをいい，破砕解体は圧搾機，ブレーカーなどにより躯体を破砕して解体する方法，転倒解体は壁・柱等の転倒方向を定め脚部の一部を破壊して所定の方向に転倒させて解体する方法，部材解体はカッター，ワイヤソウ等により躯体を部材または一定のブロックごとに切り離し解体する方法を指す．

解体工事の各段階においては，騒音，振動，粉塵，臭気，大気汚染，水質汚濁などの影響が生じないよう周辺環境の保全に努める必要があり，建築基準法や建設リサイクル法をはじめとする関連法規の順守が求められる．特に，不法投棄撲滅の観点から，廃棄物の処理に関しては厳しい規制が設けられており，排出事業者の責任により**産業廃棄物管理票（マニュフェスト）**による厳正な管理が義務づけられている．

7.5 免震レトロフィット

国立西洋美術館本館の耐震改修

国立西洋美術館本館の耐震改修が1998年に行われた．耐震化にあたり，来館者の安全性はもちろんのこと，改修によって美術館としての機能が損なわれることのないこと，また，重要文化財である本建物のオリジナルデザインを継承しつつ地震に強い建物として再生させる必要があった．

耐震改修計画にあたって検討された，耐震壁主体の強度型耐震改修を行った場合の耐震壁新設および既存壁補強の箇所を図1に示す．耐震壁主体の強度型耐震改修とした場合には，多くの壁が館内に設けられ，国立西洋美術館のオリジナルデザインはもちろん美術館としての機能も大きく損なわれる．このようなことから，図2に示すように建物を地盤から切り離し免震装置（積層ゴム）を基礎下に設置することにより館内の変化なしで耐震化できる**免震化**による耐震改修が採用された．

図1 検討された国立西洋美術館の強度型耐震化案

免震レトロフィット工事

免震化のためには，建物と地盤を切り離しその間に免震装置（積層ゴム）を設置しなければならない．図3にこの手順を示す．まず，建物の下の地盤を少しずつ掘りながら建物を仮受けする鋼管杭を設置する（①→②）．次に積層ゴムを設置し，この積層ゴムに建物の重量を支持させたうえで仮受けの鋼管杭を撤去する（②→③）．

屋外彫刻の免震化

国立西洋美術館の前庭には図4に示すオーギュスト・ロダン作「地獄の門」をはじめ貴重な屋外彫刻が存在する．この彫刻の高さは5.21 m，本体重量は6 tある．地震による転倒被害から作品を守るため台座の下に免震装置（円弧ローラー支承）を設置し建物と同様免震化が図られている．

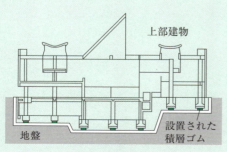

図2 免震化

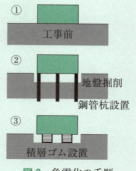

図3 免震化の手順

図4 免震化された屋外彫刻「地獄の門」

7.5.1 耐震診断と耐震改修

1995年1月17日に発生した兵庫県南部地震による建物被害は甚大であった．地震の恐ろしさ，社会に及ぼす影響の大きさが再認識された．この地震で，現行耐震設計基準が施行された1981年以前の建物（旧耐震建物）に多くの被害が生じ，旧耐震建物の耐震化を目的とした**耐震改修促進法**が1995年12月に施行された．耐震化にあたって**耐震診断**が行われ，算出された**耐震指標** I_S に基づき補強が必要と判断された建物には耐震改修が施される．

a. 耐震指標 I_S

建物の耐震性能は，強度と変形能力により与えられる．強度により耐震性を確保した建物を強度型建物，変形能力により耐震性を確保した建物を靭性型建物とよぶ（図5）．耐震診断では強度を強度指標 C で変形能力を靭性指標 F で表現し，両者の掛け算である式(1)で算出される保有性能基本指標 E_0 を基本として耐震性能を評価する．なお，$F = 1.0$ は変形角 1/250 の変形能力，$C = 1.0$ は支えている重量と同じ大きさの水平強度をもっていることを意味している．I_S はこの指標に形状指標 S_D と経年指標 T を乗じた式(2)で算出される．$I_S = 0.6$ が現行耐震基準で要求されている耐震レベルであり，これを下回る場合には耐震改修が行われる．なお，形状指標 S_D は建物の平面的・立面的な建物形状による低減係数であり，経年指標 T は経年劣化による耐震性能の低下を評価する係数である．

$$E_0 = 階の補正係数 \times C \times F \quad (1)$$
$$I_S = E_0 \times S_D \times T \quad (2)$$

b. 耐震改修の考え方

耐震改修は基本的に図6に示す三つの方法で行われる．強度指標 C を上昇させる**強度型補強**，靭性指標 F を大きくする**靭性型補強**，そして，この二つの中間的な強度・靭性型補強である．

靭性型の補強では安全性は確保されるものの地震後の損傷は抑えられないことから，地震直後に避難施設として使用される学校の校舎や体育館，また，負傷した人々を手当てする病院では，強度型補強が施されるのが一般的である．また，特に重要な建物は免震化による耐震改修も行われる．この方法は建物に入力される地震力を低減し，補強目標領域を拡大させ現時点の建物のままで耐震性が確保されるようにしたものである（図7）．

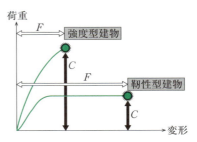

図5　強度型建物と靭性型建物

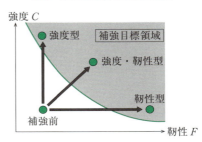

図6　耐震改修の基本的な考え方

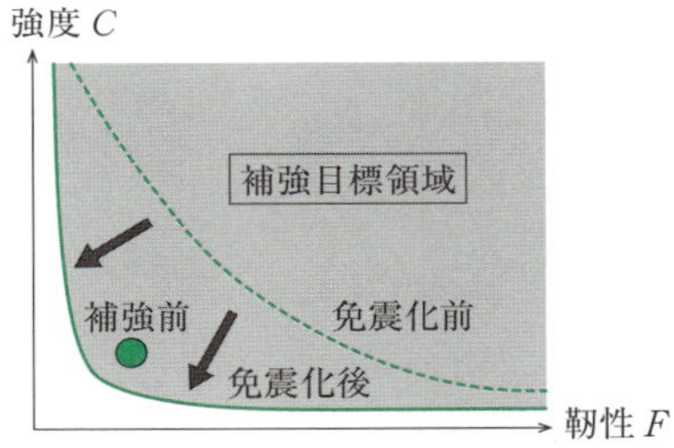

図7　免震化による補強目標の達成

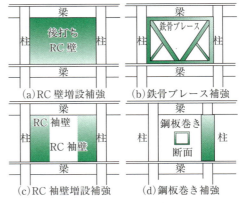

図8　具体的な補強方法

c. 耐震改修工法

一般的な強度型補強の方法として，鉄筋コンクリート壁増設補強（図8(a)），同袖壁増設補強（図8(c)）・鉄骨ブレース補強（図8(b)），靭性型の補強としては，柱鋼板巻き補強（図8(d)）などがある．免震化による改修方法については，3.3節を参照されたい．

7.6 建築の保存と活用

国立西洋美術館本館の文化財指定

　建築を長く使い続けるためには適切な管理と修繕が必要であり，また時代に合わせて利便性を高め，利用者に適した環境をつくること，利用者が大切に使うことも重要である．そういった建築の所有者，利用者の努力に加えて，国として，貴重な国民的財産としての建築の保存を考えるときには，文化財保護法に基づく文化財に指定，選定，登録が行われる．

　国立西洋美術館本館は，2007（平成19）年，国の重要文化財（建造物）に指定された．文化財指定理由として，大きくは，世界の現代建築の動向に大きな影響を与えた20世紀を代表する建築家，ル・コルビュジエが，日本に残した唯一の建築作品であり，日本の戦後建築に与えた影響はきわめて大きい，という建築的な価値と，戦後の日仏文化交流の起点になる美術館としても重要であるという文化史的な価値の二つが挙げられる．2年後の2009（平成21）年には，国立西洋美術館の建つ敷地である園地が，国の登録記念物（名勝地関係）に登録されている．

　国立西洋美術館本館は，国の重要文化財（建造物）に指定されたことにより，建築の現状変更について一定の制限が課される一方，保存修理や防災施設の設置などに対して補助を受けることができる．また，文化財建造物は，公開したり，鑑賞機会の拡大を図ったりすることが推進されるが，美術館として多くの鑑賞者の入館がある国立西洋美術館は，その目的をすでに果たしているといえる．

近代のモダニズム建築としてのリストアップ

　築年数の浅い近代建築は，他の歴史的建造物と比べ，その評価が定まりづらく，そのために保全が図られることなく失われる例が多いことが世界的な課題となっていた．特に20世紀の建築における重要な潮流であったモダン・ムーブメントの重要性を認識し，その成果を記録するとともに，それに関わる現存建物・環境の保存を日本でも訴えるために，1998年，ドコモモ・ジャパンが設立された．国立西洋美術館本館は，重要文化財指定より前の2003年に，ドコモモ・ジャパンによる日本の近代モダニズム建築100選に選ばれている．

保存と活用の課題

　国立西洋美術館本館は，「美術館」としての機能をもつ公共施設である．その機能の維持および向上を図る必要がある一方で，文化財保護法の下，建築の文化財的価値にも十分な配慮が求められる．この先も国立西洋美術館本館および園地を美術館施設として活用しつつ，関係者がその文化財的価値にかかる理解と考え方を共有し，適切な保存を図ることができるようにしていくことが課題である．

7.6.1 建築の保存と活用の考え方

建築を継承していくにあたり，特に優れたもの，貴重なものを文化財に指定し，創建当初の姿で凍結するかのように保存することが目指されていた時代もあった．しかし近年では，建築をよりよく，正統に未来に受け継いでいくために，保存と活用，安全のバランスを考え，単なる飾りや宝物としてしまい込むような保存でなく，生きた建築として活用し，使い続けることが重要だとされるようになっている．また，建築単体を保存するだけではなく，街並みや景観全体を保護の対象とし，歴史性だけでなく，地域性に着目する考え方も進んできている．

7.6.2 文化財の種類

a. 文化財としての建築

文化財というのはその名のとおり文化的な財産であり，この財産を守るため，国は文化財保護法（1950年制定）に基づき，重要なものを国宝，重要文化財，史跡，名勝等として指定，選定，登録している（図1）．建築は，重要文化財指定のほか，歴史的な事件等の関わりから史跡に指定されることもある．

b. 伝統的建造物群保存地区

文化財となるのは単体の建築だけでない．「点」としての建築物だけでなく，そこでの生活も含めた街並みや集落を「面」として文化財に選定するのが，1975（昭和50）年に発足した伝統的建造物群保存地区（伝建地区）制度である．1960年代の高度経済成長期における無秩序な開発に対し，京都や鎌倉をはじめとする古都とよばれる都市では危機感が高まった．その結果，市町村が主体となるこの制度により，都市計画と連携して城下町，宿場町，門前町など，歴史的な集落・街並みが保存されることとなった．対象となるのは建築だけでなく，樹木，庭園，池，水路，石垣なども環境物件として特定され，歴史的な街並み全体が保存される．散策を楽しめるような面的な広がりのある伝建地区は，格好の観光スポットともなる（図2）．

c. 登録文化財制度

重要文化財などの指定文化財は国が指定し，一定の制限を課す一方，修理や防災施設の設置に対し補助を行うことにより，その保存と継承に責任をもつ．登録文化財は，所有者の届け出によるリストへの登録を行い，届出制と指導・助言を基本とする緩やかな規制で，建造物の保全と活用が図られている．主に近代の

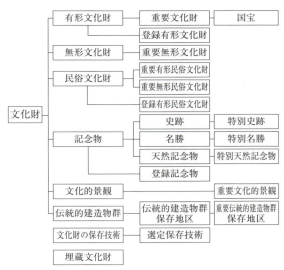

図1　日本の文化財体系図

図2　観光地として賑わう伝建地区（福島県大内宿）

建築を対象として文化財建造物の裾野を広げるために採用された制度であり，50年を経過した歴史的建造物のうち，一定の評価を得たものが文化財として登録されるものである．1996（平成8）年に制度が開始された登録文化財は2015年には10 000件を超え，まちづくりの拠点や観光名所として活用される歴史的建造物が増えている．

d. かたちのない文化財や景観

建築などの有形の文化財に対して，無形文化財というジャンルもある．例えば祭礼やそこでの演舞，お囃子といった伝統行事と技能，そして建築にも関わる木工や金物加工などの技術，その技能技術をもった人そのものが含まれる．

また，2004（平成16）年には文化的景観が制度化された．1992（平成4）年に，世界遺産の中に文化的景観の概念が導入されており，急激な開発で失われる

図3 小鹿田焼の里 皿山地区の唐臼と水路（大分県日田市）

世界各国の地域の固有性を評価し継承していく必要性が問われるようになったのである．文化的景観とは，地域における人々の生活や生業，地域の風土により形成された景観地のことであり，我が国民の生活や生業の理解のため欠くことのできないもの，と定義される．遺跡や豪華な建築を含まなくても，地域資源を活かした産業や古くから農業が営まれてきた棚田の風景，港町の街並みなど，同年に施行された景観法と合わせ，地方自治体主導でその地域ならではの文化を伝える景観を継承していくための制度である（図3）．

e．近代化遺産

近代化遺産とは，幕末から第二次世界大戦期までの間に建設され，日本の近代化に貢献した産業・交通・土木に関わる建築や機械，土木構造物等を指す．駅舎や橋梁，ダム，工場，倉庫群など種別はさまざまである．富岡製糸場と絹産業遺産群（2014年）や，明治日本の産業革命遺産（2015年）の世界遺産登録もあり，近年，観光資源や地域活性，伝統産業の振興の寄りどころとして関心を集めている．

7.6.3　保存と継承の考え方
a．日本建築の保存と継承

7.7節で説明する世界遺産においては，文化財を継承するときには，その本質，つまりオーセンティシティ（authenticity）を継承しなければならない，ということがいわれている．1964（昭和39）年のヴェネツィア憲章では，オーセンティシティの概念として，(1) 材料，(2) デザイン，(3) 技法，(4) 場所の四つが変わってはいけないとされた．

しかし，日本では古来より木造建築が多く，材が傷めば屋根を葺き替え，床材を取り替えるなど手入れをして建築を保守し，継承してきた歴史がある．由緒ある茶室や立派な座敷などを，解体して移築することも当然のように行われてきた．また，三重県にある伊勢神宮では20年ごとに社殿をすべて建て替える式年遷宮が行われており，材料は一新され，場所は隣地に移ってしまうが，これにより古来からの伝統と技術が受け継がれている．継承されるべき本質の捉え方も，日本の文化の顕れである．1994（平成6）年に奈良で行われた世界文化遺産に関する国際会議では，日本的な継承のあり方も議論され，国や地域による多様性（diversity）を認めることが確認されている．

b．復元と復原

失われたものを，もとの状態に戻すことを示す言葉に，復元と復原の二つの表記があるが，建築の保存や再生に関して使い分けることがある．例えば奈良の平城京大極殿の建築は，遠い昔に失われているが，遺跡の発掘や，同時代のほかの事例，文献等の調査からその姿を推定して建設されている．この手法は復元と書く．また，2012（平成24）年に工事が終わった東京駅丸の内本屋（駅舎）は，戦災により失われていた屋根や3階部分を，建設当初の記録や写真，また痕跡を元に，もとの姿に戻す修復がなされた．この手法は復原とよばれる．

7.6.4　保存と活用の手法
a．保存と活用の課題

文化財建造物について語るときには，いかに保存していくかではなくいかに活用していくかが課題となっている．安全面でいえば，大規模建造物の耐震性向上に関しては免震レトロフィット工法などの技術があり，防火設備の充実や，復原技術の向上など技術革新により可能になった保存がある．一方で歴史的建造物の日常的な維持管理にかかる費用は所有者の負担が大きく，その維持や継承には，所有者自身の強い意志だけでなく，行政による規制緩和や制度の整備とともに，事業性のある活用も検討していく必要がある．

b．建築の移築と野外博物館

ここまで述べてきたような文化的価値の高い建築を文化財としてそのまま残すことは理想であるが，同じ場所に残すことができない場合には，移築することで建築を継承することもある．第一勧業銀行（現みずほ銀行）が都内に所有していた誠之堂（設計：田辺淳吉，1916年）と清風亭（設計：西村好時，1926年）という二つの建築は，第一勧銀創始者の渋沢栄一にゆ

かりのある建物で, 1999（平成11）年に渋沢の生地である埼玉県深谷市に一緒に移築再建された.

ゆかりある地への移築以外の受入れ先には, 建築の野外博物館がある. 愛知県犬山市にある博物館明治村には, 東京にあった旧帝国ホテル（設計：フランク・ロイド・ライト, 1923年）のエントランス部分が移築されているほか, 全国の貴重な近代建築が解体移築されている. 茅葺き民家を集めた民家園や, ある時代の建築と当時の生活を再現した歴史を体験できる施設など, 実際の建物を移築, 活用した野外博物館は世界中に数多くある.

c. 近代建築の保存・活用と新たな制度

建築を保存するという行為は, 経済発展や開発を阻害すると考えられている場合もある. 都市部における歴史的建造物は, 地価高騰などの経済的事由から建て替えられる例が多く, 建築を残すことに何らかのインセンティブが必要と考えられていた. 近年になって, 景観法によって指定される「景観重要建造物」は建築基準法の規制緩和や税制上の優遇を受けられるようになることや, 重要文化財建造物を保存することで容積率の移転を認める特定街区制度の実行など, 従来の規定にとどまらない歴史的建造物の保存, 活用への道が開かれてきている. 東京日本橋の三井本館（設計：トローブリッジ＆リヴィングストン事務所, 1929年, 図4）や, 丸の内の明治生命館（設計：岡田信一郎, 1934年, 図5）は, 東京都が新設した「重要文化財特別型特定街区制度」による再開発事例である. 重要文化財を保全することで街区としての容積割増が認められ, 隣接した高層ビル建設が可能になり, 事業性が確保されたのである.

また, 保存手法の一つとしての部分保存は, 近代建築で多く行われており, 京都では1978（昭和53）年に, れんが造の中京郵便局旧庁舎（設計：逓信省, 1902年）の, 外観と屋根を残した改築を行っている. 東京では, 丸の内の旧東京銀行集会所（設計：横河工務所松井貴太郎, 1916年）が1993（平成5）年に外観の一部を保存して建て替えられたのが最初期の事例とされ, 最近も, 旧東京中央郵便局（設計：逓信省吉田鉄郎, 1931年, 2012年外観と内部の一部を保存し

図4　三井本館と日本橋三井タワー（2005）　　図5　明治生命館と明治安田生命ビル（2004）

て建替）など, 建替えの際, いわゆるファサード部分のみを残す保存の事例は多くみられる. 旧日本工業倶楽部会館（設計：横河工務所, 1920年, 1996年外観と内部の一部を保存して建替）では, 歴史的建造物の一部を保存することで, 先に述べた「特定街区制度」を用いて背後に大容積の建築を可能としている.

d. アーカイブの取組み

建築に関する図面や模型などの建築資料の精査と保管（アーカイブ, archive）も, 近年取組みが進んでいる. 日本建築学会には辰野金吾, 妻木頼黄, 伊東忠太, 曽禰中條建築事務所などに関わる資料が保管されている. また明治から大正までの建築資料に関しては, 国立国会図書館に所蔵されているものもあるが, 1970年代頃までの建築資料については日本建築家協会（JIA）と金沢工業大学によるJIA-KIT建築アーカイヴス研究所の活動や, 東京藝術大学美術館の吉田五十八資料などといった, 日本全国の有志の組織による自助的な努力によって管理がなされてきた.

その中で, 2013（平成25）年に, 国立近代建築資料館が開館した. 貴重な建築関係資料を把握し, 劣化, 散逸や海外流失を防ぐため, 徐々に所在状況の調査, 関係機関との連携を進め, 緊急に保護が必要な資料の収集・保存を行うとともに, 展覧会も行う機関である. 資料館の役割として, 貴重な近現代建築のアーカイブを構築することを目指している.

7.7 世界遺産「ル・コルビュジエの建築作品―近代建築運動への顕著な貢献―」

　国立西洋美術館を含むル・コルビュジエの設計した建築遺産を，近代建築運動に顕著な貢献した作品群として世界遺産一覧表に記載するための審査が進められた．そして，2016年の7月にトルコのイスタンブールで開催された第40回世界遺産委員会において審議のうえ，世界遺産一覧表への記載が決定した．

　パリを拠点に活躍した建築家・都市計画家であるル・コルビュジエは，建築・都市計画のみならず絵画，彫刻，家具などの制作にも取り組み，幅広い創作活動を展開した．合理的，機能的で明晰なデザイン原理を絵画，建築，都市等において追求する近代建築運動を展開し，20世紀の建築，都市計画に大きな影響を与えた．世界各地に所在する彼の建築作品のうち，7カ国（フランス・スイス・ドイツ・ベルギー・アルゼンチン・インド・日本）に所在する近代建築運動への顕著な貢献を表す17資産（表1）について，一括して世界遺産一覧表に記載しようとするものである．

　世界遺産一覧表に記載されるためには，推薦される文化遺産に顕著な普遍的価値が備わっていることが重要な条件である．世界遺産条約「作業指針」第77項の定める「顕著な普遍的価値」の「評価基準」（クライテリア）のうち，「ル・コルビュジエの建築作品―近代建築運動への顕著な貢献―」は「（ⅱ）：建築，科学技術，記念碑，都市計画，景観設計の発展に重要な影響を与えた，ある期間にわたる価値観の交流又はある文化圏内での価値観の交流を示すものである．」と

表1

国名	資産の名称	※1
フランス（10）	1　ラ・ロッシュ＝ジャンヌレ邸	1923
	2　ペサックの集合住宅	1924
	3　サヴォア邸と庭師小屋	1928
	4　ポルト・モリトーの集合住宅	1931
	5　マルセイユのユニテ・ダビタシオン	1945
	6　サン・ディエの工場	1946
	7　ロンシャンの礼拝堂	1950
	8　カップ・マルタンの休暇小屋	1951
	9　ラ・トゥーレットの修道院	1953
	10　フィルミニの文化の家	1953〜65
スイス（2）	11　レマン湖畔の小さな家	1923
	12　イムーブル・クラルテ	1930
ドイツ（1）	13　ヴァイセンホフ・ジードルングの住宅	1927
ベルギー（1）	14　ギエット邸	1926
アルゼンチン（1）	15　クルチェット邸	1949
インド（1）	16　チャンディガールのキャピトル・コンプレックス	1952
日本（1）	17　国立西洋美術館	1955

※1　ル・コルビュジエ財団において管理している設計開始年

7.7 世界遺産「ル・コルビュジエの建築作品―近代建築運動への顕著な貢献―」　211

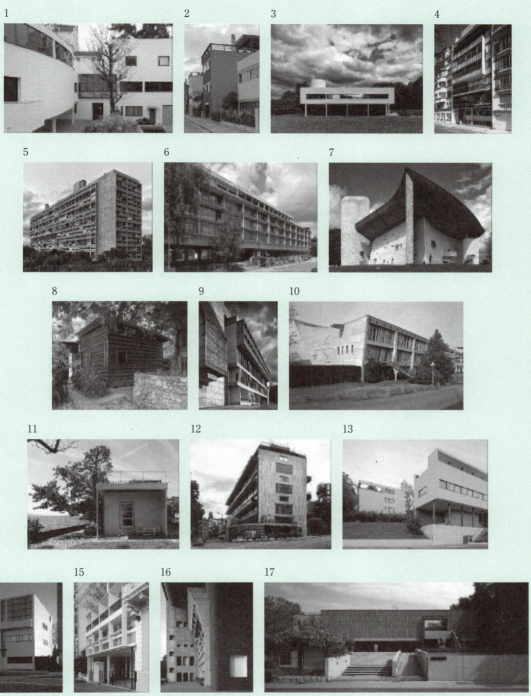

(©FLC/ADAGP, Paris & JASPAR, Tokyo, 2016 C1111)

「(vi)：顕著な普遍的価値を有する出来事（行事），生きた伝統，思想，信仰，芸術的作品，あるいは文学的作品と直接または実質的関連がある.」を用いて推薦された．さらに，2016年7月17日の世界遺産委員会において，委員国から「(i) 人間の創造的才能を表す傑作」も追加するよう提案があり，承認可決された．

具体的には推薦された17作品はシリアル・ノミネーションとして，「(ii)：半世紀にわたって世界的拡がりをもった影響関係の重要な交流をもたらし，新しいユニバーサルな建築の美徳を通してただ社会変革をするモダン・ムーブメントのユートピアの熱望を表明している.」，「(vi)：20世紀建築の革命を起こした《モダン・ムーブメント》における形態，空間とテクノロジーの完全な見直しに直接リンクしている.」と価値づけがされている．

世界遺産としての国立西洋美術館

ル・コルビュジエが近代建築運動を世界的に繰り広げ，影響力をもちえたのは，建築から都市へと連続性をもった建築理論が，ある普遍性をもちえたためだとされる．著書『建築へ』に示された，機械時代を反映した新しい建築のあり方の提案，「ドミノ住宅」，「新しい建築の五つの要点」，「ユルバニスム」，「モデュロール」などのモデル化と理論化．「シトロアン住宅」「無限成長美術館」「ユニテ・ダビタシオン」などのプロトタイプの提案．これらが，作品集，理論書の出版等を通して，国境を越えて広く理解されたことが，ル・コルビュジエの影響力につながったのであろう．

日本はル・コルビュジエの影響を1920年代初頭から受け始め，1930年前後から前川國男，坂倉準三，吉阪隆正などがル・コルビュジエの下に弟子入りしている．また，丹下健三をはじめとする彼らの弟子たちが日本の近現代建築を牽引したこともあり，ル・コルビュジエの影響を最も多く受けた国の一つとして日本が位置づけられる．このような状況を踏まえて，国立西洋美術館はル・コルビュジエの設計として東アジアに唯一，設計され実現されたものであり，彼の影響を伝えるモニュメントとして重要であるとされる．

国立西洋美術館はル・コルビュジエが考案した美術館のプロトタイプ「無限成長美術館」の実現した三つのうちの一つで，保存状況が最も良好なものである．また，美術館のあらゆる寸法に「モデュロール」が適用され，外壁にPCコンクリートパネルが使用されるなど，1950年代後期のル・コルビュジエの作品を代表する建築作品でもある．

1959年の竣工以来，時代ごとの新しい要求性能の変化により，ル・コルビュジエ設計による国立西洋美術館本館の1階が，ピロティを中心に改変されている．しかし，改修，増築ごとに，オリジナルの状況を尊重しながら手を加え，改修ごとの変化の箇所の書類・図面を保存している．このドキュメンテーション，アーカイブ化を行うことにより，保存・保全の状況が確認でき，文化財として保存する対象を的確に把握することが可能になっている．重要文化財指定がされる10年以上も前の1996年から1998年まで巨額の予算を投じての本館免震レトロフィット化においても，すでにル・コルビュジエの作品としての価値が評価されており，このことからも，ル・コルビュジエ設計の建築作品が，日本において重要視されていたことがわかる．

7.7.1 ユネスコ

1946年に国際連合の下に，教育，科学，文化の発展と推進を目的として国際連合教育科学文化機関（ユネスコ）が，「国際連合教育科学文化機関憲章」（ユネスコ憲章）に基づき設立される．1954年にはユネスコによって「武力紛争の際の文化財保護のための条約」がまとめられ，1959年には保存修復技術の研修のためのユネスコ・ローマ・センター（文化財保存修復研究国際センター）が開設される．さらに1964年の記念物と遺産の保存に関する『ヴェネチア憲章』（記念物・遺跡の保護・復原のための国際憲章）を受けて1965年にイコモス（国際記念物遺跡会議，International Council on Monuments and Sites : ICOMOS）は設立され，保存問題の国際協力機構が成立した．このような国際的な流れの中で，「世界の文化遺産及び自然遺産の保護に関する条約」（世界遺産条約）が1972年のユネスコ総会で採択されることとなった．

7.7.2 世界遺産条約

文化遺産および自然遺産を人類全体のための世界の遺産として損傷，破壊等の脅威から保護し，保存するための国際的な協力および援助の体制を確立することを目的とした世界遺産条約は，下記の主要規定からなる．

(1) 保護の対象は，記念工作物，建造物群，遺跡，自然の地域等で普遍的価値を有するもの（第1～3条）．
(2) 締約国は，自国内に存在する遺産を保護する義務を認識し，最善を尽くす（第4条）．また，自国内に存在する遺産については，保護に協力することが国際社会全体の義務であることを認識する（第6条）．
(3) 「世界遺産委員会」（委員国は締約国から選出）の設置（第8条）．同委員会は，各締約国が推薦する候補物件を審査し，その結果に基づいて「世界遺産一覧表」を作成するほか，締約国の要請に基づき，同一覧表に記載された物件の保護のための国際的援助の供与を決定する．同委員会の決定は，出席しかつ投票する委員国の3分の2以上の多数による議決で行う（第11条，第13条）．
(4) 締約国の分担金（ユネスコ分担金の1%を超えない額（我が国の場合，2015年は約3900万円）および任意拠出金，その他の寄付金等を財源とする，「遺産」のための「世界遺産基金」を設立（第15条，第16条）．
(5) 「世界遺産委員会」が供与する国際的援助は，調査・研究，専門家派遣，研修，機材供与，資金協力等の形をとる（第22条）．
(6) 締約国は，自国民が「遺産」を評価し尊重することを強化するための教育・広報活動に努める（第27条）．

この条約を1973年に米国が批准し，1975年に締約国が20カ国を超え発効を迎えた．1978年には40カ国以上が締約するに至った．日本は条約の採択から遅れること20年，1992年6月に125番目の締約国として受諾書を寄託し，同年9月に発効した．2016年の第40回世界遺産委員会終了時点での締約国は192カ国となっている．

7.7.3 世界遺産

世界遺産は，顕著な普遍的価値をもつ，建築物や遺跡などの「文化遺産」，地形や生物多様性，景観美などを備える地域などの「自然遺産」，文化と自然の両方にまたがる複合遺産の3種類がある．また，後世に残すことが難しくなっているか，その強い懸念が存在する場合には，該当する物件は危機にさらされている世界遺産リスト（危機遺産リスト）に加えられ，保存や修復のための配慮がなされることになっている．2016年9月現在の世界遺産一覧表記載物件は，文化遺産：814件，自然遺産：203件，複合遺産：35件で，合計1052件である．そのうち，日本の世界遺産登録数は文化遺産16件，自然遺産4件，複合遺産0件で，20件となっている（表2，表3）．

7.7.4 世界遺産一覧表への記載の基準

世界遺産に登録される物件は移動が不可能な土地や建造物に限られている．世界遺産一覧表に記載されるためには，後述する世界遺産登録基準を少なくとも一つは満たし，その「顕著な普遍的価値」を証明できる「完全性」と「真正性」を備えていると，世界遺産委員会から判断される必要がある．

「完全性」とはintegrity（インテグリティ）の和訳で，遺産の価値を構成する必要な要素がすべて含まれていて，かつ保護のための法律や体制などが整備されていることである．また，「真正性」とはauthenticity（オーセンティシティ）の和訳で，本物の芸術的，歴史的価値を保っているかどうか，建造物修復などにおいては創建時の材料，構造，工法がどれだけ保たれているかが求められる．自然遺産の場合は，どれだけ人の手が入っていないかが求められる．

また，同一の歴史や文化に属する場合や，生物学

表2 日本国内の世界遺産一覧表に記載された文化遺産

登録名	登録年	所在地	登録基準
法隆寺地域の仏教建造物	1993年12月	奈良県	i, ii, iv, vi
姫路城	1993年12月	兵庫県	i, iv
古都京都の文化財	1994年12月	京都府・滋賀県	ii, iv
白川郷・五箇山の合掌造り集落	1995年12月	岐阜県・富山県	iv, v
原爆ドーム	1996年12月	広島県	vi
厳島神社	1996年12月	広島県	i, ii, iv, vi
古都奈良の文化財	1998年12月	奈良県	ii, iii, iv, vi
日光の社寺	1999年12月	栃木県	i, iv, vi
琉球王国のグスク及び関連遺産群	2000年12月	沖縄県	ii, iii, vi
紀伊山地の霊場と参詣道	2004年7月	和歌山県・奈良県・三重県	ii, iii, iv, vi
石見銀山遺跡とその文化的景観	2007年6月	島根県	ii, iii, v
平泉—仏国土（浄土）を表す建築・庭園及び考古学的遺跡群—	2011年6月	岩手県	ii, vi
富士山—信仰の対象と芸術の源泉	2013年6月	静岡県・山梨県	iii, vi
富岡製糸場と絹産業遺産群	2014年6月	群馬県	ii, iv
明治日本の産業革命遺産 製鉄・製鋼，造船，石炭産業	2015年7月	山口県・鹿児島県・静岡県・岩手県・佐賀県・長崎県・福岡県・熊本県	ii, iv

的・地質学的特質などに類似性がみられる場合に，「連続性のある資産」（シリアル・ノミネーション・サイト）としてひとまとめに登録することが認められている．

表3 日本国内の世界遺産一覧表に記載された自然遺産

登録名	登録年	所在地	登録基準
屋久島	1993年12月	鹿児島県	vii, ix
白神山地	1993年12月	青森県・秋田県	ix
知床	2005年7月	北海道	ix, x
小笠原諸島	2011年6月	東京都	ix

　世界遺産条約の「作業指針」第77項には「顕著な普遍的価値」の「評価基準」を下記のように定めている（i～viは文化遺産に関するもの，vii以降は自然遺産に関するもの）．

i 人類の創造的才能を表現する傑作．
ii ある期間を通じてまたはある文化圏において，建築，技術，記念碑的芸術，都市計画，景観デザインの発展に関し，人類の価値の重要な交流を示すもの．
iii 現存するまたは消滅した文化的伝統または文明の，唯一のまたは少なくとも稀な証拠．
iv 人類の歴史上重要な時代を例証する建築様式，建築物群，技術の集積または景観の優れた例．
v ある文化（または複数の文化）を代表する伝統的集落，あるいは陸上ないし海上利用の際立った例．もしくは特に不可逆的な変化の中で存続が危ぶまれている人と環境の関わり合いの際立った例．
vi 顕著で普遍的な意義を有する出来事，現存する伝統，思想，信仰または芸術的，文学的作品と直接にまたは明白に関連するもの（この基準は他の基準と組み合わせて用いるのが望ましいと世界遺産委員会は考えている）．
vii ひときわすぐれた自然美及び美的な重要性をもつ最高の自然現象または地域を含むもの．
viii 地球の歴史上の主要な段階を示す顕著な見本であるもの．これには生物の記録，地形の発達における重要な地学的進行過程，重要な地形的特性，自然地理的特性などが含まれる．
ix 陸上，淡水，沿岸および海洋生態系と動植物群集の進化と発達において進行しつつある重要な生態学的，生物学的プロセスを示す顕著な見本であるもの．
x 生物多様性の本来的保全にとって，最も重要かつ意義深い自然生息地を含んでいるもの．これには科学上または保全上の観点から，すぐれて普遍的価値をもつ絶滅のおそれのある種の生息地などが

含まれる．

7.7.5 世界遺産の審査とイコモス

加盟各国の文化遺産保存分野の第一線の専門家や専門団体によって構成されている国際的な非政府組織（NGO）イコモスは，ユネスコをはじめとする国際機関と密接な関係を保ちながら，文化遺産保護・保存の理論，方法論，科学技術の研究・応用の国際的な活動を行い，文化遺産の価値の高揚のための重要な役割を果たしている．

ユネスコの世界遺産条約に関しては，諮問機関として，世界遺産一覧表への記載の審査，モニタリングの活動等を行い，世界遺産委員会における世界遺産一覧表への記載の審査の際に尊重されるイコモス勧告をユネスコ世界遺産センターに提出している．イコモス勧告は，専門的見地からの世界遺産登録に関する事項とともに以下の4段階で勧告がされる．世界遺産委員会においても同様に推薦案件の世界遺産一覧表への記載の可否を同様の4段階で決定する．
① 記載（inscription）：世界遺産一覧表に記載．
② 情報照会（referral）：追加情報を要請．次回以降の審議へ回す．
③ 記載延期（deferral）：推薦書の本質的な改訂が必要．再度イコモスの現地調査を受ける必要があるため，最短でも次々回以降の審議．
④ 不記載（not to inscribe）：記載にふさわしくない．再推薦は不可．

7.7.6 世界遺産としての近代建築

1970年代〜1980年代にかけて，竣工してから半世紀近くが経過した多くのモダン・ムーブメントの建築が取り壊されていった．世界各地で保存運動が繰り広げられ，国際連携の機運が生まれてきた．

20世紀の建築における重要な潮流であったモダン・ムーブメントの歴史的・文化的重要性を認識し，その成果を記録するとともに，それに関わる現存建物・環境の保存を訴えるために，ドコモモ（Documentation and Conservation of buildings, sites and neighborhoods of the Modern Movement : DOCOMOMO）が，オランダのフーベルト・ヤン・ヘンケット教授の提唱により1988年に設立される．

1990年に第1回総会が開催され，ドコモモの理念や活動に関する宣言であるアイントホーヘン宣言が採択されている．近代建築史研究者だけでなく，建築家，修復建築家，建築エンジニア，都市計画家，行政関係者などが参加して，保存だけでなく再利用に関す

る議論などが活発になされている．20世紀の近現代建築が，最初期に世界遺産一覧表へ記載されたのは，1984年のスペイン・バルセロナの「アントニ・ガウディの作品群」からであり，現在では下記の20世紀の近現代建築が世界遺産一覧表へ記載されている．1990年代からはドコモモの活動の広がりに伴い，多くの近現代建築が文化遺産として認識されるようになり，世界遺産一覧表への記載も進んでいる．以下に2016年までに世界遺産登録された20世紀遺産を示す．（　）内はクライテリアである．

① Works of *Antoni Gaudí*, Barcelona, Spain, 1984 & 2005（ⅰ, ⅱ, ⅳ）
② Brasilia, *L. Costa, O. Niemeyer*, Brazil 1987（ⅰ, ⅳ）
③ Skogskyrko garden, *G. Asplund*, Stockholm, Sweden, 1994（ⅱ, ⅳ）
④ Bauhaus at Weimar & Dessau, *W. Gropius*, Germany, 1996（ⅱ, ⅳ, ⅵ）
⑤ Palau de la Musica & Hospital St Pau, *Ll. Domènech*, Barcelona, Spain 1997（ⅰ, ⅱ, ⅳ）
⑥ Major Town Houses by *Victor Horta*, Brussels, Belgium 2000（ⅰ, ⅱ, ⅳ）
⑦ Schröder House, *G. Rietveld*, Utrecht, Netherlands 2000（ⅰ, ⅱ）
⑧ University of Caracas, *C. Villanueva*, Venezuela, 2000（ⅰ, ⅳ）
⑨ Tugendhat House, *L. Mies van der Rohe*, Brno, Czech rep. 2001（ⅱ, ⅳ）
⑩ White city of Tel Aviv-The Modern movement, Israël, 2003（ⅱ, ⅳ）
⑪ Le Havre, city rebuilt by *Auguste Perret*, France 2005（ⅱ, ⅳ）
⑫ Centennial Hall, *M. Berg*, Wroclaw, Poland 2006（ⅰ, ⅱ, ⅳ）
⑬ Sydney Opéra, *Jørn Utzon*, Australia 2007（ⅰ）
⑭ University of Mexico campus, Mexico, 2007（ⅰ, ⅱ, ⅳ）
⑮ Berlin Modernism Housing Estates, Germany, 2008（ⅱ, ⅳ）
⑯ Stoclet House, *J. Hoffmann*, Brussels, Belgium 2009（ⅰ, ⅱ）
⑰ Fagus factory, *W. Gropius*, Alfeld, Germany 2011（ⅱ, ⅳ）
⑱ Van Nellefabriek, Brinkman & Van der Vlugt, Rotterdam, Netherlands 2014（ⅱ, ⅳ）
⑲ The Architectural Works of Le Corbusier, an Outstanding Contribution to the Modern Movement, *Le Corbusier*, Argentina, Belgium, France, Germany, India, Japan, Switzerland, 2016（ⅰ, ⅱ, ⅵ）
⑳ Pampulha Modern Ensemble, *Oscar Niemeyer*, Brazil, 2016（ⅰ, ⅱ, ⅳ）

216　参考資料（図面）

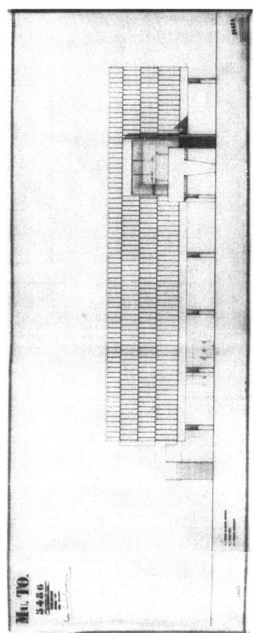

ル・コルビュジエによる南側立面図

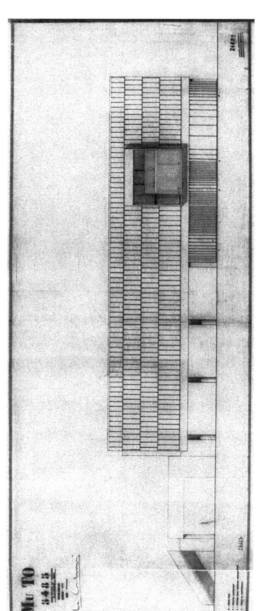

ル・コルビュジエによる東側立面図

参考資料（図面） 217

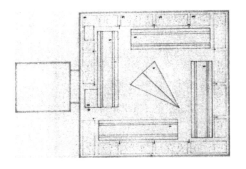 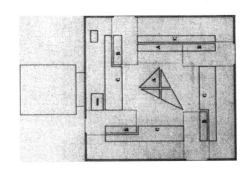

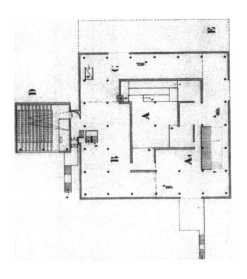 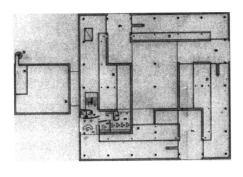

ル・コルビュジェによる平面図

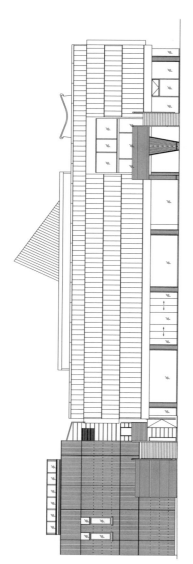

現況 南側立面図 (2007)

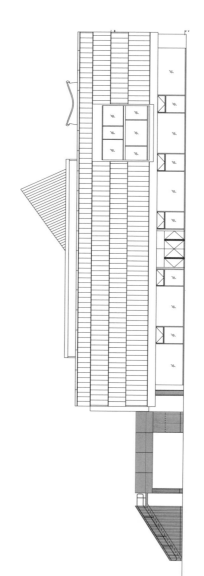

現況 東側立面図 (2007)

参考資料（図面） 219

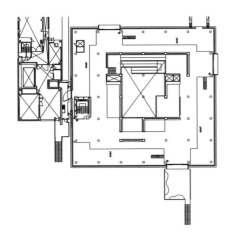
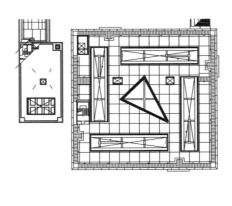
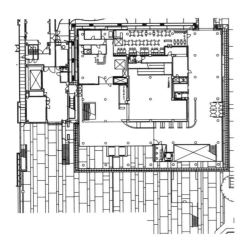
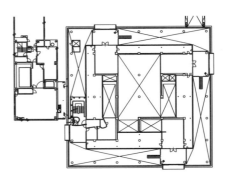

現況 平面図（2007）

参 考 文 献

1.1
[1] 浅野平八編著：建築計画（わかる建築学 1），学芸出版社，2011.
[2] 東京大学 cSUR-SSD 研究会編著：世界の SSD100—都市持続再生のツボ，彰国社，2008.

1.2
[1] ウィトルーウィウス著，森田慶一訳：ウィトルーウィウス建築書（東海選書），東海大学出版会，1979，新装版 2009.
[2] ジョルジョ・ヴァザーリ著，平川祐弘，小谷年司，田中英道訳：ルネサンス画人伝，白水社，1982，新装版 2009.
[3] ジョルジョ・ヴァザーリ著，平川祐弘，仙北谷茅戸，小谷年司訳：続 ルネサンス画人伝，白水社，1995，新装版 2009.
[4] ジョルジョ・ヴァザーリ著，平川祐弘，小谷年司訳：芸術家列伝 全3巻（白水Uブックス），2011.
[5] ジョルジョ・ヴァザーリ著，森田義之監訳：ルネサンス彫刻家建築家列伝，白水社，1989，新装版 2009.
[6] 森田義之ほか監修：美術家列伝（完全新訳版で全6巻予定），中央公論美術出版，2014年～．
[7] ジョルジョ・ヴァザーリ著，亀崎勝訳注：ジョット ブルネッレスキ—「美術家列伝」Ⅰ（大学書林語学文庫），大学書林，1998.
[8] ジョルジョ・ヴァザーリ著，亀崎勝訳注：ドナテッロ レオナルド・ダ・ヴィンチ—「美術家列伝」Ⅱ（大学書林語学文庫），大学書林，1998.
[9] アロイス・リーグル著，井面信行訳：末期ローマの美術工芸，中央公論美術出版，2007.
[10] ハインリヒ・ヴェルフリン著，海津忠雄訳：美術史の基礎概念—近世美術における様式発展の問題，慶應義塾大学出版会，2000.
[11] アンリ・フォション著，杉本秀太郎訳：改訳 形の生命（平凡社ライブラリー），平凡社，改訳版 2009.
[12] 浅野春男著，中森義宗，永井信一，小林忠，青柳正規監修：セザンヌとその時代（世界美術双書），東信堂，2000.
[13] A. オザンファン，E. ジャンヌレ著，吉川逸治訳：近代絵画，鹿島研究所出版会，1968.
[14] ル・コルビュジエ著，吉阪隆正訳：建築をめざして（SD 選書 21），鹿島出版会，1967.

1.3
[1] ル・コルビュジエ著，石井勉ほか訳：東方への旅（SD 選書 148），鹿島出版会，1979.
[2] ル・コルビュジエ-ソーニエ著，樋口清訳：建築へ，中央公論美術出版，2003.

1.4
[1] 藤木忠善：ル・コルビュジエの国立西洋美術館，鹿島出版会，2011.
[2] 国立西洋美術館/(財)西洋美術振興財団：国立西洋美術館開館 50 周年記念事業「ル・コルビュジエと国立西洋美術館」展覧会カタログ，2009.

1.5
[1] ル・コルビュジエ著，石井勉ほか訳：東方への旅（SD 選書 148），鹿島出版会，1979.
[2] 藤木忠善：ル・コルビュジエの国立西洋美術館，鹿島出版会，2011.
[3] ル・コルビュジエ著，山口知之訳：エスプリ・ヌーヴォー—近代建築名鑑（SD 選書 157），鹿島出版会，1980.
さらに学習を進めるための参考文献として
[4] スタニスラウス・フォン・モース著，住野天平訳：ル・コルビュジエの生涯—建築とその神話，彰国社，1981.
[5] ウイリアム J. R. カーティス著，中村研一訳：ル・コルビュジエ—理念と形態，鹿島出版会，1992.
[6] 大川三雄ほか：図説 近代建築の系譜—日本と西欧の空間表現を読む，彰国社，1997.
[7] ケネス・フランプトン著，中村敏男訳：現代建築史，青土社，2003.

1.6
[1] ル・コルビュジエ著，坂倉準三訳：輝く都市（SD 選書 33），鹿島出版会，1968.
[2] 小林康茂：上野公園，(財)東京都公園協会，1980.
[3] 玉井哲雄：江戸—失われた都市空間を読む（イメージ・リーディング叢書），平凡社，1986.
[4] 陣内秀信：東京の空間人類学（ちくま学芸文庫），筑摩書房，1992.
[5] 高橋康夫ほか編：図集日本都市史，東京大学出版会，1993.
[6] 都市史図集編集委員会編：都市史図集，彰国社，1999.
[7] 越澤明：東京都市計画物語（ちくま学芸文庫），筑摩書房，2001.
[8] 佐藤滋，城下町都市研究体：図説 城下町都市，鹿島出版会，2002.
[9] 藤森照信：明治の東京計画（岩波現代文庫），岩波書店，2004.
[10] 日端康雄：都市計画の世界史（講談社現代新書），講

談社，2008.

2.2
[1] 国土交通省：都市計画運用指針　第8版，2015.
[2] 越澤明，古倉宗治：風致地区及び地区計画地区における景観形成の現状及び評価に関する調査研究（その一），土地総合研究　14 (1)，pp. 51-59，2006.
[3] 国土交通省：土地区画整理事業の概要，2009.

2.6
[1] 国立西洋美術館/(財)西洋美術振興財団：国立西洋美術館開館50周年記念事業「ル・コルビュジエと国立西洋美術館」展覧会カタログ，2009.
[2] 日本建築学会編：建築設計資料集成　展示・芸能，丸善，2003.
[3] 日本建築学会編：建築設計資料集成　総合編，丸善，2001.

2.11
[1] 日本建築学会：構造用教材，日本建築学会，2014.

2.12
[1] 日本建築学会：構造用教材，日本建築学会，2014.

3.1
[1] 杉山英男：木構造（建築構造学大系　22），彰国社，1971.
[2] 杉山英男ほか：伊勢湾台風（1959年9月26日）による名古屋市某団地の木造建物の被害について，日本建築学会論文報告集，pp. 98-106，1961.
[3] 日本建築学会：阪神・淡路大震災調査報告　共通編-1　編集編，日本建築学会，2000.
[4] 日本建築学会：構造用教材，日本建築学会，2014.

3.2
[1] 宮本裕司ほか：建築振動を学ぶ―地震から免震・制震まで，理工図書，2014.

3.3
[1] 建築構造ポケットブック編集委員会編：現場必携　建築構造ポケットブック（第5版増補），共立出版，2011.
[2] 日本建築学会：構造用教材，日本建築学会，2014.

3.4
[1] IPCC (Intergovernmental Panel on Climate Change), Fourth & Fifth Assessment Report, Climate Change 2007 & 2014 : Mitigation of limate Change, http://www.ipcc.ch/
[2] 原田仁，井上隆ほか：丸の内パークビルディング・三菱一号館の設備構築―省エネルギーかつ高品質な執務環境の実現と復元建物の美術館としての再生―，空気調和・衛生工学　86 (7)，pp. 603-608，2012.

3.7
[1] 日本火災学会編：火災便覧　第3版，共立出版，1997.
[2] 国土交通省住宅局建築指導課ほか編：2001年版　避難安全検証法の解説及び計算例とその解説，井上書院，2001.
[3] 日本建築学会編：火災安全設計の原則，日本建築学会，2013.

3.8
[1] 日本建築学会編：火災安全設計の原則，日本建築学会，2013.
[2] 国土交通省住宅局建築指導課ほか編：2001年版　耐火性能検証法の解説及び計算例とその解説，井上書院，2001.
[3] 田中哮義，建築火災安全工学入門，日本建築センター，2002.
[4] Quintiere, J. G. 著，大宮喜文，若月薫訳：基礎火災現象原論，共立出版，2002.

3.9
[1] 日本火災学会編：火災便覧　第3版，共立出版，1997.
[2] 日本建築学会編：建築物の煙制御計画指針　改訂版，日本建築学会，2014.

4.1
[1] 藤木忠善：ル・コルビュジエの国立西洋美術館，鹿島出版会，2011.
[2] 国立西洋美術館/(財)西洋美術振興財団：国立西洋美術館開館50周年記念事業「ル・コルビュジエと国立西洋美術館」展覧会カタログ，2009.

4.4
[1] 日本建築学会：構造用教材，日本建築学会，2014.

4.5
[1] ISO 834-1 : 1999 : Fire-resistance tests Elements of building construction Part 1 : General requirements, 1999.
[2] 日本建築学会編：鋼構造耐火設計指針　改定版，丸善出版，2008.

4.6
[1] 倉渕隆ほか：国立西洋美術館本館における歴史的価値の保存・回復に着目した調査研究：第1報―本館内の環境実態調査，空気調和・衛生工学会論文集 (188)，pp. 17-25，2012.

4.7
[1] 倉渕隆ほか：国立西洋美術館本館における歴史的価値の保存・回復に着目した調査研究：第1報―本館内の環境実態調査，空気調和・衛生工学会論文集 (188)，pp. 17-25，2012.
[2] KCJ ヴィンボック換気天井システム（株式会社HALTON）http://www.halton.co.jp/Products/ceiling_KCJ.html

4.10
[1] 建築消防実務研究会：建築消防 advice 2015，新日本法規出版，2015.

4.11
[1] 日本板硝子株式会社：ガラス建材総合カタログ　商品編　2015.
[2] 日本火災学会編：火災便覧　第3版，共立出版，1997.

5.1
［1］日本建築学会国立西洋美術館歴史調査WG編著：国立西洋美術館本館歴史調査報告書，国立西洋美術館，2007．
［2］日本建築学会関東支部編：コンクリートの調合と施工―知っておきたい建築材料・工法―，日本建築学会関東支部，2013．

5.2
［1］建設省関東地方建設局営繕部，株式会社前川建築設計事務所，株式会社横山建築構造設計事務所，清水建設株式会社：国立西洋美術館本館免震改修工事，1996．
［2］仕入豊和，橘高義典：新版　建築材料，市ケ谷出版社，1995．

5.3
［1］内田祥哉，深尾精一監修：新版　鉄筋コンクリート造（図解　建築工事の進め方），市ケ谷出版社，2006．
［2］小畠克朗，谷口英武：新建築構法　S造とRC造―その発想の原点から施工まで，建築技術，2008．

5.4
［1］日本建築学会国立西洋美術館歴史調査WG編著：国立西洋美術館本館歴史調査報告書，国立西洋美術館，2007．
［2］建設省関東地方建設局営繕部，株式会社前川建築設計事務所，株式会社横山建築構造設計事務所，清水建設株式会社：国立西洋美術館本館免震改修工事，1996．

5.8
［1］福田京，山名善之，熊谷亮平：国立西洋美術館本館の改修履歴に関する研究，日本建築学会大会学術講演梗概集，pp. 209-210，2012．
［2］福田京，今本啓一，清原千鶴，石原沙織：国立西洋美術館本館の屋上防水に関する研究，日本建築学会大会学術講演梗概集，pp. 821-822，2015．
［3］日本建築学会編：建築工事標準仕様書・同解説 JASS 8 防水工事，日本建築学会，2008．

6.1
［1］株式会社三菱総合研究所（文部科学省委託）：図書館・博物館等への指定管理者制度導入に関する調査研究報告書，2010．
［2］国土交通省総合政策局官民連携政策課：国土交通省におけるPFIへの取り組み（平成18年度国土交通省PFIセミナー），2006．

6.2
［1］日本建築学会編：建築・都市計画のための調査・分析方法　改訂版，井上書院，2012．
［2］日本建築学会編：建築・都市計画のための空間学事典　改訂版，井上書院，2005．
［3］辻佳菜子，郷田桃代，稲坂晃義：空間要素が誘発する滞留者の分布に関する研究　その1．大宮駅改札前コンコースにおける調査・分析，日本建築学会大会学術講演梗概集（建築計画），pp. 709-710，2014．
［4］Wolfgang F.E. Preiser, Harvey Z. Rabinowitz, Edward T. White：Post-Occupancy Evaluation, Van Nostrand Reinhold, 1988.

6.3
［1］鹿嶋俊英ほか：免震耐震改修された国立西洋美術館本館の地震時挙動，第12回日本地震工学シンポジウム，pp. 1194-1197，2006．
［2］鹿嶋俊英ほか：平成23年（2011年）東北地方太平洋沖地震における建物の強震観測記録，建築研究資料 135，2012．
［3］武村雅之：関東大震災―大東京圏の揺れを知る，鹿島出版会，2003．
［4］中村操ほか：1855年安政江戸地震の被害と詳細震度分布，歴史地震　26，pp. 33-64，2011．
［5］東京都都市整備局：地震に関する地域危険度測定調査（第7回）（2016年8月4日）http://www.toshiseibi.metro.tokyo.jp/bosai/chousa_6/home.htm
［6］日本地震工学会：1964年新潟地震直後に撮影された写真に基づく液状化被害の状況（2016年8月4日）http://www.jaee.gr.jp/jp/2014/06/09/4771/

6.5
［1］小笠原岳ほか：国立西洋美術館本館における歴史的価値の保存・回復に着目した調査研究：第2報―仕切り壁の撤去によるエントランスホールの環境予測，空気調和・衛生工学会論文集（230），pp. 1-8，2016．

7.2
［1］長澤泰編著，西出和彦，在塚礼子著：建築計画　改訂版，市ケ谷出版社，2011．

図版出典

1.1 図1 提供：川崎重工業株式会社／**1.2** 図8 ©2016-Succession Pablo Picasso-SPDA（JAPAN），図10 ©FLC/ADAGP, Paris & JASPAR, Tokyo, 2016 C1131／**1.3** 図1 提供：坂倉建築研究所，図2 提供：前川建築設計事務所，撮影：廣田治雄，図3 提供：アルキテクト，図14 ©FLC/ADAGP, Paris & JASPAR, Tokyo, 2016 C1111, 図15 ©FLC/ADAGP, Paris & JASPAR, Tokyo, 2016 C1131, 図18 提供：DOCOMOMO Japan, 撮影：桐原武志，図19 提供：DOCOMOMO Japan, 撮影：大川三雄，図20 提供：DOCOMOMO Japan, 撮影：桐原武志，図21 提供：DOCOMOMO Japan, 撮影：大川三雄，図22 提供：DOCOMOMO Japan, 撮影：鯵坂徹，図23 提供：DOCOMOMO Japan, 撮影：桐原武志，図24 提供：DOCOMOMO Japan, 撮影：渡邊研司／**1.4** 図1 提供：せんだいメディアテーク，図2 提供：山本理顕設計工場，撮影：藤塚光政，図3 撮影：SALHAUS／**1.5** 図1 ©FLC/ADAGP, Paris & JASPAR, Tokyo, 2016 C1111, 図12 提供：国立近現代建築資料館／**1.6** 図2 国立国会図書館デジタルコレクション，図4 地図資料編纂会編：5千分の1 江戸—東京市街地図集成 第1期，柏書房，1988，図8 地図資料編纂会編：5千分の1 江戸—東京市街地図集成 第2期，柏書房，1990，図9 日本地図センター：参謀本部陸軍部測量局五千分一東京図測量原図，日本地図センター，2011，図10 ©FLC/ADAGP, Paris & JASPAR, Tokyo, 2016 C1111, 図11（左図）M.C. Branch : An Atlas of Rare City Maps : Comparative Urban Design, 1830-1842, Princeton Architectural press, 1997，（右図）加藤得二編：姫路城（日本名城集成），小学館，1984，図13 高橋康夫ほか編：図集日本都市史，東京大学出版会，1993，図14 東京市役所編：新花公園案内，192-，東京市役所編：東京市教育施設復興図集，勝田書店，1932

2.2 図1 台東区：風致地区 指定位置図（1/10,000），図2 国土交通省都市局都市計画課：みんなで進めるまちづくりの話，http://www.mlit.go.jp/crd/city/plan/03_mati/index.htm，図3 国土交通省：土地区画整理の概要，2009／**2.3** 図1～2 ©FLC/ADAGP, Paris & JASPAR, Tokyo, 2016 C1111, 図3 提供：神奈川県立近代美術館／**2.4** 図1 ©FLC/ADAGP, Paris & JASPAR, Tokyo, 2016 C1111, 図5～6 撮影：上田宏／**2.5** 図5 撮影：Kimo Toyama, https://www.flickr.com/photos/kimo/354857156/，図6～9 撮影：上田宏，図11 撮影：本田佳奈子／**2.8** 図10 尾上孝一ほか：カラーコーディネーター用語辞典，井上書院，2008／**2.9** 図1～2 ©FLC/ADAGP, Paris & JASPAR, Tokyo, 2016 C1111, 図3 藤木忠善：ル・コルビュジエの国立西洋美術館，鹿島出版会，2011／**2.11** 図1 提供：清水建設株式会社／**2.12** 図1 福田京：国立西洋美術館所蔵建築資料のアーカイヴ化と改修履歴に関する研究，資料番号2850

3.1 図7（左図）杉山英男ほか：伊勢湾台風（1959年9月26日）による名古屋市某団地の木造建物の被害について，（右図）日本建築学会論文報告集，pp.98-106, 1961, 日本建築学会：阪神・淡路大震災調査報告 共通編-1 編集編，日本建築学会，2000，図8 Equilibrium Consulting Inc., http://www.eqcanada.com/, 図9／**3.3** 図2, 3, 8 建築構造ポケットブック編集委員会編：現場必携 建築構造ポケットブック（第5版増補），共立出版，2011／**3.5** 図1 提供：前田建設工業，図3 岩田利枝ほか：生活環境学，井上書院，2008

4.3 図1 提供：清水建設株式会社／**4.4** 図1 提供：清水建設株式会社

5.2 図2 撮影：藤木忠善，提供：国立近現代建築資料館／**5.3** 図1 撮影：藤木忠善，提供：国立近現代建築資料館／**5.4** 図1～2 撮影：藤木忠善，提供：国立近現代建築資料館，図4 提供：国立近現代建築資料館／**5.7** 図3 提供：国立近現代建築資料館

6.1 図3 株式会社三菱総合研究所（文部科学省委託）：図書館・博物館等への指定管理者制度導入に関する調査研究報告書，2010，図4 国土交通省総合政策局官民連携政策課：国土交通省におけるPFIへの取り組み（平成18年度国土交通省PFIセミナー），2006／**6.2** 図1 辻佳菜子，郷田桃代，稲坂晃義：空間要素が誘発する滞留者の分布に関する研究 その1. 大宮駅改札前コンコースにおける調査・分析，日本建築学会大会学術講演梗概集（建築計画），pp.709-710, 2014／**6.3** 図2 鹿嶋俊英ほか：免震耐震改修された国立西洋美術館本館の地震時挙動，第12回日本地震工学シンポジウム，pp.1194-1197, 2006, 鹿嶋俊英ほか：平成23年（2011年）東北地方太平洋沖地震における建物の強震観測記録，建築研究資料 135, 2012，図5 鹿嶋俊英ほか：平成23年（2011年）東北地方太平洋沖地震における建物の強震観測記録，建築研究資料 135, 2012, 図8（a）武村雅之：関東大震災—大東京圏の揺れを知る，鹿島出版会，2003，（b）中村操ほか：1855年安政江戸地

震の被害と詳細震度分布，歴史地震　26，pp. 33-64, 2011，図 12　東京都都市整備局：地震に関する地域危険度測定調査（第 7 回）（2016 年 8 月 4 日）http://www.toshiseibi.metro.tokyo.jp/bosai/chousa_6/home.htm，図 13　日本地震工学会：1964 年新潟地震直後に撮影された写真に基づく液状化被害の状況（2016 年 8 月 4 日）http://www.jaee.gr.jp/jp/2014/06/09/4771/，図 14　提供：東京理科大学名誉教授　野村設郎／**6.5** 図 8　提供：鹿島建設，図 9　除湿型放射冷暖房 PS HR-C 提供：ピーエス株式会社／**6.6** 図 5　作成：多田眞作博士，図 7　長崎市の特別な許可を得て掲載

7.1 図 2　撮影：坂本万七，図 4　撮影：Jean-PlerreDalbéra, Flickr, https://www.flickr.com/photos/dalbera/4750261198/in/photolist-8eLka9-8fkRVM-e1C6it-eh2ah4-ndbuux-egLjxZ-e2FRxR-dgT1LK-egKRdB-dpf2o7-p1FiA2-dgT2p1-ejcbnS-o6Bee6-bVfELM-ejjukA-dvNWnd-8i2zPK-axYssj-f8EY8w-e2y4WK-fpeM3q-8i2A48-5KYhdE-ejrGyr-8i5QdL-8i5PZj-ch5oxA-grT5Jm-6DnLm R-6xo9FY-8fE8QD-83YKcg-e1HKih-9iXgZZ-im4HaZ-fMF7zN-fMFgwf-6DQvyk-72cQyE-pb1gzw-7XFzUk-5HM2p4-7mtHqN-8gqMpo-6DiwW8-ocTTFF-foZvhi-ch5oJh-fpbVgw，図 5　撮影：Paolo Monti, https://commons.wikimedia.org/w/index.php?title=File:Paolo_Monti-Servizio_fotografico_(Verona,_1982)_-_BEIC_6361695.jpg&uselang=ja，図 6　撮影：Wiiii, Wikimedia Commons, https://commons.wikimedia.org/wiki/File:Times_I%E3%83%BBIII.jpg?uselang=ja，図 7　撮影：新建築社写真部，図 8　撮影：Jordy Meow, Wikimedia Commons, https://commons.wikimedia.org/wiki/File:Nakagin.jpg?uselang=ja，図 9　撮影：（左）©TADEUZ JALOCHA (foto@themonkeystudio.com)，（右）©Cristobal Palma (cristobal@estudio-palma.cl)，ELEMENTAL のご厚意による，図 12　撮影：Wiiii, Wikimedia Commons, https://commons.wikimedia.org/wiki/File:Hillside_Terrace_A_B_2010.jpg／**7.7** 図 1〜17　©FLC/ADAGP, Paris & JASPAR, Tokyo, 2016 C1111

索　引

あ
アイデンティティ　28
アーカイブ　209
明るさ　181
あき　157
秋の宮村役場　24
アクティブ制震　88
アスベスト　203
新しい建築の五つの要点　20
新しい公共　171
圧縮機　139
圧縮強度　84
アテネのアクロポリス　23
あばら筋　157
アプローチ　45
網入りガラス　149
アール・ヌーヴォー　22
アロイス・リーグル　7
安政江戸地震　176
安全区画　103,110
アンドレア・パラディオ　11
アンリ・フォシヨン　7

い
異形鉄筋　85,157
イコモス　213
維持管理　149
異種用途区画　110,111
意匠図　34,115
椅子　69
出雲大社庁の舎　24
一様伸び　85
色温度　99

う
ヴァザーリ　7
ヴィスタ（眺望）　29
ウィーン　28
ヴェネツィア憲章　208
上野恩賜公園　26,28,29
ヴォイド　50
雨水　144
雨水利用　145
打放し仕上げ　159

え
エアロゾル　130
衛生設備　142
液状化　178
エコール・デ・ボザール　7
『エスプリ・ヌーヴォー』　13,22
江戸　29

延焼のおそれのある部分　149
演色性　181,199
円錐シェル　119
煙層　107,108
円筒シェル　119
塩分　187

お
応力　71,117
岡田信一郎　27
オーギュスト・ペレ　20
屋上庭園　21
屋内消火栓設備　146
小倉強　27
汚水　144
オーセンティシティ　208
音環境計画総論　101
帯筋　157
オリエント　23
オルセー美術館　42
音響設計　100
恩賜公園　27

か
加圧防排煙設備　189
開口因子　106,107
海溝型地震　177
開口補強筋　157
改修　201
改築　194
階避難　104
『画家・彫刻家・建築家列伝』　7
『輝く都市』　28
香川県庁舎　24
家具　69
拡張性　41
火災安全性能　110
火災安全設計　102
火災覚知　104
火災荷重　107
火災継続時間　129
火災シナリオ　102
火災性状　102,106
火災フェーズ　104,106
火災プルーム　106
可視光　62
可視光線　199
加湿　185
荷重　70
ガス状物質　130
加速度応答スペクトル　121
型枠　159
型枠工事　158

学校　43
カーテンウォール　164
神奈川県立近代美術館　25,41
金沢21世紀美術館　55
可燃物量　106
かぶり厚さ　128,157
壁式構造　155
ガラス　160
側窓　61
換気　131
換気回数　132
換気効率　134
換気支配型　106
換気支配型火災　107
換気天井システム　137
間欠火炎領域　107
鑑賞空間　58
環状道路　29
官民連携　171

き
機械測色　63
機械排煙　109
幾何学　20
木組み　81
既成杭　127
基礎構造　78,126
輝度　62
　　──の対比効果　181
機能維持　129
基本設計図　34
逆サイホン作用　144
吸音率　101
給気口　109
球形シェル　119
救助活動　188
救助活動方法　102
給水方式　143
キュビスム　22
『キュビスム以降』　8,13
凝縮器　140
強震観測　174
強震記録　174
強度　128,129
強度型補強　205
局所排気　184
局所平均空気齢　135
居室避難　104
巨大都市　29
許容応力度　124
『近代絵画』　8
近代化遺産　208
キンベル美術館　41

く

区域区分　37
杭基礎　127
空気交換効率　136
空気膜　83,119
空気齢　134
空調機　140
空調設備　138
区画　129
区画化　108,110
区画火災　107
グッゲンハイム美術館　55
倉敷市庁舎　25
倉吉市庁舎　24
クリアランス　88
クリープ　84
クールヒートトレンチ　141
グレア　61
群集　103
群造形　47

け

景観重要建造物　209
景観法　208
ケイ砂　161
経済損失額　179
『芸術家列伝』　7
煙感知器　109
煙制御　108
限界部材温度　129
減衰定数　121
建設廃棄物　202
減築　194
建築構造　70
建築構造力学　116
建築史　20
『建築四書』　12
『建築十書』　7,11
建築振動学　116,120
建築的プロムナード　52
『建築について』　7,11
『建築へ』　9,14
建築防災計画　102

こ

鋼管杭　126
鋼構造　80
鋼材　84
鋼材温度　129
工事監理者　153
剛性　128
鋼製型枠　159
合成構造　82
合成部材　82
剛性率　178
剛接合　72,154
構造解析　116,123
構造計画　78
構造計算書　34
構造形式　70,71,72
構造種別　71

構想図　34
構造図　34,115
構造設計　122
構造設計ルート　123
構造耐火計画　110
構造耐火性能　104
構造ヘルスモニタリング　175
光束　62
高置水槽方式　143
合板　159
降伏強さ　85
降伏点　85
公立はこだて未来大学　19
国立屋内総合競技場・付属体育館　25
国立近代建築資料館　209
古代ギリシャ　23
固定荷重　90,91,129
固有周期　120
固有性　28
固有モード　120
コンクリート　83,154
コンクリート充填鋼管構造　82
混合構造　82
コンテクスト　47,194
コンバージョン　194

さ

災害時要援護者　102
在館者密度　104
財産保護　129
材質　118
再生　42
最大応答値　121
最大加速度　174
最大歩行距離　105
彩度　63
在来構法　81
サヴォア邸　22
坂倉準三　10,16,41,192
座屈　80
サスティナビリティ　5,197
雑排水　144
作動信頼性　149
錆　80
作用　129
産業廃棄物管理票　203

し

市街地開発事業　39
視感測色　63
色彩　60
色相　63
シークエンス　55
市区改正設計公園　26
軸組構法　81
軸力　117
始原の本能　20
時刻歴応答解析　92,116,120
地震応答　120
地震荷重　91
地震計　174
地震層せん断力分布係数　92

地震地域係数　91
地震力　90
施設　42
施設計画　42
自然排煙　109
自然排煙設備　108
持続可能性　5,197
実施設計　114
実施設計図　34
実測調査　24
室内空気汚染物質　130
室内空気質問題　130
室の配置　54
質量濃度　131
指定管理者制度　171
地盤　126
　――の液状化　127
地盤改良法　127
地盤構造　126
地盤震動　176
地盤調査　126
支保工　159
締付け金物　159
遮煙　108
遮炎性　129
遮炎性能　148,149
遮煙方式　109
社寺建築　81
斜線制限　45
尺貫法　67
遮熱性　129
集煙フード　107
住居　42
柔剛論争　87
収縮ひび割れ　187
自由なファサード　21
自由な平面　21
重要文化財　196,206
重要文化財特別型特定街区制度　209
主筋　79,157
樹種　81
循環型社会　202
竣工図　34
準遮炎性能　148
準耐火建築物　148
準防火地域　148
消火　147
消火活動　188
消火器　146
消火器具　146
消火剤　146
消火設備　146
城下町　28
仕様規定　81
詳細図　34
仕様書　34
照度　62
蒸発器　140
消防活動　108,188
消防活動拠点　102,111,189
消防活動支援計画　110
消防活動支援性能　104

索引

消防水利　189
縄文的なるもの　24
ジョサイア・コンドル　26
ショートサーキット　136
除湿　185
シーリング材料　166
シーリングファン　141
新古典主義　22
靱性型補強　205
振動特性係数　92
新ブルータリズム　22
人命保護　129

す
水平連続窓　21
水和反応　155
図学　35
スクラップ・アンド・ビルド　197
捨て型枠　159
ステンレス防水　167
スパンドレル　111
スプリンクラー設備　146
スペーサー　157
住む機械　22
図面　34
スライド方式　165
寸法　67

せ
盛期火災　129
制震　70
制震構造　78,87,88
静的解析　116
性能　173
性能規定化　104
世界遺産　207,210
世界遺産条約　213
せき板　159
積載荷重　90,91,129
積算　115
積雪荷重　90,93
施工管理　152
施工者　153
施工図　34
セセッション　22
設計荷重　123
設計規範　123
設計図書　152
折板構造　119
設備図　34,115
線入りガラス　108
全館避難　104
せんだいメディアテーク　19,43
せん断破壊　79
せん断ひび割れ　79
せん断補強筋　79
せん断力　117
全天空照度　62,99
全般換気　184
専門工事業者　153

そ
増圧直結方式　143
騒音防止計画　101
造家　7
層間区画　110,111
総合評価落札方式　115
相対湿度　182
増築　194
速度検層　126
組積造　83
ゾーニング　54

た
大英博物館グレートコート　42
耐火建築物　128,148
耐火構造　129
耐火性能　128,129
耐火設計　129
耐火被覆　129
体験・活動空間　59
大正関東地震　176
耐震　70
耐震改修　205
耐震改修促進法　205
耐震グレード　179
耐震構造　78,87
耐震指標　205
耐震診断　205
耐震壁　155
耐震壁併用ラーメン構造　154
体積濃度　131
太陽熱利用　145
滞留解消時間　105
タイル　162
　　──の張付け工法　163
多質点系モデル　120
打設　155
脱型　155,159
竪穴区画　110,111
多様性　208
短期荷重　124
弾性曲線式　118
断熱性能　95
断面図　34,35
断面性能　118
断面二次モーメント　118

ち
地域性　28
地域地区　36,37
置換換気システム　137
蓄煙　108
地区計画　38
地方独立行政法人　171
チームX　22
中間領域　55
昼光導入　61
昼光率　99
抽象　20
中水道　145
中性化　186

長期荷重　124
長周期地震動　177
頂側窓　61
張力膜　83,119
直射日光　62,99
直下型地震　177

つ
通気管　145
通気層　184
通風　46,131
使われ方調査　173
継手　157
津波　179

て
定着　157
帝都復興事業　29
デザインビルド　115
鉄筋　156
鉄筋コンクリート　78
鉄筋コンクリート造　70,71,128
鉄骨造　70,78,80
鉄骨鉄筋コンクリート造　82
テート・モダン　42
展開図　34
天空光　62
展示空間　58
展示室　56
伝統的建造物群保存地区　207
伝統的構法　81
天窓　61
転用　42

と
ドイツ工作連盟　20
東叡山寛永寺　26
東京科学博物館　27
東京帝室博物館　26
東京都庁舎　24
東京府美術館　27
東照宮　26
動線　49,53
動線計画　53
『東方への旅』　13,24
東北地方太平洋沖地震　176
登録記念物　206
登録文化財　207
特定街区制度　209
特定防火設備　148
特別避難階段　103
独立行政法人　170,171
独立フーチング基礎　126,127
ドコモモ　206
都市遺産　42
都市計画　36,37
都市計画区域　37
都市計画施設　36,39
都市史　29
都市施設　39
都市デザイン　28
都市のコンテクスト　28

と
都市の文脈　28
図書館　43
土地区画整理事業　39
トップライト　61
トニー・ガルニエ　20
土門拳記念館　54
トラス　72
トラス構造　74,78
トレーサガス　135
トレーサ・ステップアップ法　135
トレーサ・ステップダウン法　134
ドレンチャー設備　149

な
内国勧業博覧会　26
内部結露　184

に
日影規制　45
日射遮蔽性能　96
日射侵入率　96
日射熱取得率　96
日照　46
ニューヨーク近代美術館　41

ね
ねじれ変形　178
熱貫流率　94,95
熱伝導率　95
熱容量　128
燃焼型支配因子　107
燃料支配型　106
燃料支配型火災　107

の
ノーマライゼーション　197

は
排煙　108
排煙口　108
排煙効率　109
排煙設備　103,109,188
配筋　157
ハイサイドライト　61
配置計画　44
配置図　34
ハイブリッド構造　82
博物館　41
場所打ちコンクリート杭　127
パッシブ制震　88
発熱速度　107
発熱量密度　106
ハートビル法　197
パニック状態　103
パネル　164
バリアフリー　197
バリアフリー新法　197
パリ万博日本館　25
パルス性地震動　177
パルス法　135
パルテノン神殿　23,24
ハロゲン化物消火剤　146

ひ
ハロゲン化物消火設備　146
板　119
半外部空間　55
反射グレア　180

東日本大震災　176
光　60
被災度判定　175
美術館　41
美術館建築　41
非常用エレベーター　102,189
非常用進入口　189
ピストンフロー　136
非損傷性　129
引張強度　84
引張強さ　85
必要換気量　131
ヒートポンプ　139
避難安全検証法　104
避難安全性能　104
避難開始時間　105
避難階段　103
避難規定　104
避難計画　102,110
避難経路　102
避難行動時間　105
避難行動特性　103
避難方法　102
避難歩行時間　105
避難誘導　111
比熱　128
姫路　28
ピュリスム　8,13
標準加熱温度曲線（ISO 834）　149
標準貫入試験　126
標準比視感度　62
標準ベースシア係数　92
表面結露　184
広島平和会館原爆記念陳列館　24
ピロティ　20
品質管理　153
品種　81

ふ
ファサード　49
ファスナ　165
ファン　140
フィリッポ・ブルネッレスキ　11
フィルター　140
風圧力　90,93
フォルム　20
不活性ガス消火剤　146
不活性ガス消火設備　146
復元　208
復原　208
複合構造　82
複合施設　43
部材温度　129
藤村記念館　24
腐食　80,186
付着　157

フック　157
復興小学校・小公園　29
不燃材料　128
フラッシュオーバー　106
フランク・ロイド・ライト　55
プルーム領域　107
プレキャスト・コンクリート構造　82
ブレース　72
ブレース構造　73,78
プレストレスト・コンクリート構造　82
フレッシュコンクリート　155
フレーム解析　116,118
プログラム　18
プロトタイプ　20,22,24,40
文化財建造物　196
文化財保護法　207
文化的景観　207,208
分光特性　199

へ
平板　119
平面図　34,35
ペーター・ベーレンス　20
べた基礎　126,127
ベネシャンブラインド　61
変形　71
偏心率　178

ほ
ボイラ　139
防煙　108
防煙区画　109,110
防煙性能　110
防煙垂れ壁　108
防煙間仕切り壁　109
防火ガラス　149
防火区画　110,148
防火シャッター　110,149
防火設備　104,111,148
防火対象物　146
防火地域　148
防火戸　149
防火扉　110
防火防煙シャッター　110
防災センター　105,189
防湿層　184
放射パネル　185
防水材料　166
補強　201
歩行速度　105
補修　201
保全　201
保存活用　42
ポートフォリオ　33
保有耐火時間　129
ボリューム　50
ボーリング調査　127
ポルトランドセメント　155
ホワイト・キューブ　58
ポンプ圧送方式　143

ま

前川國男　10, 16, 192
膜構造　83, 119
曲げ破壊　79
曲げひび割れ　79
曲げモーメント　117
マスタープラン　37
まちづくり　42
松方幸次郎　2
松方コレクション　2, 6
マニュフェスト　203
まぶしさ　61
マルクス・ウィトルウィウス・ポリオ　7, 11
丸鋼　85

み

水セメント比　155
都城　28

む

無限成長美術館　40, 192
無等級材　81

め

明治の東京計画　29
明度　63
名目換気時間　136
明暦大火　29
メゾン・ドミノ　13
メタボリズム　195
メートル法　67
免震　70
免震構造　78, 87
免震レトロフィット工事　204
面積区画　110, 111
メンブレン防水　166

も

木材　81
木質構造　80

木質材料　81
木造　80
模型　33
モデュール　67
モデュロール　21, 64
模倣　22, 25

や

ヤード・ポンド法　67
ヤング係数　84, 118, 129

ゆ

湧水　144
ユニテ・ダビタシオン　22
ユニバーサルデザイン　197
ユネスコ　213

よ

窯業系サイディング　163
養生　155
用途地域　37
吉阪隆正　10, 16
ヨーゼフ・ホフマン　20

ら

ラ・ショー＝ド＝フォン　20
ラ・トゥーレットの修道院　23
ラーメン　72
ラーメン構造　70, 73, 78, 117, 155
乱流拡散火炎　107

り

陸前高田市立高田東中学校　19
立面図　34
リノベーション　24, 194
流動係数　105
利用　173
凌雲院　27
リングシュトラーセ　29

る

ルイス・カーン　41

ルーヴル美術館　41
ル・コルビュジエ　12
ルーフドレイン　142

れ

冷却塔　140
冷媒　139
レオン・バッティスタ・アルベルティ　11
歴史主義　22
レディーミクストコンクリート　155
連結散水設備　189
連結送水管　189
連続火炎領域　107
連続フーチング基礎　127

ろ

ローカリティ　28
ロッキング方式　165
路盤材　202
ロンシャンの礼拝堂　23

わ

ワーカビリティー　155
渡辺仁　27

英・数

19世紀ホール　56
1質点系モデル　120
3R　202
ALC　163
CIAM　22
early contract involvement　115
ECI　115
GRC　163
LED照明　199
N値　126
PFI　171
POE　173
S造　80

執筆者一覧

【編集委員】

山名 善之（やまな よしゆき）［各章見出し，1.1，1.2，1.3，2.3，2.4，2.8，6.2，7.7］
2001年 フランス国立パリ・ベルヴィル建築大学DPLG課程修了，Architecte DPLG．2002年 パリ大学Ⅰパンテオン・ソルボンヌ校大学院美術史考古学研究所近現代建築史専攻博士課程修了，博士（美術史学）．1990年 香山アトリエ・環境造形研究所，1998年 アトリエ・アンリ・シリアニ，1999年 国立ナント建築学校，2002年 東京理科大学工学部第二部建築学科助教授を経て2013年より同大理工学部建築学科教授．

栢木 まどか（かやのき まどか）
［1.1，7.1，7.2，7.6］
2007年 東京理科大学工学研究科建築学専攻博士課程修了，博士（工学）．2007年 東京理科大学工学部助教，2012年 東京大学大学院工学系研究科特任助教，2013年 株式会社文化財保存計画協会特任研究員を経て2014年より東京理科大学工学部第二部建築学科准教授．

岩岡 竜夫（いわおか たつお）
［2.1，2.7，2.9，2.10］
1990年 東京工業大学大学院理工学研究科建築学専攻博士課程修了，工学博士．1995年 東海大学工学部建築学科助教授，2003年 同大情報デザイン工学部教授を経て2011年より東京理科大学理工学部建築学科教授．

郷田 桃代（ごうた ももよ）
［2.3，2.6，6.2］
1992年 東京大学大学院工学系研究科建築学専攻博士課程中退．博士（工学）．1992年 東京大学生産技術研究所，2003年 東京電機大学工学部建築学科を経て2009年より東京理科大学工学部第一部建築学科教授．

吉澤 望（よしざわ のぞむ）
［2.8，3.5，6.4，7.3］
1998年 東京大学大学院工学系研究科建築学専攻博士課程修了，博士（工学）．2002年 東京理科大学理工学部助手，2006年 関東学院大学人間環境学部，2010年 東京理科大学理工学部建築学科准教授を経て2015年より同大理工学部建築学科教授．

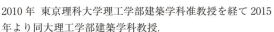

伊藤 拓海（いとう たくみ）
［2.11，2.12，3.1，3.1.2，3.1.4，3.1.6，3.3.4 共，4.2.3，4.3 共，4.3.1 共，4.3.2］
2004年 東京大学大学院工学系研究科建築学専攻博士課程修了，博士（工学）．2004年 東京大学生産技術研究所研究機関研究員，東京大学大学院助手／助教，2009年 東京理科大学講師を経て2013年より同大工学部建築学科准教授．

永野 正行（ながの まさゆき）［3.2 共，3.2.1～3.2.4 共，3.2.5，3.3 共，3.3.2～3.3.3 共，4.2，4.2.1～4.2.2，4.2.4～4.2.5，4.4，6.3，6.3.1～6.3.4］
1988年 早稲田大学大学院理工学研究科建設工学専攻修士課程修了．博士（工学）．1988年 鹿島建設株式会社を経て2008年より東京理科大学理工学部建築学科教授．

長井 達夫（ながい たつお）
［3.4，4.8，4.9，6.5］
1994年 東京大学大学院工学系研究科建築学専攻博士課程修了，博士（工学）．1994年 鹿島建設株式会社，1999年 大阪市立大学生活科学部生活環境学科助手，専任講師，2005年 東京理科大学工学部第一部建築学科専任講師，准教授を経て2013年より同大工学部部建築学科教授．

今本 啓一（いまもと けいいち）
［5.1，5.5，5.6，5.8，6.6，7.4］
1992年 東京理科大学大学院工学研究科建築学専攻修士課程修了．博士（工学）．1992年 東急建設株式会社技術研究所建築材料研究室，2001年 足利工業大学工学部建築学科専任講師，助教授・准教授，2008年 東京理科大学工学部第二部建築学科准教授を経て2014年より同大教授．

【執筆者】

宇野 求（うの もとむ）[1.3]
1984 年 東京大学大学院工学系研究科建築学専攻博士課程修了，工学博士．1985 年 一級建築士事務所フェイズ計画研究所代表，1994 年 千葉大学工学部建築学科助教授，教授を経て 2007 年より東京理科大学工学部建築学科教授．

安原 幹（やすはら もとき）[1.4, 4.1, 7.1]
1998 年 東京大学大学院工学系研究科建築学専攻修士課程修了，修士（工学）．1998 年 山本理顕設計工場，2008 年 SALHAUS 一級建築士事務所共同主宰，2011 年 東京理科大学理工学部建築学科准教授．

川向 正人（かわむかい まさと）[1.5]
1981 年 東京大学工学系大学院建築学専攻博士課程満期退学．工学博士．1981 年 明治大学工学部助手，1988 年 東北工業大学工学部助教授，1993 年 東京理科大学理工学部助教授，教授を経て 2016 年 同大定年退職．東京理科大学名誉教授．

伊藤 裕久（いとう ひろひさ）[1.6]
1986 年 東京大学大学院工学系研究科建築学専門課程博士課程修了，工学博士．1995 年 東京理科大学工学部第一部建築学科助教授，教授を経て 2016 年より東京理科大学工学部建築学科教授．

伊藤 香織（いとう かおり）[2.2, 6.1]
2001 年 東京大学大学院工学系研究科建築学専攻博士課程修了，博士（工学）．1999 年 日本学術振興会特別研究員，2002 年 東京大学空間情報科学研究センター助手，2005 年 東京理科大学講師，准教授を経て 2015 年より同大理工学部建築学科教授．

坂牛 卓（さかうし たく）[2.4, 2.5]
1986 年 東京工業大学工学研究科建築学専攻修士課程修了．博士（工学）．1986 年 株式会社日建設計，1998 年 O.F.D.A. associates 建築設計事務所共同設立，2005 年 信州大学工学部建築学科准教授，教授を経て 2011 年より東京理科大学工学部第二部建築学科教授．

衣笠 秀行（きぬがさ ひでゆき）[3.1.1, 3.1.5, 6.3.5, 7.5]
1990 年 東京理科大学大学院理工学研究科建築学専攻後期博士課程修了，工学博士．1990 年 東京理科大学理工学部建築学科助手，専任講師，助教授を経て 2008 年より同大教授．

佐藤 利昭（さとう としあき）[3.1.3]
2012 年 東京大学大学院工学系研究科建築学専攻博士課程修了，博士（工学）．2007 年 有限会社 MASA 建築構造設計室・技術主任，2010 年 独立行政法人日本学術振興会特別研究員，2012 年 東京理科大学特別研究員，助教を経て 2016 年より九州大学大学院人間環境学研究院都市・建築部門准教授．

高橋 治（たかはし おさむ）[3.2 共，3.2.1～3.2.4 共，3.3，3.3.1，3.3.2～3.3.4 共，4.3 共，4.3.1 共，4.3.3]
1991 年 東京理科大学工学研究科建築学科専攻修士課程修了．博士（工学）．1991 年 株式会社構造計画研究所を経て 2015 年より東京理科大学工学部建築学科教授．

井上 隆（いのうえ たかし）[3.4]
1979 年 東京大学大学院工学系研究科建築学専攻修士課程修了．工学博士．1979 年 建設省，1982 年 東京大学工学部助手，1989 年 東京理科大学工学部建築学科専任講師，助教授を経て 2002 年より同大教授．

安岡 正人（やすおか まさと）[3.6]
1959 年 東京大学工学部建築学科卒業．工学博士．1964 年 東洋大学工学部建築学科助教授，教授，1981 年 東京大学工学部建築学科教授，1996 年 東京理科大学工学部建築学科教授を経て 2006 年 同大定年退職．東京大学名誉教授．

大宮 喜文（おおみや よしふみ）[3.7, 3.8, 3.9, 3.10, 4.11]
1996 年 東京理科大学大学院理工学研究科建築学専攻博士課程修了，博士（工学）．1996 年 東京理科大学理工学部建築学科助手，1998 年 建設省（現・国立研究開発法人）建築研究所研究員，主任研究員，2003 年 東京理科大学理工学部建築学科専任講師，助教授，准教授を経て 2011 年より同大教授．

河野 守（こうの まもる）[4.5]
1984 年 京都大学工学研究科建築学専攻修士課程修了．博士（工学）．1984 年 名古屋大学工学部助手，講師，1997 年 同大大学院工学研究科助教授，2001 年 独立行政法人建築研究所上席研究員，2004 年 国土交通省国土技術政策総合研究所防火基準研究室長，同研究所建築品質研究官を経て 2009 年より東京理科大学工学部第二部建築学科教授．

倉渕 隆（くらぶち たかし）[4.6, 4.7, 6.5]
1985 年 東京大学大学院工学系研究科建築学専攻博士課程中退．博士（工学）．1985 年 東京大学工学部助手，1992 年 東京理科大学工学部建築学科専任講師，助教授を経て 2003 年より同大教授．

水野 雅之（みずの まさゆき）[4.10, 6.7]
2003 年 東京理科大学大学院理工学研究科建築学専攻博士課程修了，博士（工学）．2003 年 東京理科大学総合研究所助手，2005 年 同大総合研究機構助手，講師，准教授を経て 2015 年 同大大学院国際火災科学研究科火災科学専攻准教授．

熊谷 亮平（くまがい りょうへい）[5.2, 5.3, 5.4]
2008 年 東京大学大学院工学系研究科建築学専攻博士課程修了，博士（工学），2008 年 日本学術振興会特別研究員（PD）・首都大学東京都市環境科学研究科，2009 年 東京理科大学工学部第二部建築学科嘱託助教を経て 2012 年より同大工学部第一部建築学科専任講師．

兼松 学（かねまつ まなぶ）[5.7, 7.4]
1999 年 東京大学大学院工学系研究科建築学専攻博士課程中退，博士（工学）．1999 年 東京大学大学院工学系研究科助手，2006 年 東京理科大学理工学部建築学科講師，准教授，2011 年 カリフォルニア大学バークレー校客員研究員を経て 2016 年より東京理科大学理工学部建築学科教授．

※ 執筆担当箇所凡例
黒字：節全体執筆
緑字：国立西洋美術館と建築学に関連する記述（緑地のページ）
灰字：建築学の一般事項（白地のページ）

理工系の基礎　建築学

平成 28 年 10 月 20 日　　発　　　行
令和 5 年 1 月 30 日　　第 4 刷発行

編　者　建築学 編集委員会

発行者　池　田　和　博

発行所　丸善出版株式会社
〒101-0051　東京都千代田区神田神保町二丁目17番
編集：電話 (03) 3512-3263／FAX (03) 3512-3272
営業：電話 (03) 3512-3256／FAX (03) 3512-3270
https://www.maruzen-publishing.co.jp

© 東京理科大学, 2016

組版印刷・製本／三美印刷株式会社

ISBN 978-4-621-30061-9　C 3052　　　Printed in Japan

JCOPY 〈(一社) 出版者著作権管理機構　委託出版物〉
本書の無断複写は著作権法上での例外を除き禁じられています．複写
される場合は，そのつど事前に，(一社) 出版者著作権管理機構 (電話
03-5244-5088, FAX 03-5244-5089, e-mail：info@jcopy.or.jp) の許
諾を得てください．